常读常新的
毛泽东诗词

CHANGDU CHANGXIN DE
MAOZEDONG SHICI

汪建新 —————————————— 著

学习出版社

图书在版编目（CIP）数据

常读常新的毛泽东诗词 / 汪建新著. --北京：学习出版社，
2024.1（2024.10 重印）

ISBN 978-7-5147-1233-9

Ⅰ.①常…　Ⅱ.①汪…　Ⅲ.①毛主席诗词－鉴赏　Ⅳ.①A841.4

中国国家版本馆CIP数据核字（2023）第195323号

常读常新的毛泽东诗词

CHANGDU CHANGXIN DE MAOZEDONG SHICI

汪建新　著

责任编辑：李　岩　翟晓波
技术编辑：刘　硕
装帧设计：奇文云海

出版发行：学习出版社
　　　　　北京市崇外大街11号新成文化大厦B座11层（100062）
　　　　　010-66063020　010-66061634　010-66061646
网　　址：http://www.xuexiph.cn
经　　销：新华书店
印　　刷：北京中科印刷有限公司

开　　本：710毫米×1000毫米　1/16
印　　张：23
字　　数：338千字
版次印次：2024年1月第1版　2024年10月第2次印刷

书　　号：ISBN 978-7-5147-1233-9
定　　价：78.00元

如有印装错误请与本社联系调换，电话：010-66064915

代序
—
跟习近平总书记学妙用毛泽东诗词

习近平总书记在一系列重要讲话中，多次引用毛泽东诗词名句，生动形象地阐述治国理政的新思想，充满吸引力、说服力和感染力。

我想通过一些具体事例，来分析习近平总书记引用毛泽东诗词的思想内涵、语言特征和时代价值，我侧重谈 3 个问题：一是习近平总书记如何妙用毛泽东诗词；二是习近平总书记为何能妙用毛泽东诗词；三是习近平总书记妙用毛泽东诗词给我们的若干启示。

一、习近平总书记如何妙用毛泽东诗词？

习近平总书记在不同场合引用毛泽东诗词来表达特定的意思。综合判断，可以归结为以下几种情形。

第一，用毛泽东诗词来总结毛泽东波澜壮阔的人生经历。

2013 年 12 月 26 日，在纪念毛泽东同志诞辰 120 周年座谈会上，习近平总书记在谈到青年毛泽东的远大志向时指出："年轻的毛泽东同志，'书生意气，挥斥方遒。指点江山，激扬文字'，既有'问苍茫大地，谁主沉浮'的仰天长问，又有'到中流击水，浪遏飞舟'的浩然壮气。"

这几句词出自《沁园春·长沙》。这是毛泽东游故地而观秋景、忆同窗而思往事、励斗志而抒豪情的壮美辞章。词的下阕侧重回忆毛泽东在湖南第一师范学校那段激情燃烧的求学生涯。习近平总书记用这几句词来描述毛泽东志存高远、朝气蓬勃、激流勇进、上下求索的青春岁月。

在回顾毛泽东的革命生涯时，习近平总书记指出："不管是'倒海翻江卷巨澜'，还是'雄关漫道真如铁'，毛泽东同志始终都矢志不移、执着追求。""'为有牺牲多壮志，敢教日月换新天。'……实现了几代中国人梦寐以求的民族独立和人民解放。"

"倒海翻江卷巨澜"出自《十六字令三首》，本义是群山气势磅礴，宛如跌宕起伏的洪涛巨浪。"雄关漫道真如铁"出自《忆秦娥·娄山关》，本义是娄山关在英勇的红军面前不再是坚不可摧的险关。习近平总书记用它们来形容中国革命风起云涌、波澜壮阔。"为有牺牲多壮志，敢教日月换新天"出自《七律·到韶山》，意思是革命者为救国救民不惜抛头颅、洒热血。习近平总书记用来歌颂毛泽东改造中国与世界的宏大抱负和牺牲精神。

第二，用毛泽东诗词阐释中华民族伟大复兴的历史进程。

2012年11月29日，习近平总书记在参观《复兴之路》大型展览时，高度概括近代以来中华民族的光辉历史，深情阐述了中国梦。他指出："中华民族的昨天，可以说是'雄关漫道真如铁'。""中华民族的今天，正可谓'人间正道是沧桑'。""中华民族的明天，可以说是'长风破浪会有时'。"

习近平总书记用"雄关漫道真如铁"来说明尽管近代以来中华民族苦难深重，但是中国人民从不屈服，不断抗争，终于实现了国家独立、民族解放和人民翻身。

"人间正道是沧桑"出自《七律·人民解放军占领南京》，本义是说中国革命道路顺应时代潮流，使旧中国发生了翻天覆地的变化。习近平总书记用来说明中国特色社会主义道路是发展中国的康庄大道。"长风破浪会有时"是李白《行路难·其一》中的诗句，习近平总书记用来描述中国未来的光辉前景。

2014年9月30日，在庆祝中华人民共和国成立65周年招待会上，习近平总书记引用《浣溪沙·和柳亚子先生》中的"一唱雄鸡天下白"，比喻新中国诞生。这首词写于1950年国庆期间，习近平总书记的引用和毛泽东的本意完全一致，因为在中国近现代史上，最重大的历史事件莫过于中华人民共和国的诞生。

第三，用毛泽东诗词彰显中国共产党人的高度道路自信。

2013年1月1日，在全国政协新年茶话会上的讲话中，习近平总书记指出："这里，我想起毛泽东同志当年写下的词句：'东方欲晓，莫道君行早。踏遍青山人未老，风景这边独好。'辉煌成就已载入民族史册，美好未来正召唤着我们去开拓创造。"

这里引用的是《清平乐·会昌》中的词句。毛泽东曾经自注道："一九三四年，形势危急，准备长征，心情又是郁闷的。"当时第五次反"围剿"败局已定，但毛泽东把郁闷压在心底，作品写得乐观豁达。习近平总书记用来描绘当今中国的大好局面，他眼中的"风景"，是中国特色社会主义道路在神州大地焕发的勃勃生机和锦绣前程。

在纪念毛泽东同志诞辰120周年座谈会上，习近平总书记指出："'装点此关山，今朝更好看。'我们已经走出一条光明大道，我们要继续前行。"这句词出自《菩萨蛮·大柏地》，本义是红军作战在墙壁上留下的弹洞把关山装点得更加壮美。习近平总书记用来说明今日中国的辉煌成就是中国人民在正确道路指引下奋斗出来的。

第四，用毛泽东诗词强调中国共产党人的深层文化自信。

2016年7月1日，在庆祝中国共产党成立95周年大会上，习近平总书记指出："有了'自信人生二百年，会当水击三千里'的勇气，我们就能毫无畏惧面对一切困难和挑战，就能坚定不移开辟新天地、创造新奇迹。"

"自信人生二百年，会当水击三千里"是毛泽东年轻时写的一首诗中的残句。习近平总书记用这句诗来强调文化自信是攻坚克难的巨大力量，以此激励我们要坚定不移开辟新天地、创造新奇迹。

第五，用毛泽东诗词诠释中国共产党人的崇高品质和革命精神。

毛泽东诗词是中国革命史的壮丽画卷，也是解读革命文化的独特文本。习近平总书记反复引用毛泽东诗词来诠释中国共产党人的优良传统和革命精神，同时表达了继续发扬革命传统，争取更大光荣的坚强决心。

2012年4月13日，习近平同志在对兰考县工作的批示中写道："焦裕禄同志当年在兰考工作时提出的'敢教日月换新天'的宏伟愿望正在一步步变为现实。"毛泽东这句诗的本义是推翻反动统治，改造社会面貌。习近平同志用来称赞焦裕禄战天斗地、治理风沙的崇高精神。

2013年6月18日，在党的群众路线教育实践活动工作会议上，习近平总书记指出："党只有始终与人民心连心、同呼吸、共命运，始终依靠人民推动历史前进，才能做到哪怕'黑云压城城欲摧'，'我自岿然不动'，安如泰山、坚如磐石。""我自岿然不动"引自《西江月·井冈山》，本义是面对强大的敌人，红军沉着应对，稳如泰山。习近平总书记引用这句词来说明紧紧依靠人民是中国共产党长期执政的牢固基础。

在纪念毛泽东诞辰120周年座谈会上，习近平总书记指出："实现我们确立的奋斗目标，我们既要有'乱云飞渡仍从容'的战略定力，又要有'不到长城非好汉'的进取精神。"

"乱云飞渡仍从容"出自《七绝·为李进同志题所摄庐山仙人洞照》，本义是面对一阵阵乱云飞速流动仍然从容不迫。习近平总书记用来表明任凭国际风云变幻，中国共产党人处变不惊，始终保持战略定力。

"不到长城非好汉"出自《清平乐·六盘山》，本义是不登临长城关口不能算是英雄好汉。习近平总书记用来阐明在新的长征路上，中国人民将团结一心，排除万难，奋发有为。

第六，用毛泽东诗词激励青年大学生勤奋学习，报效祖国。

2014年5月4日，习近平总书记视察北京大学。在静园草坪，他认真聆听同学们激情朗诵《沁园春·长沙》。在师生座谈会上，他引用其中的词句"恰同学少年，风华正茂"，勉励青年学生将青春梦想融入中国梦，在激扬青春、开拓人生、奉献社会中书写无愧于时代的壮丽篇章。

"恰同学少年，风华正茂"，意思是正值青春年少、意气风发。习近平总书记用来说明青年学生生逢其时，重任在肩，要珍惜时光，勤奋学习。"这就像穿衣服扣扣子一样，如果第一粒扣子扣错了，剩余的扣子都会扣错。人生的扣子从一开始就要扣好。'凿井者，起于三寸之坎，以就万仞之深。'"

第七，用毛泽东诗词解读中国人遨游太空的千年飞天梦。

2013 年 6 月 11 日，习近平总书记亲临酒泉卫星发射中心问天阁，观看"神舟十号"飞船发射升空。习近平总书记对即将出征的航天员们说："你们执行我国第五次载人航天飞行任务，承载着中华民族的航天梦，展现了中国人'敢上九天揽月'的豪情壮志。"

"可上九天揽月"出自《水调歌头·重上井冈山》，毛泽东想象力丰富，说可以飞到九重天外去摘取月亮，借此说明有志者事竟成。习近平总书记用来说明中国人遨游太空、登临月球的飞天梦想。他把"可上九天揽月"改为"敢上九天揽月"，更加凸显了中国人民敢于创造、敢于创新的壮志豪情。

第八，用毛泽东诗词寄语中美企业家放眼未来，把握机遇。

2012 年 2 月 14 日，习近平同志在华盛顿同时任美国副总统拜登共同出席中美企业家座谈会。习近平同志寄语两国企业家，"风物长宜放眼量"。企业家的眼界决定境界、作为决定地位。希望企业家们"不畏浮云遮望眼"，不因一时一事的干扰因素而裹足不前，而应着眼长远，拿出更多、更好适合两国消费者需求的产品和服务。"

"风物长宜放眼量"引自《七律·和柳亚子先生》。当时柳亚子因为待遇问题而牢骚满腹，毛泽东劝他视野应更加开阔。习近平同志用这句诗来寄语中美企业家要把握主流，丈量大势所趋，考量时代所盼，携手合作，为促进两国关系发展多作贡献。

二、习近平总书记为何能妙用毛泽东诗词？

《宋史·岳飞传》有云："阵而后战，兵法之常；运用之妙，存乎一心。"习近平总书记妙用毛泽东诗词，有多方面因素的综合影响，这里归纳了几点，难免以偏概全。

第一，对伟人毛泽东无限敬仰。

2012 年 11 月 17 日，习近平同志担任总书记后不久，就在十八届中央政治局第一次集体学习时明确指出："马克思列宁主义、毛泽东思想一定不能丢，丢了就丧失根本。"

习近平总书记自幼就沐浴着毛泽东思想的雨露阳光，对毛泽东的敬仰之情发自肺腑、日久年深。1966 年、1997 年、2011 年，他 3 次到韶山；2006 年、2008 年、2016 年，他 3 次上井冈山；他在延安插过队；他还多次到过古田、遵义、西柏坡等地方，不断追寻着毛泽东的奋斗足迹。习近平总书记频繁引用毛泽东诗词，是他对毛泽东充满敬仰之心、崇拜之情的一种自然流露。

第二，对毛泽东诗词烂熟于心。

在《习近平的七年知青岁月》一书中，陕西省延川县梁家河村村民、曾是返乡知青的王宪平，讲述了这样一件事：1971 年 1 月，自己接到县里通知，要调去关庄公社工作。"2 月的一天，劳动结束后，我去近平的窑洞拉话，他当时已经知道我要去工作的消息。我们拉了一会儿话，他拿出一本《毛主席诗词》，在上面用钢笔写了'送黑子：工作纪念'"。

当年习近平同志把《毛主席诗词》作为临别礼物送给好友，态度既真诚又庄重。毛泽东诗词类书籍曾经大量发行，习近平同志伴随着毛泽东诗词的宣传普及而成长。在梁家河那个偏远山村，背诵毛泽东诗词使习近平同志的知青生活变得充实，思想受到熏陶。习近平总书记引用毛泽东诗词，正可谓只有烂熟于心，方有运用之妙，是熟能生巧的必然结果。

第三，对古典诗词有深厚造诣。

2014 年 9 月 9 日，习近平总书记到北京师范大学视察时指出，我很不赞成把古代经典诗词和散文从课本中去掉，"去中国化"是很悲哀的。应该把这些经典嵌在学生脑子里，成为中华民族的文化基因。

2014 年 9 月 11 日，习近平总书记乘机前往塔吉克斯坦访问。专机起飞后，他来到后舱看望工作人员。一位记者说："习大大好！您前天在北京师范大学说语文不能'去中国化'，反响很热烈。"习近平总书记很有感触地说："古诗文经典已融入中华民族的血脉，成了我们的基因。我们现在一说话就蹦出来的那些东西，都是小时候记下的。语文课应该学古诗文经典，把中华民族优秀传统文化不断传承下去。"

1990 年 7 月 15 日，习近平同志曾创作《念奴娇·追思焦裕禄》：

魂飞万里，盼归来，此水此山此地。百姓谁不爱好官？把泪焦桐成雨。生也沙丘，死也沙丘，父老生死系。暮雪朝霜，毋改英雄意气！

依然月明如昔，思君夜夜，肝胆长如洗。路漫漫其修远矣，两袖清风来去。为官一任，造福一方，遂了平生意。绿我涓滴，会它千顷澄碧。

这首词语言质朴，意境高远，格调清新，充分表明习近平总书记具有深厚的古典诗词造诣。在他治国理政的实践中，更有不少千古名句"似曾相识燕归来"，给人们留下极其深刻的印象。

谈到信仰之坚贞时，他引用"千磨万击还坚劲，任尔东西南北风"；讲到爱民之情深时，他引用了"些小吾曹州县吏，一枝一叶总关情"；诉说风气之紧要时，他说"历览前贤国与家，成由勤俭败由奢"；提到青年之志向时，他说"宝剑锋从磨砺出，梅花香自苦寒来"；论述文明之多元时，他提出"一花独放不是春，百花齐放春满园"。

"腹有诗书气自华"，习近平总书记驾轻就熟地妙用毛泽东诗词和古典诗词，是他深厚文化底蕴的具体体现。

第四，对治国理政有心灵契合。

毛泽东是诗人政治家、政治家诗人，始终以旧世界改造者和新世界创造者的姿态言志抒怀。毛泽东诗词是毛泽东思想的诗意表达，记录特定时代的艰难探索和光辉历程，反映中华民族的崇高精神和丰富情感，抒发中国共产党人的理想信念和价值追求。习近平总书记对毛泽东诗词情有独钟，从中汲取精神力量，也获得思想启迪。

习近平总书记频繁引用毛泽东诗词，不是抒发诗词鉴赏的心得体会，而是作为党和国家领导人，阐述治国理政的新思维、新思想、新战略。习近平总书记的讲话内涵丰富，思想深刻，气势恢宏，既彰显政治智慧，更体现使命担当。这与意境高远的毛泽东诗词心有灵犀，遥相呼应。正因如此，习近平总书记引用最多的诗词是毛泽东诗词。

第五，对改进文风有不懈追求。

早在 2005 年 8 月 19 日，习近平同志在《文风体现作风》中大声疾呼："要把那些又长又臭的懒婆娘的裹脚，扔到垃圾桶里去。"他一贯强调文风要"删繁就简三秋树，领异标新二月花"，摒弃"长、空、假"，倡导"短、实、新"。2010 年 5 月 12 日，时任中央党校校长的习近平同志在中央党校春季学期第二批入学学员开学典礼上，专门作了关于改进文风问题的重要讲话。

习近平总书记的讲话总是观点鲜明、逻辑严谨、简洁明快，有创新思想，有为民情怀，有务实作风，有使命担当。他特别善于运用中国优秀传统文化元素，比如经史子集、历史典故、箴言警句、古典诗词阐述深刻道理，体现了深厚的国学修养和文学造诣。妙用毛泽东诗词是习近平总书记语言风格的一种直接体现，听来亲切，回味无穷。

三、习近平总书记妙用毛泽东诗词给我们哪些启示？

泱泱中华是诗的国度，中国人都有浓郁的诗词情结。人们的诗词修养大体上可以分为 4 个层次，即能吟诵，能品味，能运用，能创作。在当今社会，人们的文化背景和知识结构发生了重大变化，能达到前两个层次已然不易，能灵活运用的人则越来越少，能写诗的更属凤毛麟角。

这里不讨论习近平总书记写诗的娴熟技巧，单论他对毛泽东诗词的深刻领悟就令人钦佩不已。认真学习、深刻领会习近平总书记妙用毛泽东诗词的特点和方法，有助于准确理解毛泽东诗词的思想意味，有助于深刻领会习近平总书记系列重要讲话的丰富蕴涵，有助于切实提高我们的表达能力，有助于不断增强我们的文化自信。

第一，要像习近平总书记那样，全面了解毛泽东的丰功伟绩。古人鉴赏诗歌时，有知人论诗的原则，即通过了解诗人的生平事迹解读诗人的作品。追寻毛泽东的足迹，阅读毛泽东的传记，熟悉毛泽东的奋斗人生和心路历程，弄清毛泽东的生活方式和个性气质，有助于理解毛泽东诗词的丰富情感和个性特点。

第二，要像习近平总书记那样，认真学习毛泽东的光辉著作。毛泽东是理论家、思想家，毛泽东诗词是毛泽东思想的艺术火花，多研读毛泽东的理论文章，掌握毛泽东思想的立场、观点和方法，有助于准确理解毛泽东诗词的丰富内容和精神境界。

第三，要像习近平总书记那样，认真学习党史国史。毛泽东带有鲜明的时代烙印，他既受到所处时代的深刻影响，也深刻影响了他所处的那个时代。多阅读近现代历史书籍，更多了解历史风云和社会风貌，有助于认识毛泽东诗词的时代特征和历史韵味。

第四，要像习近平总书记那样，不断学习中国悠久的优秀诗词文化。习近平总书记曾经深有感触地说："学诗可以情飞扬、志高昂、人灵秀。"毛泽东诗词是中国古典诗词文化艺术的传承与创新，只有多品读中国古典诗词的优秀作品，对中国悠久诗词文化传统有所了解，才能真正领略毛泽东诗词的艺术价值和独特魅力。

第五，要像习近平总书记那样，把学习与运用紧密结合起来。很多人学习诗词时热衷于背诵，这仅仅是学习的初级阶段。只有融会贯通、运用自如，才能真正发挥诗词作品的文化价值。学习的目的在于运用，用以促学，学用相长。习近平总书记娴熟引用毛泽东诗词，真正做到了学以致用、知行合一。

第六，要像习近平总书记那样，与时俱进，常读常新，常悟常新。刘勰在《文心雕龙》中强调："据事以类义，援古以证今。"习近平总书记引用毛泽东诗词时，视角独特，融入新的时代内涵和现实意义。这样既拓展了诗句的意境和意味，又体现了观念的继承和创新。经典名句使人印象深刻，新的解读让人耳目一新。

第七，要像习近平总书记那样，引经据典力求深入浅出、自然贴切。引用不能照搬照抄，更忌讳艰深晦涩。习近平总书记引用的毛泽东诗词通俗易懂，即使不熟悉毛泽东诗词的人，从字面上也能理解。习近平总书记引用诗句恰到好处，言如己出，与讲话内容结合得天衣无缝，可谓是"随风潜入夜，润物细无声"。

　　第八，要像习近平总书记那样，直截了当点出主题，画龙点睛。有些想法用一般语言阐述，可能要长篇大论，讲起来费事，听起来费劲。习近平总书记总是在讲述一番道理，有了一定逻辑铺垫后，在关键之处引用毛泽东诗词来提纲挈领，铿锵有力，既充满哲理，又言简意赅，胜过千言万语。

目录

contents

第四辑
智慧文化

第一辑

总 论

"改造中国与世界"的宏伟史诗

　　毛泽东是叱咤风云的卓越政治家，也是独领风骚的伟大诗人。在缔造新中国和建设新中国的历史进程中，他成就了举世公认的千秋伟业，也创作了气吞山河的不朽诗篇。白居易的《与元九书》有云："文章合为时而著，歌诗合为事而作。"诗史合一是毛泽东诗词的鲜明特色。毛泽东诗词植根于中华悠久文化的厚重土壤，孕育于跌宕起伏的革命征途，形象地反映了中国共产党人救国救民的艰辛历程，艺术地记录了近现代中国风起云涌的沧桑巨变，是波澜壮阔的中国革命和建设事业的宏伟史诗，是毛泽东辉煌灿烂的奋斗人生和心路历程的真实写照，是感悟毛泽东坚定执着的初心使命的独特文本，也是解读中国共产党为什么"能"的鲜活教材。

昏天黑地："长夜难明赤县天"，近代中国内忧外患，韶山闭塞贫穷，毛泽东立志出乡关

　　"长夜难明赤县天，百年魔怪舞翩跹，人民五亿不团圆。"从鸦片战争开始，中国沦为半殖民地半封建社会，外受帝国主义列强的蹂躏，内遭反动统治者的残酷压迫。"东海有岛夷，北山尽仇怨。"世界上几乎所有帝国主义国家都侵略过中国，尤其是日本不断侵犯中国，而沙皇俄国大肆侵吞中国疆土。"地主重重压迫，农民个个同仇。"而国内也是矛盾重重，地主与农民之间的阶级对立异常尖锐。

　　1893年12月26日，毛泽东出生于湖南湘潭县韶山冲的一户农民家庭。

尽管他家的境况还算殷实，但韶山冲同旧中国其他闭塞贫穷的山村别无二致，广大农民处在水深火热之中。在韶山冲流传着这样的民歌："韶山冲来冲连冲，十户人家九户穷；有女莫嫁韶山冲，红薯柴棍度一生。"还有一段顺口溜："农民头上三把刀，税多租重利息高；农民眼前三条路，逃荒讨米坐监牢。"这是当年韶山冲贫苦山民生活的真实写照，毛泽东对此刻骨铭心。

1902 年春，毛泽东进入南岸私塾读书，先后就读了 6 所私塾。毛泽东熟读四书五经，但他更喜欢读《精忠传》《水浒传》《三国演义》《隋唐演义》等"杂书"。他发现旧小说人物都是文官武将书生，从来没有农民主人公。改良主义者郑观应在《盛世危言》中的许多新思想使他受到启蒙，而《论中国有被列强瓜分之危险》一书中的"呜呼，中国其将亡矣"，使他对国家前途深感忧虑。1910 年秋，毛泽东考入湘乡县立东山高等小学堂。临行前，他给父亲留下一首诗："孩儿立志出乡关，学不成名誓不还。埋骨何须桑梓地，人生无处不青山。"表达了少年毛泽东冲出偏远闭塞的韶山冲，好男儿志在四方的强烈渴望。从此毛泽东义无反顾地走向了"海阔凭鱼跃，天高任鸟飞"的世界。

指天问地："问苍茫大地，谁主沉浮？"各种思潮
纷然杂陈，毛泽东上下求索寻救国良策

在湘乡县立东山高等小学堂，毛泽东开始了"修学储能"的求学生涯，其中主要是在湖南第一师范学校读书。他立下人生誓言："与天奋斗，其乐无穷！与地奋斗，其乐无穷！与人奋斗，其乐无穷！"1915 年 5 月 9 日，袁世凯悍然接受丧权辱国的"二十一条"，毛泽东愤然题诗言志："五月七日，民国奇耻；何以报仇？在我学子！"1915 年 9 月，他发布《征友启事》，"嘤其鸣矣，求其友声"，征集志同道合的朋友，"指点江山，激扬文字，粪土当年万户侯"。1918 年 4 月 14 日，他与蔡和森等人创建进步团体新民学会，立志"革新学术，砥砺品行，改良人心风俗"。会员罗章龙打算赴日本留学，毛泽东写下《七古·送纵宇一郎东行》为其饯行，强调"丈夫何事足萦怀，要将宇宙看稊米"，

"管却自家身与心，胸中日月常新美"。

1918 年夏季毕业后，毛泽东探索救国救民之策的行动更加积极、更加稳健。他进行带有乌托邦色彩的"新村主义"尝试；发动驱逐军阀张敬尧的"驱张运动"；组织有志青年赴法勤工俭学；领导湖南学生反帝爱国运动；创办思想激进的《湘江评论》；兴办传播进步书刊的文化书社；发起组织俄罗斯研究会，推动湖南自治运动；倡议把"改造中国与世界"作为新民学会的宗旨……

尽管青年毛泽东没有用诗作直接抒写中国共产党诞生这一开天辟地的大事变，但他一直挺立于时代潮头，毅然选择了马克思主义信仰，积极筹建湖南长沙共产主义小组，成为坚定的共产党人和职业革命家。共同的革命理想与追求使毛泽东与杨开慧结为革命伴侣，婚后他们聚少离多。毛泽东难免也有"堆来枕上愁何状，江海翻波浪"的彻夜思念，有"挥手从兹去。更那堪凄然相向，苦情重诉"的离愁别绪。"汽笛一声肠已断，从此天涯孤旅"，毛泽东以"要似昆仑崩绝壁，又恰像台风扫寰宇"的毅然决然，"凭割断愁丝恨缕"，全身心投入中国革命事业。

毛泽东以"改造中国与世界"为己任，但究竟如何付诸行动，他也在苦苦思索。一方面是大革命如火如荼，一方面却有无法遏制的暗流涌动。1925 年，毛泽东在长沙橘子洲头"独立寒秋"，面对"万类霜天竞自由"的壮美秋景，反观黑暗统治、民生多艰的残酷现实，敢问路在何方？他从内心发出"怅寥廓，问苍茫大地，谁主沉浮？"这一气壮山河的诘问。

翻天覆地："敢教日月换新天。"中国革命艰难曲折，
道路决定命运，毛泽东独辟蹊径闯新路

1927 年，蒋介石背叛革命，轰轰烈烈的大革命归于失败。"茫茫九派流中国，沉沉一线穿南北。烟雨莽苍苍，龟蛇锁大江。"毛泽东心境苍凉，"把酒酹滔滔，心潮逐浪高"。残酷现实使毛泽东深刻认识到：没有武装的革命就无法战胜武装的反革命，就无法改造中国与世界，他得出一个石破天惊的结论："枪

杆子里面出政权。""秋收时节暮云愁，霹雳一声暴动"，毛泽东发动湘赣边界秋收起义。"军叫工农革命，旗号镰刀斧头"，毛泽东第一次打出共产党人自己的旗帜，从此中国工农阶级有了为自己打天下的工农子弟兵。

秋收起义失利后，毛泽东果断放弃攻打长沙的原定计划，引兵转战井冈山，建立井冈山革命根据地，走上工农武装割据的道路，"黄洋界上炮声隆，报道敌军宵遁"。从此，穿长衫的毛泽东开始戎马倥偬，南征北战。毛泽东诗词也告别了"呼声革命"的"书生意气"，不再单纯地摹景抒情，而是转向战争纪实，他把诗情融入战争，使战争充满诗意。

国民党反动派把革命武装诬称为"匪"。"六月天兵征腐恶""天兵怒气冲霄汉"，毛泽东旗帜鲜明地称其为主持正义的"天兵"。工农武装割据风生水起，蒋介石一再兴兵"进剿""会剿""围剿"。毛泽东运筹帷幄，决胜千里，迎来了"红旗跃过汀江"的根据地拓展，夺得了"前头捉了张辉瓒"的第一次反"围剿"胜利，创造了"横扫千军如卷席"的第二次反"围剿"的辉煌胜利。

"山下旌旗在望，山头鼓角相闻""头上高山，风卷红旗过大关""山下山下，风展红旗如画""不周山下红旗乱""六盘山上高峰，红旗漫卷西风"，毛泽东将道路自信诗化为"山＋红旗"的独特意象。改造中国与世界的正确道路是在山里寻求到、从山里走出来的。毛泽东对革命摇篮井冈山情有独钟，用《西江月·井冈山》《水调歌头·重上井冈山》《念奴娇·井冈山》反复吟咏。不管是"倒海翻江卷巨澜"，还是"雄关漫道真如铁"，他始终高举"农村包围城市，武装夺取政权"旗帜，攻克娄山关，翻越六盘山，问鼎昆仑山，"更喜岷山千里雪，三军过后尽开颜"，一路"满宇频翘望，凯歌奏边城"。待到"钟山风雨起苍黄，百万雄师过大江"时，人民解放军占领南京。尤其是针对英国"紫石英号"军舰无视警告擅闯长江水域，人民解放军果断炮击使其中弹搁浅，更是平添了"天翻地覆慨而慷"的划时代意义，既宣告了蒋家王朝败局已定，也标志着西方列强"炮舰外交"的彻底终结。

顶天立地:"刺破青天锷未残。"共产党人无私忘我,
坚定执着勇猛,毛泽东越是艰险越向前

　　毛泽东咏山的作品很多,他把山刻画得形神兼备,"江山如画""江山如此多娇",表达了毛泽东强烈的爱国情怀。"山,刺破青天锷未残。天欲堕,赖以拄其间。"山犹如利剑刺破青天,自身却完好无损,天塌下来,山一柱擎天,真乃"壁立千仞,无欲则刚"。在百年奋斗中,共产党人不畏强暴,不惧风险,敢打必胜,"欲与天公试比高"。

　　中国革命艰苦卓绝,"敌军围困万千重""二十万军重入赣,风烟滚滚来天半",毛泽东以"我自岿然不动"的从容气度,以"今日长缨在手,何时缚住苍龙"的英雄气概,不断"报道敌军宵遁""风卷红旗过大关"。面对"路隘林深苔滑""赣江风雪迷漫处""雾满龙冈千嶂暗""大渡桥横铁索寒""山高路远坑深"等严峻考验,毛泽东领导人民军队"雪里行军情更迫""万水千山只等闲""大军纵横驰奔"。

　　遵义会议之前,毛泽东的斗争实践受到党内各种"左"倾错误路线一再打压。他极力压制内心的郁闷情绪,挥洒"踏遍青山人未老"的豪迈,舒展"寥廓江天万里霜"的豁达,一扫"自古逢秋悲寂寥"的衰颓,盛赞"一年一度秋风劲,不似春光。胜似春光"的壮美秋景,高唱"战地黄花分外香"的人生赞歌。毛泽东愈挫愈勇,"要向潇湘直进""直下龙岩上杭""直指武夷山下""席卷江西直捣湘和鄂"。一个"直"字,淋漓尽致地展现出毛泽东百折不挠、勇往直前的革命精神和昂扬斗志。

　　1937年清明节,国共两党共祭中华始祖黄帝陵,毛泽东亲笔撰写《四言诗·祭黄陵文》。祭文痛陈"强邻蔑德""琉台不守""辽海燕冀,汉奸何多""匈奴未灭,何以家为"的民族危亡,表明共产党人"万里崎岖,为国效命"的使命担当,表达"亿兆一心,战则必胜。还我河山,卫我国权"的坚强决心,堪称是中华民族誓死抗日的"出师表"。

蟠天际地："唤起工农千百万。"人民是历史的创造者，放手发动群众，毛泽东全心全意为人民

唐代罗隐的诗《蜂》写道："采得百花成蜜后，为谁辛苦为谁甜？"改造中国与世界，究竟为了谁？毛泽东的诗词中予以了明确回答。"收拾金瓯一片，分田分地真忙"，攻占一个地方，建立革命根据地，开展"耕者有其田"的土地革命。"遍地哀鸿满城血，无非一念救苍生"，哀鸿遍野，民不聊生，共产党人之所以挺身而出、浴血奋战，为的是救国救民救苍生。《中国共产党章程》庄严宣示："党除了工人阶级和最广大人民群众的利益，没有自己特殊的利益。"毛泽东在《愚公移山》中说，挖山不止的愚公感动了上帝，上帝派神仙帮他把两座山背走了。"现在也有两座压在中国人民头上的大山，一座叫做帝国主义，一座叫做封建主义。""我们一定要坚持下去，一定要不断地工作，我们也会感动上帝的。""这个上帝不是别人，就是全中国的人民大众。""枯木朽株齐努力"，有劳苦大众倾心支持，中国革命无往不胜。

"五帝三皇神圣事，骗了无涯过客""惜秦皇汉武，略输文采；唐宗宋祖，稍逊风骚。一代天骄，成吉思汗，只识弯弓射大雕"，正如柳亚子所赞誉的那样，"推翻历史三千载，自铸雄奇瑰丽词"，毛泽东坚决反对帝王将相、英雄人物创造历史的唯心史观。"盗跖庄屩流誉后，更陈王奋起挥黄钺"，他把那些曾被诬蔑为"匪""盗""逆"的奴隶起义、农民起义英雄推崇为"风流人物"。他在注释"俱往矣，数风流人物，还看今朝"时，明确说明"末三句，是指无产阶级"。"中华儿女多奇志""六亿神州尽舜尧"，人民至上。

毛泽东强调兵民是胜利之本，战争之伟力存在于民众之中。"十万工农下吉安""百万工农齐踊跃""唤起工农千百万，同心干"，他放手发动群众，坚信人民群众一旦觉醒并汇入中国革命洪流，将成为坚不可摧的钢铁长城。"早已森严壁垒，更加众志成城""军民团结如一人，试看天下谁能敌"，他紧紧依靠人民，谱写了人民战争的壮美华章。

欢天喜地："万方乐奏有于阗"。反动统治一去不返，人民翻身作主，毛泽东与民同乐庆解放

1950 年 10 月 1 日，是中华人民共和国的第一个国庆节，举国上下，一片欢腾。10 月 3 日，在北京中南海怀仁堂举行隆重的庆祝晚会，各少数民族代表兴高采烈地向毛泽东和其他领导人献旗献礼，表达喜悦和崇敬之情。之后，各少数民族文工团表演节目，载歌载舞。柳亚子即席吟诗《浣溪沙》："火树银花不夜天。弟兄姊妹舞翩跹。歌声唱彻月儿圆。不是一人能领导，那容百族共骈阗？良宵盛会喜空前！"次日，毛泽东欣然和词《浣溪沙·和柳亚子先生》："长夜难明赤县天，百年魔怪舞翩跹，人民五亿不团圆。一唱雄鸡天下白，万方乐奏有于阗，诗人兴会更无前。"

《浣溪沙·和柳亚子先生》属唱和之作，从高处着眼，从大处着笔，抚今追昔，构思精巧。上阕揭露和批判旧中国的黑暗统治，寥寥数语写尽中华民族饱经磨难与痛苦。下阕描绘各族人民翻身解放的喜人情景。"一唱雄鸡天下白"，引用李贺《致酒行》成句，比喻新中国诞生犹如雄鸡高唱，驱走漫长黑夜，迎来无限光明。

"万方乐奏有于阗"，"万方"指神州大地，也指各族人民。柳亚子词中"那容百族共骈阗"中的"骈阗"，也作"骈填""骈田"，是聚会、会集之意。毛泽东以"于阗"对"骈阗"，堪称神来之笔。新疆地名"于阗"指新疆文工团，寓意各族人民欢聚一堂。言下之意，连古称"于阗"的偏远之地都派人参加国庆联欢，怎能不是"万方乐奏"？只有新中国才能真正实现各族人民大团结的思想意义瞬间跃然纸上。"诗人兴会更无前"，表现诗人激情澎湃讴歌新社会。

"于阗"是汉代西域的国名，在汉代即被纳入中央政权版图，唐代时成为"安西四镇"之一，是古代中西陆路交通必经之地。于阗还曾是佛教东传进入中国的第一站。清光绪八年（1882 年）置于阗县，今属新疆和田地区。毛泽东由国庆晚会的文艺舞台，联想到"往事越千年"的历史舞台，既颂扬新中国成

立后所发生的巨大变化，也彰显源远流长的中华文明正焕发出勃勃生机。

改天换地："地动三河铁臂摇。"荡涤一切污泥浊水，发展日新月异，毛泽东励精图治搞建设

　　新中国面对的是一个近百年战乱频仍、千疮百孔、百业凋敝的烂摊子。1949 年 6 月 15 日，在新政治协商会议筹备会上的讲话中，毛泽东豪迈地宣告："中国人民将会看见，中国的命运一经操在人民自己的手里，中国就将如太阳升起在东方那样，以自己辉煌的光焰普照大地，迅速地涤荡反动政府留下来的污泥浊水，治好战争的创伤，建设起一个崭新的强盛的名副其实的人民共和国。"毛泽东千方百计地调动人民群众的积极性和创造性，努力改变一穷二白的落后面貌，要把中国建设成一个繁荣昌盛的社会主义国家。毛泽东诗词也告别炮火硝烟，转向描绘如火如荼的社会主义建设，热情讴歌人民群众战天斗地的精神风貌。

　　《水调歌头·游泳》高度赞扬"风樯动，龟蛇静，起宏图"的大好局面，充分肯定"一桥飞架南北，天堑变通途"的建设成果，还想象奇特地勾画了"更立西江石壁，截断巫山云雨，高峡出平湖"的发展前景。1958 年 6 月 30 日，喜闻江西省余江县彻底消灭血吸虫，毛泽东"浮想联翩，夜不能寐"，挥毫写下《七律二首·送瘟神》。"绿水青山枉自多，华佗无奈小虫何！千村薜荔人遗矢，万户萧疏鬼唱歌。"旧社会瘟神猖獗，人民遭殃。新社会，在党的领导下，中国人民意气风发，"天连五岭银锄落，地动三河铁臂摇。借问瘟君欲何往，纸船明烛照天烧。"瘟神逃脱不了灭亡的结局，最终被送上西天。

　　1959 年 6 月，毛泽东回到魂牵梦萦的韶山。他访贫问苦，请乡亲们吃饭，可残羹不剩的场景使他内心隐隐作痛，满怀深情写下《七律·到韶山》。"喜看稻菽千重浪"，与其说是诗人的一种浪漫笔调，不如说是领袖对人民丰衣足食的热切期盼。1965 年 5 月，毛泽东"千里来寻故地"，重上井冈山。"旧貌变新颜""到处莺歌燕舞，更有潺潺流水，高路入云端""多了楼台亭阁"，他抚今追

昔，百感交集，接连写下《水调歌头·重上井冈山》和《念奴娇·井冈山》。

第二次世界大战结束后，国际局势错综复杂，"小小寰球，有几个苍蝇碰壁""高天滚滚寒流急""已是悬崖百丈冰"。毛泽东气定神闲，"冷眼向洋看世界""乱云飞渡仍从容"。他蔑视各种国际反动势力，"独有英雄驱虎豹，更无豪杰怕熊罴"。为粉碎敌对势力的"和平演变"阴谋，毛泽东十分注重培养"不爱红装爱武装"的一代新人。而"拒腐蚀，永不沾"的"南京路上好八连"使他欢欣鼓舞，1963 年 8 月 1 日写下《杂言诗·八连颂》。"奇儿女，如松柏。上参天，傲霜雪"，这是对"好八连"的热情礼赞，是对党和军队的谆谆教导，也是对全国人民的殷切期望，至今仍然闪耀着真理的光芒。

惊天动地："彩云长在有新天"。百年变局前所未有，风景这边独好，习近平总书记领航奋进新时代

青年毛泽东"自信人生二百年，会当水击三千里"，但他是彻底的辩证唯物主义者。他既有"踏遍青山人未老""莫叹韶华容易逝"的豪迈，也有"人生易老天难老""鬓雪飞来成废料"的感喟，更有"一万年太久，只争朝夕"的紧迫感。毛泽东不断实现理想、铸就辉煌，但也有很多未了心愿。不可否认，毛泽东在社会主义建设道路的探索中走过弯路，在晚年犯了严重错误，但他终究是一代伟人。他改造了中国，也改变了世界。毛泽东属于中国，也属于世界。

2012 年 11 月 29 日，习近平总书记在参观《复兴之路》展览时指出："中华民族的昨天，可以说是'雄关漫道真如铁'"；"中华民族的今天，正可谓'人间正道是沧桑'"；"中华民族的明天，可以说是'长风破浪会有时'"。党的十一届三中全会后，中国共产党拨乱反正，团结带领人民进行改革开放的伟大革命，开辟中国特色社会主义道路。

党的十八大以来，中国特色社会主义进入新时代。面对百年未有之大变局，我国发展面临着前所未有的风险挑战。以习近平同志为核心的党中央，不忘"敢教日月换新天"的初心使命，发扬"不到长城非好汉"的进取精神，保

持"乱云飞渡仍从容"的战略定力，满怀"风景这边独好"的充分自信，统筹推进"五位一体"总体布局，协调推进"四个全面"战略布局，出台一系列方针政策，推出一系列重大举措，推进一系列重大工作，解决了许多长期想解决而没有解决的难题，办成了许多过去想办而没有办成的大事，取得了社会主义现代化建设全方位的、开创性的成就，推动党和国家事业发生深层次的、历史性的变革，中华民族迎来了从站起来、富起来到强起来的伟大飞跃，迎来了实现中华民族伟大复兴的光明前景。

毛泽东诗词的总体情况与审美特征

一、我与毛泽东诗词的缘分

众所周知，一代伟人毛泽东，不仅富有革命家的情怀，政治家的睿智，军事家的谋略，战略家的眼光，而且富有诗人的壮丽情怀，是独领风骚的伟大诗人。我从小就喜欢毛泽东诗词。2005 年 8 月，我在中国井冈山干部学院开设了一个专题课"毛泽东诗词鉴赏"。开始的时候，讲课内容比较简单，只是分析了部分毛泽东诗词的创作背景和基本含义，自己的感悟和见解不多。但是，学员的兴趣很浓，反响也不错。这给了我很大的激励。

从此，我和毛泽东诗词结下了不解之缘。我从不同角度，给不同层次、不同年龄、不同类型的学员，讲授毛泽东诗词专题课，总次数应该有两三百场。这已成为中国井冈山干部学院的特色课，也成为我自己的一门主打课。

我大学学的是英语专业，硕士读的是美学专业，博士读的是企业战略管理。一直从事干部教育工作，讲过很多专题课。我讲授毛泽东诗词之后，一见到有关毛泽东诗词和毛泽东的书我就会买，几乎每天都会看毛泽东诗词。这不仅改变了我的学科兴趣、研究方向和教学主题，甚至改变了我的生活方式和人生态度。我把自己的学习体会写成了一本书，叫《毛泽东诗传》，2023 年 1 月由工人出版社出版。能够为纪念毛泽东表达自己的一点心意，我深感欣慰。大家喜欢听毛泽东的诗词课，最根本的原因，不是我的课讲得多好，而是因为毛泽东和毛泽东诗词本身具有无穷的魅力。

二、毛泽东诗词的总体情况

我想通过对几个问题的解答展开关于这个话题的讨论。毛泽东诗词是集毛泽东的思想、情感、意志、才华、个性及书法于一体的完美结合，题材广泛，想象丰富，气势磅礴，寓意深刻，意境高远，是毛泽东留给我们的一笔宝贵精神财富。

毛泽东为什么能够写诗词？江西省吉安县渼陂村有一个书院。1930 年 2 月之后，毛泽东在那里住了一段时间。书院的墙上有一副楹联："万里风云三尺剑，一庭花草半床书。"毛泽东很喜欢这副对联。毛泽东的人生经历波澜壮阔，他的文化底蕴和人文修养博大精深。他一生酷爱读书学习，终生与书为伴。他有着非常深厚的古典诗词修养。有人做过统计，毛泽东藏书中留有阅读印记的，包括圈画和批注，涉及 1180 首诗、378 首词、12 首曲，诗词曲赋总计 1590 首，429 位诗人。这一组数字显然是不完全统计的结果。具有如此深厚的积累，毛泽东成为诗人也就不难理解了。

毛泽东与诗词的关系如何？毛泽东的一生是一位革命家的一生，也是一位诗人的一生。读诗、学诗、赋诗、吟诗、解诗、论诗，对毛泽东而言，是情趣爱好，是生活方式，是政治工具，也是交往手段。无论是喜是悲，是忧是怒，是庆贺胜利或者抒发豪情，毛泽东都会用诗词表达自己高远的理想、坚定的意志、翻卷的心潮、激荡的思绪和绵绵的深情。

毛泽东一共写了多少首诗词呢？至今也没有完全统一的说法。不同版本的毛泽东诗词书籍，收录的作品数量不一样。最多的一个版本收录了 150 多首。1996 年中共中央文献研究室编辑了《毛泽东诗词集》，收入 67 首，包括他生前发表的 39 首，未发表的 28 首。这个版本的作品是经过严格认定的。其实，毛泽东究竟写了多少首诗词并不重要，因为他的作品也根本不是靠数量取胜的。毛泽东的很多作品，如《沁园春·长沙》《西江月·井冈山》《采桑子·重阳》《忆秦娥·娄山关》《清平乐·六盘山》《七律·长征》《沁园春·雪》《浪淘沙·北戴河》《卜算子·咏梅》等，艺术成就极高，脍炙人口，广为流传。

　　诗人毛泽东有什么特点？作为诗人，毛泽东的特点十分鲜明。他首先是一个政治家，然后才是诗人。他是政治家诗人、诗人政治家。我们不妨举两个例子。1958 年 7 月 1 日，毛泽东写了《七律二首·送瘟神》。他是在读了 6 月 30 日《人民日报》，得知余江县消灭了血吸虫，浮想联翩，夜不能寐。于是"遥望南天，欣然命笔"。所谓欣然命笔，充分表明毛泽东作为人民领袖，时刻关心人民疾苦，与人民同甘共苦。

　　我们还可以举一个例子。毛泽东有 3 首词以井冈山为题，分别是《西江月·井冈山》《念奴娇·井冈山》《水调歌头·重上井冈山》。而 3 首词又都提到了黄洋界："黄洋界上炮声隆"；"黄洋界上，车子飞如跃"；"过了黄洋界，险处不须看"。其他任何地方没有这种待遇。井冈山斗争不过 2 年零 4 个月，井冈山不是毛泽东一生中待的时间最长的地方。毛泽东这种深厚的井冈山情结，完全可以理解成一位政治家对一座政治名山的特殊情感。

　　毛泽东诗词属于什么风格？毛泽东曾经说："词有婉约、豪放两派，各有兴会，应当兼读。""我的兴趣偏于豪放，不废婉约。"因而他喜欢读苏东坡、辛弃疾的诗词，他不太喜欢读杜甫、白居易的诗，说"杜甫的诗哭哭啼啼的"。其实，毛泽东诗词的总体风格也"偏于豪放，不废婉约"，充满了一股英雄主义气概，如"雄关漫道真如铁，而今迈步从头越"；"不到长城非好汉，屈指行程二万"；"红军不怕远征难，万水千山只等闲"；"山高路远坑深，大军纵横驰奔"；"可上九天揽月，可下五洋捉鳖"，读来令人荡气回肠。

　　毛泽东诗词的传播范围有多广？毛泽东诗词吸引并熏陶了几代中国人，并且传唱到了国外。海外学者尤其是诗界人士，都公认毛泽东是"中国的伟大诗人"。早在 1937 年，美国记者埃德加·斯诺在伦敦维克多·戈兰茨公司出版了《红星照耀中国》，首次向西方世界披露了《七律·长征》。1938 年该书被翻译成中文《西行漫记》。《七律·长征》是第一首公开发表的毛泽东诗词，而且是先国外后国内。

　　毛泽东诗词的出版情况如何？从 20 世纪 50 年代末开始，毛泽东诗词就一直是出版界的一个热点。迄今为止，国内国外、公开非公开、不同语种、不同角度、不同版式的毛泽东诗词书籍，超过 1100 种。估计没有人能够全部收集齐这么多毛泽东诗词版本。

　　毛泽东如何看待自己的诗词？ 1966 年夏，河北邢台发生地震，波及北京。当时正在毛泽东身边的护士长拉起毛泽东就往屋外跑，可是毛泽东迟疑了一下又返回去，把案头的一个装有自己诗稿的牛皮纸袋拿了出来。护士长感觉奇怪，说那么多东西不拿，怎么只拿一个没什么用的破纸袋。毛泽东说："那些东西都不是我的，我身无长物，只有这些诗稿属于我。"

三、毛泽东诗词的审美特征

　　为什么会有那么多人喜欢毛泽东诗词？柳亚子称赞毛泽东诗词是"推翻历史三千载，自铸雄奇瑰丽词"；元帅诗人陈毅评价毛泽东诗词是"妙语拈来着眼高，诗词大国推盟主"。无论从内容还是从形式方面去评论，毛泽东诗词都是艺术精品。

　　第一，史诗美。毛泽东不同人生阶段写的诗词，是一部波澜壮阔的史诗。

　　毛泽东诗词是现代中国沧桑巨变的宏伟史诗。1925 年《沁园春·长沙》"问苍茫大地，谁主沉浮"，当时的中国究竟该向何处去，中国究竟该由哪个阶级来主宰、来掌控，毛泽东还没有找到令自己满意的答案，他也在思考、也在探索。1927 年，他在《菩萨蛮·黄鹤楼》中写道："把酒酹滔滔，心潮逐浪高！"毛泽东面对大革命的失败，依然斗志昂扬，奋勇前行，积极探索。

　　1949 年《七律·人民解放军占领南京》"天翻地覆慨而慷"，1950 年《浣溪沙·和柳亚子先生》"一唱雄鸡天下白"，中国人民从此站起来了，到 1965 年《水调歌头·重上井冈山》时，"千里来寻故地，旧貌变新颜"，中国社会发生了巨大变化。

　　毛泽东诗词是革命战争摧枯拉朽的壮丽画卷。1927 年《西江月·秋收起义》"秋收时节暮云愁，霹雳一声暴动"；1928 年《西江月·井冈山》"黄洋界上炮声隆，报道敌军宵遁"；1931 年《渔家傲·反第一次大"围剿"》"齐声唤，前头捉了张辉瓒"；1931 年《渔家傲·反第二次大"围剿"》"七百里驱十五日""横扫千军如卷席"；1935 年《七律·长征》"红军不怕远征难，万水千山只等闲"；1949 年《七律·人民解放军占领南京》"百万雄师过大江"，穿长衫的毛泽东经历了带兵打仗之后，逐步成为一位军事统帅、一位战略大家、一位兵法大师，人民军队也从无到有、从小到大、从弱到强，最终夺取全国胜利，建立了新中国。

诗词是毛泽东一生奋斗不息的真实写照。我们可以把毛泽东诗词作为特殊形式的毛泽东自传理解和阅读。毛泽东所经历和参与的重大历史事件，在其诗词中几乎都有反映。如 1910 年《七绝·呈父亲》中的"孩儿立志出乡关，学不成名誓不还"；1925 年《沁园春·长沙》中的"指点江山，激扬文字，粪土当年万户侯"；1927 年《菩萨蛮·黄鹤楼》中的"把酒酹滔滔，心潮逐浪高"；1931 年《渔家傲·反第一次大"围剿"》中的"唤起工农千百万，同心干"；1956 年《水调歌头·游泳》中的"万里长江横渡，极目楚天舒"；1961 年《卜算子·咏梅》中的"已是悬崖百丈冰，犹有花枝俏"；1962 年《七律·冬云》中的"独有英雄驱虎豹，更无豪杰怕熊罴"；1963 年《满江红·和郭沫若同志》中的"一万年太久，只争朝夕"；1965 年《水调歌头·重上井冈山》中的"世上无难事，只要肯登攀"，毛泽东从未停息追求和奋斗。他的一生是光辉的一生、战斗的一生。

第二，人情美。白居易说："诗者：根情、苗言、华声、实义。"毛泽东登山则情满于山，观海则意溢于海。诗词是毛泽东内心深沉丰富情感的自然流露，蕴含着眷恋娇妻爱侣的亲情、关切劳苦大众的天下情、迷恋戎马生涯的征战情、依恋故园家乡的乡国情、善待各界人士的挚友情、憎恶反动势力的阶级情。

第三，人格美。沈德潜说："有第一等襟抱，第一等学识，斯有第一等真诗。"毛泽东不仅靠他的光辉思想引领着人们，也凭借他的伟岸人格吸引着人们。毛泽东刚毅、执着、坚韧、勇猛、果敢、睿智、率真、平和、从容、豁达、乐观、无私、忘我，充满人性的光辉和人格的魅力。这种人格特性，在毛泽东诗词中都能找到印迹和表现。毛泽东的诗句境象阔大、气势恢宏，如"看万山红遍""万类霜天竞自由""万木霜天红烂漫""万水千山只等闲""寥廓江天万里霜""北国风光，千里冰封，万里雪飘""万里长江横渡"，充分展示出毛泽东视野开阔、胸襟豁达、心系天下的人格魅力。

第四，哲理美。毛泽东是伟大的思想家、哲学家、理论家，毛泽东诗词蕴含丰富内容，从"问苍茫大地，谁主沉浮"的国家前途命运的怅然天问，"战地黄花分外香"的生命礼赞，"人间正道是沧桑"的历史规律，到"牢骚太盛防肠断"的委婉规劝，"世上无难事，只要肯登攀"的警世格言，毛泽东诗词洋溢着深邃的哲理光辉，令人百读不厌、回味无穷，常读常新。

第五，语言美。毛泽东堪称语言大师，他的诗句用词准确、雄健、精练、生动、质朴。他善于壮用名词，如"北国风光"两个名词涵盖半个中国。他善于活用动词，如"万山红遍""漫江碧透""万类霜天竞自由""横扫千军如卷席""浪遏飞舟""一桥飞架南北""飞起玉龙三百万"。他善于精用形容词，如"俏也不争春""搅得周天寒彻""惟余莽莽""顿失滔滔"。他善于使用数量词，如"万水千山""千里冰封""百万雄师""四海翻腾""五洲震荡"。他善于使用副词，如"层林尽染""只识弯弓""略输文采""稍逊风骚"。

第六，声韵美。毛泽东精通诗词创作技巧，基本遵循诗词的平仄格律，遵循诗词对仗规范，遵循诗词音韵要求。但毛泽东强调形式服务于内容，以达意为主，不以辞害意，不为形式所拘，必要时某些地方也有所突破。毛泽东诗词措辞达意，声韵铿锵，读来抑扬顿挫，气韵生动。

第七，色彩美。毛泽东喜欢用红色构筑艺术世界，如"红旗漫卷西风""看红装素裹""红雨随心翻作浪""万木霜天红烂漫"。因为红色象征着革命，毛泽东诗词中有红旗意象的诗句有 12 句之多。"赤橙黄绿青蓝紫"，颜色格外鲜明绚丽，几个色彩词成句，这是毛泽东的首创。毛泽东还善于运用色彩对比，如"万山红遍"与"漫江碧透"，红更见其红，碧更见其碧；"红装"与"素裹"映衬出"江山如此多娇"，"百丈冰"与"花枝俏"更显梅花的艳丽高洁。

第八，共赏美。毛泽东说过："诗当然应以新诗为主体，旧诗可以写一些，但是不宜在青年中提倡，因为这种体裁束缚思想，又不易学。"毛泽东诗词典雅规范，属于高雅文化。但是毛泽东写诗从不玩弄辞藻、故作艰深，而是尽量使用大众化语言，力求通俗易懂。有时，他甚至直接运用口语，如"分田分地真忙""齐声唤，前头捉了张辉瓒""红军不怕远征难""吴刚捧出桂花酒"等诗句，让人一看就懂。毛泽东诗词雅俗共赏，既典雅又通俗，既属于阳春白雪，又属于下里巴人。

最后，建议大家找一两本关于毛泽东诗词的书读一读，结合毛泽东的生平事迹，结合毛泽东光辉思想，结合毛泽东独特个性，结合中国的沧桑巨变，结合中国的诗词文化，结合个人的独特人生体验，相信大家欣赏毛泽东诗词，不仅可以提高人文修养，得到美的享受，还能得到很多人生的感悟。

毛泽东诗词的时代价值与现实意义

　　毛泽东是伟大的革命家、政治家、军事家、思想家，同时又是独领风骚的诗词巨匠。毛泽东诗词想象丰富、气势磅礴、寓意深刻、意境高远，充满了革命的现实主义和浪漫主义精神，是中国革命和建设艰辛历程的艺术再现，弘扬了中华优秀传统文化和社会主义先进文化。毛泽东诗词是一个说不尽的话题，在当今时代依然彰显其光辉和魅力，是常读常新、常悟常新的传世经典。

一、毛泽东诗词是满腔热忱为人民抒写抒情抒怀的光辉典范

　　感人心者，莫先乎情。毛泽东是诗人政治家，是政治家诗人。他在《七律二首·送瘟神》的"小序"中写道："读六月三十日《人民日报》，余江县消灭了血吸虫。浮想联翩，夜不能寐。微风拂煦，旭日临窗。遥望南天，欣然命笔。"寥寥数语，显示了毛泽东绝非为写诗而写诗，而是在抒发对黎民百姓疾苦的深切关注和忧虑，对人民群众获得福祉的无比喜悦和欣慰。毛泽东诗词表现了一位无产阶级革命家爱憎分明的强烈感情和为民情怀。其创作，正如习近平总书记在文艺工作座谈会上的讲话中所说，"始终把人民的冷暖、人民的幸福放在心中，把人民的喜怒哀乐倾注在自己的笔端"，"与人民同呼吸、共命运、心连心，欢乐着人民的欢乐，忧患着人民的忧患"。"为人民抒写、为人民抒情、为人民抒怀"，是毛泽东诗词感人肺腑、广为传颂的根本原因。

毛泽东诗词中多次出现"我"或"吾"字。"春来我不先开口""君行吾为发浩歌""我返自崖君去矣""算人间知己吾和汝",这些"我"是指作者本人。但以天下为己任的毛泽东,不会沉湎于创作者自我情感体验的那种"小我"之情,而是要抒发为人民、为民族、为人类不懈奋斗的"大我"之情。"何以报仇?在我学子""敌军围困万千重,我自岿然不动""国际悲歌歌一曲,狂飙为我从天落"。在这些诗句中,"我"已经融注于阶级和民族的"大我"之中,"我"既是自我,也是我们;既是个体,也是群体;既是个人,也是大众。而在"百万雄师过大江""六亿神州尽尧舜""中华儿女多奇志"等诗句中,"小我"已经被人民大众的"大我"所替代,完全升华为"无我"之境。正因如此,毛泽东在注释"俱往矣,数风流人物,还看今朝"时,才会明确说明,"末三句,是指无产阶级"。"诗言志"的中国诗歌传统,被毛泽东提升为"小我"与"大我"合一的全新境界。

毛泽东用如椽大笔和盖世豪情塑造了人民群众的群体形象,热情讴歌他们的革命精神和光辉业绩。在新民主主义革命时期,"军叫工农革命,旗号镰刀斧头"。兵民是胜利之本,战争之伟力存在于民众之中,他相信群众,依靠群众,放手发动群众。"十万工农下吉安""百万工农齐踊跃""唤起工农千百万"。新中国成立后,亿万劳动群众战天斗地、奋发图强的丰富实践成为毛泽东诗词创作的不竭源泉。

毛泽东笔下的群体人物和英雄形象是正义的化身,具有崇高理想和共同奋斗目标。"六月天兵征腐恶""要向潇湘直进""不到长城非好汉""宜将剩勇追穷寇"。毛泽东坚信人民群众一旦觉醒并汇入时代发展潮流,将成为坚不可摧的钢铁长城。"早已森严壁垒,更加众志成城""横扫千军如卷席""万丈长缨要把鲲鹏缚""军民团结如一人,试看天下谁能敌""红雨随心翻作浪,青山着意化为桥""洞庭波涌连天雪,长岛人歌动地诗"。人民群众是一切美好事物的创造者,他们不仅勇于打破一个旧世界,而且善于建设一个新世界。

二、毛泽东诗词是中华民族追寻伟大复兴中国梦的
壮丽画卷

2012 年 11 月 29 日，习近平总书记在畅谈实现中华民族伟大复兴的中国梦时，引用了两句毛泽东诗词，用"雄关漫道真如铁"描述中国共产党人的艰难奋斗，用"人间正道是沧桑"来展现民族振兴的壮阔现实，读来令人心潮澎湃。

虽然毛泽东没有直接使用"中国梦"这个词，但其诗词不仅生动记录了他一生的奋斗足迹，也形象地寄寓了中国共产党领导全国各族人民救亡图存和励精图治的价值取向与使命担当，深刻展示了中国梦的理想境界、精神特质和人间正道。

"中华儿女多奇志。"在湖南省立第一师范学校求学时，毛泽东的人生志愿是立奇志、交奇友、读奇书、创奇事，做一个奇男子。他"指点江山，激扬文字，粪土当年万户侯"。他痛斥袁世凯的卖国行径，"何以报仇？在我学子！""东海有岛夷，北山尽仇怨""我怀郁如焚，放歌倚列嶂"。中华民族内忧外患，毛泽东发出振聋发聩的诘问："问苍茫大地，谁主沉浮？"他走上革命道路后，更是将人生追求同全中国、全民族、全人类的命运联系在一起，立志改造中国与世界。

大革命失败后，毛泽东在危局中奋起，"把酒酹滔滔，心潮逐浪高"，执着地探寻中国革命的前进道路。"秋收时节暮云愁，霹雳一声暴动"，毛泽东毅然上山闹革命。此后，毛泽东戎马倥偬，不再"书生意气"，而是横槊赋诗。正如他晚年所感叹的："犹记当时烽火里，九死一生如昨。"

"遍地哀鸿满城血，无非一念救苍生"；"为有牺牲多壮志，敢教日月换新天"。毛泽东致力于"收拾金瓯一片，分田分地真忙"的革命根据地发展，要打破"风云突变，军阀重开战"的割据状态，要粉碎"二十万军重入赣，风烟滚滚来天半"的军事"围剿"。他追求"太平世界，环球同此凉热"的世界大同愿景。经过 28 年浴血奋战，特别是在"百万雄师过大江"之后，"天翻地覆慨而慷"，中国人民从此站起来了！

新中国成立后，虽然毛泽东在社会主义道路探索中走过弯路，但中国社会依然发生了沧桑巨变。毛泽东诗词转向抚今追昔，反映社会主义建设的伟大成就和新生事物，讴歌人民群众战天斗地、昂扬向上的精神风貌。"换了人间""旧貌变新颜""人间变了，似天渊翻覆"，毛泽东为此而欢欣鼓舞。他热情讴歌"一唱雄鸡天下白，万方乐奏有于阗"的现实盛况，极力营造"风樯动，龟蛇静，起宏图"的喜人场景；热切追求"一桥飞架南北，天堑变通途"的发展速度；急切规划"更立西江石壁，截断巫山云雨，高峡出平湖"的治水工程；努力调动"天连五岭银锄落，地动三河铁臂摇"的建设热情；倾力培养"不爱红装爱武装""拒腐蚀，永不沾"的一代新人；殷切希望构建"喜看稻菽千重浪，遍地英雄下夕烟""春风杨柳万千条，六亿神州尽舜尧""我欲因之梦寥廓，芙蓉国里尽朝晖"的美好社会。毛泽东这些诗句所追求的社会理想，至今依然令人心驰神往。

三、毛泽东诗词是弘扬中国精神和激发中国力量的不竭动力

伟大事业需要伟大精神。习近平总书记指出："实现中国梦必须弘扬中国精神。这就是以爱国主义为核心的民族精神，以改革创新为核心的时代精神。"中国精神是社会主义文艺的灵魂，也是毛泽东诗词的精髓，像一根红线贯穿其中。毛泽东高扬爱国主义旗帜，对古典诗词进行继承与创新，使其服从并服务于社会主义革命和建设的伟大实践，创作了具有鲜明时代特征和雄奇中国气派的不朽诗篇。

一切为了祖国，一切为了人民，是毛泽东毕生奋斗的全部意义，也是他爱国情怀的价值取向。在中华传统文化中，江山俨然就是祖国的代名词，"踏遍青山人未老"的毛泽东在领导中国革命和建设的艰难历程中始终与山为伴，他的多首诗词作品以"山"为题，如《西江月·井冈山》《清平乐·六盘山》《念奴娇·昆仑》《七律·登庐山》《水调歌头·重上井冈山》等。毛泽东喜欢把

"山"与"红旗"两个意象联系在一起，如"山下旌旗在望""山下山下，风展红旗如画""头上高山，风卷红旗过大关""不周山下红旗乱""六盘山上高峰，红旗漫卷西风"。"红旗"象征着革命道路和革命武装，"山"加"红旗"意象是毛泽东长期革命生涯的真实写照。

"江山如此多娇，引无数英雄竞折腰。"毛泽东钟情于山，又超越于山，以山言志，以山造境，把山写得姿态万千、瑰丽雄奇。会昌山"颠连直接东溟"，昆仑山"横空出世"，庐山"一山飞峙大江边"，井冈山"到处莺歌燕舞，更有潺潺流水"。春山"云开衡岳积阴止，天马凤凰春树里"；夏山"雨后复斜阳，关山阵阵苍"；秋山"万山红遍，层林尽染"；冬山"山舞银蛇，原驰蜡象"。晴天的山"天高云淡"；雨天的山"风起绿洲吹浪去，雨从青野上山来"。毛泽东登山则情满于山，山是他的胸怀，是他的性格，又是他的形象，堪称"无山不入诗，入诗成绝唱"。

臧克家在称赞毛泽东书法时写道："兼百家之专长，任大笔之纵横，尊古而不泥古，创造精神郁勃乎其中。"用这句话评价毛泽东的诗词艺术非常恰当。毛泽东诗词创作"才华信美多娇，看千古词人共折腰"，从创作原则、表现方法到作品主题、意境、形象、语言等诸多方面对传统诗体进行了全方位改革，既富有创造性又合乎艺术规律。毛泽东诗词评史则对历史有新看法，论人则对人物有新见识，写物则对物象有新寓意，记事则对事情有新视角，是中国传统文化形式与现代生活内容完美结合的艺术奇葩。仅以《卜算子·咏梅》为例，陆游眼里的梅花遗世独立、消极退缩、凄凉愁苦、孤芳自赏。毛泽东"读陆游咏梅词，反其意而用之"，盛赞梅花"俏也不争春，只把春来报。待到山花烂漫时，她在丛中笑"。一"俏"一"笑"令人耳目一新，写出了风骨遒劲、伟岸飘逸的艺术神韵。

习近平总书记强调要用中国精神激发中国力量，动员全体中华儿女共同创造中华民族新的伟业。毛泽东诗词字里行间洋溢着浩然之气，是中国精神的集中体现，既有惊心动魄的震撼力，又有扣人心弦的穿透力；既有催人奋进的感召力，又有朴实无华的亲和力。毛泽东诗词所蕴含的中国精神，能够激发出推动实现中华民族伟大复兴的伟力。

四、毛泽东诗词是促进正己修身并提升人生境界的鲜活教材

习近平总书记曾引用王安石《洪范传》中的"修其心治其身，而后可以为政于天下"，强调党员干部的自身修养是安邦治国的基础所在。"重莫如国，栋莫如德。"党要领导人民齐心协力实现中国梦，不但要有强大的真理力量，而且要有强大的人格力量。"腹有诗书气自华"，毛泽东是中国历史上最富魅力的伟人，也是世界历史上最具人格力量的巨人之一。毛泽东诗词是其伟岸人格的艺术展示，是中华民族宝贵的精神财富。

《沁园春·雪》是毛泽东的巅峰之作，通篇气贯长虹，"山舞银蛇，原驰蜡象，欲与天公试比高"一句更是不同凡响。诗如其人，毛泽东笔下的"山"气魄宏大，正如《十六字令三首》所写："山，刺破青天锷未残。天欲堕，赖以拄其间。"真乃"壁立千仞，无欲则刚"，天若要塌下来，有山来顶着撑着。共产党人为人清白、无私无畏、顶天立地、勇于担当的使命感、责任感、道义感骤涌笔端。

"看万山红遍""寥廓江天万里霜""万木霜天红烂漫""极目楚天舒""千里冰封，万里雪飘"，他视通万里，总是把自然场景写得壮阔无边。"阅尽人间春色""往事越千年""一从大地起风雷""子在川上曰：逝者如斯夫"，他思接千载，纵贯古今，具有历史的厚重感和穿越感。"今日长缨在手，何时缚住苍龙""雄关漫道真如铁，而今迈步从头越""一万年太久，只争朝夕"，显示出毛泽东奋发有为、抢抓机遇的顽强意志和迫切心理。

"丈夫何事足萦怀，要将宇宙看稊米""不管风吹浪打，胜似闲庭信步""梅花欢喜漫天雪，冻死苍蝇未足奇"，毛泽东藐视困难，刚毅果敢。"我自岿然不动""冷眼向洋看世界""乱云飞渡仍从容"，毛泽东直面任何挑战，气定神闲，从容淡定。"把酒酹滔滔，心潮逐浪高"，面对大革命失败的严峻局势，毛泽东

百折不回，斗志昂扬，豪情万丈。"战地黄花分外香""牢骚太盛防肠断，风物长宜放眼量"，毛泽东身处逆境时乐观积极、洒脱豁达。"宜将剩勇追穷寇，不可沽名学霸王"，面对胜利与辉煌，毛泽东理性冷静，谦虚谨慎。

"为人民，几十年。拒腐蚀，永不沾。"毛泽东一生严于律己、克己奉公、勤俭朴素、清正廉洁，堪为楷模，堪称典范。正因如此，学习毛泽东诗词，能够充分领略毛泽东博大的胸襟魄力、崇高的精神境界、非凡的伟人气度和灿烂的人性光辉，使我们的人格意志变得更深邃、更坚毅、更广博，从中获得人生的大境界、大智慧、大方向。

第二辑

鉴赏解析

《七绝·呈父亲》

解析

　　中共中央文献研究室编撰，人民出版社、中央文献出版社 1993 年出版的《毛泽东年谱（1893—1949）》记载：1910 年秋，17 岁的毛泽东"考入湘乡县立东山高等小学堂读书。在离家时，抄写一首诗留给父亲，'孩儿立志出乡关，学不成名誓不还。埋骨何须桑梓地，人生无处不青山'，以表达一心向学和志在四方的决心"。因为这首《七绝·呈父亲》是"抄写"的，多数关于毛泽东诗词的书籍不予编入。长期以来，人们对这首诗的赏析，侧重考证原诗的作者究竟是谁。其实，透过这首诗，我们可以品味出毛泽东韶山求学经历对他的深远影响和他想要走出韶山的强烈渴望，可以解读出父亲毛顺生对毛泽东的深刻影响和毛泽东对父亲的真情实感，这对于全面理解毛泽东的成长经历无疑大有裨益。

私塾教育奠基础

　　1978 年 10 月 8 日《人民日报》发表的周恩来《学习毛泽东》一文，指出："毛泽东是在中国的土壤中生长出来的巨大人物。""决不要把毛泽东看成一个偶然的、天生的、神秘的、无法学习的领袖。""毛主席开始很喜欢读古书……读古书使他的知识更广更博，更增加了他的伟大。"

　　1964 年 8 月 18 日，毛泽东在北戴河同哲学工作者谈话时，把自己在韶山的求学经历概括为"六年孔夫子"。《毛泽东年谱（1893—1949）》记载了毛泽东的私塾生活。1902 年春，毛泽东入南岸下屋场私塾读书，先读《三字经》，接着读《幼学琼林》《论语》《孟子》《中庸》《大学》。他记忆力强，能够口诵心解，并很快领悟其中的道理。1904 年秋，他到韶山关公桥私塾读书。1905 年春，他先后就读于韶山桥头湾、钟家湾私塾。1906 年秋，他到韶山井湾里私塾读书，继续读四书五经，并开始练习书法。1907 年至 1908 年，他虽然辍学，仍继续自主读书。1909 年，他复学，在韶山乌龟井私塾就读。1910 年春，他到韶山东茅塘一位秀才毛麓钟（堂叔）家里读书，选读《纲鉴类纂》《史记》《汉书》等古籍，还读一些时论和新书。同年秋，他考入湘乡县立东山高等小学堂读书。在离家时，他抄写了一首诗留给父亲，即《七绝·呈父亲》。

1936 年 7 月，埃德加·斯诺进入陕北苏区采访，毛泽东向他详细描述了自己的成长历程。斯诺所著的《红星照耀中国》中的第四篇《一个共产党员的由来》，是研究毛泽东早期经历的最权威资料。我们从中可以梳理出毛泽东少年求学阶段的一些重要信息，对于解析早年毛泽东的学识、性格、观念极具参考价值。

第一，在私塾读书的几年当中，毛泽东较为系统地接受了中国传统文化的启蒙和熏陶。毛泽东有过人的记忆力和理解力，四书五经学得很好，奠定了较深的国学基础。他自幼就烂熟于心的知识，成年后自然会经常地加以使用。"六年孔夫子"的教育，使他对历史产生浓厚兴趣，培养他"鉴古知今"的爱好，帮助他后来的"古为今用"。

第二，毛泽东熟读经书，可是并不喜欢它们。他渴望自主学习，即便是父亲逼他辍学，仍坚持读书，如饥似渴地阅读能够找到除经书以外的一切书籍。他常常在深夜里把窗户遮起来看书，为的是不让父亲发现。

第三，毛泽东喜欢读中国古代传奇小说，特别喜欢读反抗统治阶级压迫和斗争的故事，读过《精忠传》《水浒传》《三国演义》《西游记》《隋唐演义》等。他常常在学堂里读这些书，老师走过来的时候，就用一本正经书遮住。

第四，毛泽东不是死读书，而是善于独立思考。有一天他忽然想到，中国旧小说和故事有一点很特别，即所有人物不是武将、文官，就是书生，从来没有一个农民做主人公，他对此大惑不解。后来他分析小说的内容，发现它们颂扬的都是人民的统治者，这些人是不必种田的，因为土地归他们所有和控制，让农民替他们种田。这一判断，对毛泽东一生的历史观和是非观都有深远影响。

缘何立志出乡关

毛泽东的家境在韶山冲还算殷实，先后读了 6 所私塾，学业没有太大耽搁。他的早期生活是幸福稳定的，但《七绝·呈父亲》中的第一句便是"孩儿立志出乡关"，少年毛泽东为什么想要离开韶山？根据中共中央文献研究室编撰出版的《毛泽东年谱》《毛泽东传》以及斯诺所著的《西行漫记》，毛泽东"六年孔夫子"期间所经历的几件事，对毛泽东的触动很大，他日渐感到韶山过于闭塞，渴望走向外面的世界。

第一，毛泽东对塾师的粗暴严厉、体罚学生十分不满。为此，他 10 岁时曾逃学，又不敢回家，便朝县城的方向走去。由于不认识路，乱跑了 3 天，来回兜了几个圈子，离家才 8 里路，终于被家里人找到了。此后老师态度比较温和了一些，他这次"罢课"胜利了。

1906 年秋，井湾里私塾的老师是毛泽东的堂兄毛宇居。一次，毛泽东趁老师不在，溜到外面玩耍。毛宇居大怒，罚他对着天井即兴作诗。毛泽东出口成诗《井赞》："天井四四方，周围是高墙。清清见卵石，小鱼囿中央。只喝井里水，永远养不长。"这首诗以物寓人，表达了对私塾教育封闭刻板的不满，希望有更大的自由空间。

第二，1907 年至 1908 年辍学期间，毛泽东从表兄文运昌（字咏昌）处借了早期改良主义者郑观应所著的《盛世危言》。书中主张设议院、办商务、讲农学、兴学校，使上下同心，人尽其才、地尽其利、物畅其流。书中还说到中国之所以弱，是因为缺少西洋的铁路、电话、电报、汽船等。这本书开阔了毛泽东的视野，激发了他的爱国思想，激起他恢复学业的愿望。

　　第三，1909 年，毛泽东在乌龟井私塾就读时，韶山冲李家屋场由外地回来一位维新派教师李漱清。他常给韶山人讲述各地见闻和爱国维新故事，宣传废庙宇、办学校，反对信佛。人们对李漱清的言论有各种议论，但毛泽东赞成他的主张，并同他建立起师生和朋友关系。

　　第四，1910 年 4 月，湖南粮荒，长沙饥民到湖南巡抚衙门示威，要求平粜救灾，他们冲进衙门，砍断旗杆，吓走巡抚。后来饥民暴动惨遭镇压，许多人被捕杀。埃德加·斯诺在《西行漫记》中引述毛泽东的回忆："这件事在我们学堂里讨论了许多天，给我留下了深刻的印象。大多数学生都同情'造反的'，但他们仅仅是从旁观者的立场出发。他们并不懂得这同他们自己的生活有什么关系。他们单纯地把它看作一件耸听的事而感兴趣。我却始终忘不掉这件事。我觉得造反的人也是些像我自己家里人那样的老百姓，对于他们受到冤屈，我深感不平。"

　　第五，正如《西行漫记》所记述："这些事情接连发生，在我已有反抗意识的年轻心灵上，留下了磨灭不掉的印象。在这个时期，我也开始有了一定的政治觉悟，特别是在读了一本关于瓜分中国的小册子以后。我现在还记得这本小册子的开头一句：'呜呼，中国其将亡矣！'这本书谈到了日本占领朝鲜、台湾的经过，谈到了越南、缅甸等地的宗主权的丧失。我读了以后，对国家的前途感到沮丧，开始意识到，国家兴亡，匹夫有责。"

　　1910 年，父亲打算送他到湘潭县城一家米店当学徒，起初毛泽东对此也并不反对。恰好在这时，表兄文运昌告诉他，离韶山 50 里的湘乡县立东山高等小学堂讲授西方新学，教学方法也很先进。他听后动了心，想去那里就学。他先后请八舅文玉清、堂叔毛麓钟和表哥王季范劝说父亲。大家都说润之聪明好学，前途远大，到洋学堂可以学到比在米店赚更多钱的本领。他父亲终于妥协，同意了大家的意见。

矛盾深藏父子情

毛泽东的父亲毛贻昌，字顺生，号良弼。他只读过两年私塾，因为负债被迫外出在湘军当了几年兵，长了不少见识，也积蓄了一些银钱。返乡后，他赎回祖上典当出去的土地，不久又买进一些。毛顺生善于经营，后来又做稻谷和猪牛生意，资本逐渐滚动增加，还自制了一种叫"毛义顺堂"的流通纸票。毛顺生信奉"勤劳本业"的家训，带领全家起早贪黑，勤奋劳动，省吃俭用。毛顺生是地地道道的农民，供毛泽东念书，无非希望他略识几个字，便于记账或打官司等，将来成为同他一样生财有道的精明人。毛泽东刚识字，毛顺生就要他学珠算，让他给家里记账，如果没有账要记，就叫他去做农活。毛泽东上学期间，早晚还要放牛拾粪，农忙时也要收割庄稼。而毛泽东喜欢看杂书，这令毛顺生十分生气，认为读这些书是浪费时间，甚至一度让他辍学回家干农活。毛顺生性格刚烈，脾气暴躁，在家里尤其专制。他对毛泽东很苛刻，不给毛泽东零花钱，还时常打骂毛泽东。

这些都助长了毛泽东对父亲的反叛心理。他认为家里形成了两个"党"，父亲是执政党，而母亲、他和弟弟则成为反对党。毛顺生责备毛泽东不孝时，毛泽东用"父慈子孝"来回敬；毛顺生批评毛泽东懒惰，毛泽东反驳说年纪大的人应该多干活。一次，毛顺生当众责骂毛泽东，毛泽东负气离开了家，父亲在后面追打他。毛泽东跑到池塘边，恫吓父亲说再走近，他就跳下池塘。父亲坚持要他磕头认错，而毛泽东则以跪一条腿认错。这使毛泽东意识到，如果公开反抗，父亲就会软下来。毛泽东对父亲最大的"不孝"，要算默默抗婚了。14 岁那年，毛顺生给他包办了一个 18 岁的媳妇罗氏。但毛泽东始终不承认这桩婚事，从未和她同居。

自埃德加·斯诺所著的《西行漫记》问世以来，反映毛泽东早年生活的文字材料层出不穷，有不少故事讲到毛泽东如何与父亲"抗争"。关于毛泽东与父亲之间的关系，似乎形成一种定论：毛泽东与父亲之间总是有无休止的矛盾与冲突。的确，毛泽东的母亲善良贤惠，他情感的天平也更加偏重于母亲一方，但绝不能据此就认为毛泽东和父亲之间只有反叛而没有敬重，只有憎恨而没有孝心。毛泽东对父亲的自私、刻薄、专制心怀不满，但他显然也受到了父亲的积极影响。正是父亲的严厉，使他从小就热爱劳动，体会到农民的艰辛；为了不受责骂，他干活勤快，养成讲求效率、仔细认真的做事态度；父亲的抠门让他习惯于节俭，一辈子反对铺张浪费。毛泽东特别感念的是，没有父亲的最终支持，他不可能六进私塾，更不可能外出求学。再说，父亲的管教何尝不是一种深沉的爱呢？

毛泽东和父亲之间存在代沟，他追求知识、渴望进步的青春梦想与父亲信奉的旧礼教、旧思想势必背道而驰。毛泽东反叛父亲，更多的是不喜欢父亲的行为方式，力图冲破父亲为他设计的生活框架，义无反顾地选择自己的人生道路，这与他对父亲的尊敬、挚爱之情并不矛盾。不可否认的是，毛泽东的脾气很像父亲，充满了湖南人特有的"霸蛮"之气，倔强执拗，父子之间冲突不断，一定程度上也要归因于少年毛泽东年轻气盛、少不更事。

1910 年秋天，毛泽东离开闭塞的韶山，走向外面更广阔的世界。这是他人生历程的第一个重要转折。临行前，毛泽东思绪万千。一方面，独立不羁的性格使他急切地想要冲出束缚身心的家庭和封闭保守的山村；另一方面，想着要离开抚育自己的父母，要离开生于斯、长于斯的韶山冲，他多少有些依依不舍。于是，他写下《七绝·呈父亲》，夹在父亲每天必看的账簿里。对于毛顺生看到毛泽东诗后的反应，曾珺曾在其所著的《毛泽东的诗赋人生》（中国言实出版社 2019 年版）作这样的描写："识字不多的父亲看到这首诗后，便找李漱清帮助看。李漱清逐字逐句解释后，父亲并没有因为自己的孩子写得这样一首好诗而高兴，反倒是感觉自己积累起的家业无人继承，暗自神伤。"

剥皮诗作抒胸臆

关于《七绝·呈父亲》，《毛泽东年谱（1893—1949）》注云："这首诗 1916 年曾载于《青年》杂志第 1 卷第 5 号，原文是'男儿立志出乡关，学不成名死不还。埋骨何须桑梓地，人生无处不青山'，署名西乡隆盛。据考证，这首诗不是西乡隆盛的作品，而是日本和尚月性所作，原诗是'男子立志出乡关，学若无成不复还。埋骨何期坟墓地，人间到处有青山'。"

萧永义在其所著的《毛泽东诗词史话》（东方出版社 2004 年版）中写道："1910 年《青年》杂志（《新青年》前身）还没有创刊。有人查了西乡的全集，里面没有这首诗。作者其实是江户时代末期的名僧月性，诗题为《题壁》。月性和尚号清狂，在周防妙元寺出家，曾因忧国而周游四方，广交名士。他擅诗，有《清狂吟稿》一书。《题壁》是他 27 岁离开故乡时所作，抒发自己发愤图强的壮志和四海为家的胸怀。此诗对日本后世影响很大。传来中国后，影响也较广。原诗有不同的中文译文。"萧永义进一步写道："笔者曾在安徽人民出版社 1982 年出版的《华夏正气篇》中读到过署名黄治峰的《男儿立志出乡关》一诗：'男儿立志出乡关，报答国家哪肯还？埋骨岂须桑梓地，人生到处是青山。'黄治峰，广西人，壮族。1928 年加入中国共产党。编者认为'这是他青年时期写的一首诗'。实则显然同样是改自日人月性的《题壁》诗。"

易孟醇、易维在其所著的《诗人毛泽东》（人民出版社 2003 年版）中说："毛顺生不久便把这件事告诉了丈人家。毛泽东的亲笔作因而一直由其表兄文润泉和表弟文东仙珍藏，湖南解放后始呈送文物部门保管。《湖南师范学院学报》1981 年第 1 期所刊刘仁荣《毛泽东从新民主主义者到马克思主义者的转变》一文中，第一次公开刊登了这首诗。"

陈东林在其所著的《毛泽东诗词背后的人生》（九州出版社 2010 年版）中描述："毛贻昌后来把夹在账簿里的这张纸送到毛泽东的外婆文家。建国初期，文家拿出了一本珍藏了几十年的毛泽东读过的书，里面的一张纸上便有这首诗。这是目前可以找到实物的毛泽东关于诗的最早文字。其实，诗的内容早已铭刻在毛泽东的心里，终身不忘。六十年代，作为党中央主席的他听说有个将军以有病为由，不愿接受驻条件艰苦的非洲某国大使任务，又震怒地写下了这首诗的后两句，托周恩来转交。结果那位将军羞愧难言，重新请缨，却为时已晚。毛泽东看不起恋栈的人。"

　　这首诗的原作者究竟是谁，毛泽东通过何种渠道读到原诗，这些问题已不重要。它是毛泽东改写的诗作，这是一种仿造诗的创作手法，以前人诗词为基础，颠倒、删除、增添或改动几个字，将其从原诗中剥离出来，产生新意，这种诗叫剥体诗，也称剥皮诗、拟古诗。毛泽东晚年的仿陆游《示儿》、改李攀龙《怀明卿》、改杜甫《咏怀古迹五首·其三》所作的《七绝·嘲林彪》等，都是如此。

　　《七绝·呈父亲》是毛泽东感恩父亲的特殊方式。他把原诗的"男儿"改成"孩儿"，体现出对父子关系的准确定位，更体现出儿子对父亲的敬重。他把"死不还"改成"誓不还"，充分考虑父亲的忌讳和感受。"埋骨何须桑梓地，人生无处不青山"，则准确表达了毛泽东志在四方的坚定意志。当然，这毕竟不是毛泽东的自创作品，不能将每句话都看成是毛泽东的心志，尤其是"学不成名誓不还"一句。他外出求学显然不是为了求取功名，与其说是表达毛泽东一心向学的志向，不如说是为了让父亲高兴而作出的一种姿态。少年毛泽东以这种含蓄的方式向父亲道别，比千言万语更精练、更生动、更准确。从此，毛泽东义无反顾地走向外面的世界，海阔凭鱼跃，天高任鸟飞。

《贺新郎·别友》

—

解析

　　1978 年 9 月 9 日，为纪念毛泽东逝世两周年，《人民日报》在第 1 版发表了毛泽东的《诗词三首》，《贺新郎·别友》便是其中之一，并附有毛泽东手迹，但没有词牌、题目和题写时间，手迹似乎写于 20 世纪 60 年代初期。《贺新郎·别友》是毛泽东的离别感怀之作。1941 年，当过毛泽东塾师的堂兄毛宇居主持编纂《韶山毛氏四修族谱》，他在"毛泽东"条目中写了"闳中肆外，国尔忘家"8 个字。新中国成立后，毛宇居又欣然写下 5 首《七律·颂导师》，深情赞颂毛泽东"一腔铁血关天下，国尔忘家志不移"。用毛宇居的赞语来解读《贺新郎·别友》，可谓一语中的。这首词抒发了毛泽东与杨开慧难分难舍的夫妻情和为共同理想不懈奋斗的同志情、战友情，表现了毛泽东作为伟大革命家"闳中肆外，国尔忘家"的崇高思想境界。

寻踪三份手迹

　　《毛泽东年谱（1893—1949）》记载：1923 年 12 月底，（毛泽东）奉中央通知离开长沙去上海，准备赴广州参加国民党第一次全国代表大会。作《贺新郎·别友》词赠杨开慧：

　　挥手从兹去。更那堪凄然相向，苦情重诉。眼角眉梢都似恨，热泪欲零还住。知误会前番书语。过眼滔滔云共雾，算人间知己吾和汝。人有病，天知否？

今朝霜重东门路，照横塘半天残月，凄清如许。汽笛一声肠已断，从此天涯孤旅。凭割断愁丝恨缕。要似昆仑崩绝壁，又恰像台风扫寰宇。重比翼，和云翥。

中共中央文献研究室编撰、中央文献出版社 2011 年出版的《毛泽东传》第一册也记载，1923 年 9 月，毛泽东由上海回到湖南。"这次回湘，毛泽东和杨开慧仍住长沙小吴门外的清水塘二十二号。开慧上有老母，下有孩子，负担很重，生活清苦。毛泽东回来后她格外高兴。他们的第二个孩子毛岸青也于十一月降生了。可是刚住了三个月，毛泽东就接到中共中央的通知，要他离湘赴上海。临行前，毛泽东强抑感情，作《贺新郎》相慰。"

《毛泽东年谱（1983—1949）》和《毛泽东传》第一册所引的作品文本与《人民日报》发表的手迹相同。现在通行的这首词，都以该手迹为底本，只是订正了手迹中的笔误，如"前翻"订正为"前番"，"环宇"订正为"寰宇"。

1992 年 12 月出版的《中国风》创刊号刊载了该词的另一幅手迹，是毛泽东 1937 年在延安手书赠予丁玲的。同《人民日报》发表的手迹相比，它的词牌名为《贺新凉》；"苦情重诉"为"惨然无绪"；"前翻"为"前番"；"人有病，天知否？"为"曾不记：倚楼处？"最后 4 句则是"我自精禽填恨海，愿君为翠鸟巢珠树。重感慨，泪如雨"。这幅手迹时间更早，可能更接近于毛泽东最初创作的原稿。

这份手迹印证了美国作家艾格尼丝·史沫特莱在她所著《中国的战歌》中的记述："有时他（毛泽东——引者注）引述中国古代诗人的诗句，或者背诵他自己的诗词。有一首是怀念他第一位妻子的，她已经由于是他的妻子而被国民党杀害。"吴正裕主编的《毛泽东诗词全编鉴赏》（中央文献出版社 2003 年版）也写道："白黎在《中国行——记史沫特莱》一书中记载：'毛主席……也满怀深情地讲述了他和杨开慧的爱情。讲述完，毛主席还低声吟了一首怀念杨开慧的诗。'"史沫特莱是 1937 年春由丁玲陪同从前线回到延安的。可惜史沫特莱没有明确说明词的具体内容，笔者猜测极有可能就是丁玲珍藏的这首《贺新凉》。

1996 年 9 月，中共中央文献研究室把这首词收入《毛泽东诗词集》，标题定为《贺新郎·别友》，并注释说："本词最近发现作者有一件手迹，标题为《别友》。"1997 年 6 月，线装书局出版的《毛泽东诗词手迹》收录了这幅新发现的毛泽东的手迹。同《人民日报》发表的手迹相比，这幅手迹标明了"《贺新郎·别友》，一九二三年"；"苦情重诉"为"满怀酸楚"；"前翻书语"为"前番诗句"；"人有病，天知否？"为"重感慨，泪如雨"；最后 4 句则为"我自欲为江海客，再不为昵昵儿女语。山欲堕，云横翥"。据郭思敏主编的《毛泽东诗词辨析》（中央文献出版社 2006 年版）介绍："这是 1961 年毛泽东在中南海书屋书赠副卫士长张仙朋的。"至于这两幅手迹孰早孰晚，难以判定。

3 份手迹存在一些差异，这是毛泽东诗词手迹的一个共性特点。他的很多作品都留有手迹，有的还留有多件手迹。它们是毛泽东在不同时期、不同地点、不同心境状态下题写的，并非逐字逐句照抄，往往是凭记忆书写。或许时过境迁，文字感觉和内心体验都发生了微妙变化，出现文字差异也在情理之中。比如，把《沁园春·长沙》中的"层林尽染"写成"层峦尽染"，"到中流击水"写成"向中流击水"；把《七律·长征》中的"更喜岷山千里雪"写成"最喜岷山千里雪"。这些字词比较接近，诗句含义没有实质性变化。有时，诗句的变化也比较大。例如《满江红·和郭沫若同志》中的"四海翻腾云水怒，五洲震荡风雷激"，有的手迹写成"革命精神翻四海，工农踊跃抽长戟"，有的手迹写成"革命精神翻四海，工农踊跃挥长戟"。这可能还和作品没有定稿有关。

探究夫妻误会

《贺新郎·别友》发表之后，其中的一些细节问题，引发了人们的不同解读和揣测。比如，"别友"中的"友"究竟是谁？"知误会前番书语"到底是怎么一回事？

最具有代表性的质疑来自彭道明在《书屋》2001年第2期发表的《毛泽东的〈贺新郎·别友〉是赠给谁的？》一文，认为这首词不是赠给杨开慧的，而是赠给陶毅的。彭道明文章的依据主要是：20世纪80年代，毛泽东早期友人、新民学会会员易礼容晚年谈起这首词时，曾说过"这可能是赠给陶毅的"；1923年12月底，毛泽东、杨开慧都不在长沙，没有"分别"机会；夫妻之间不是"别友"，而是"别妻"；杨开慧刚刚生下毛岸青，不可能到车站跟毛泽东告别；从内容看，不像是夫妻之间说的话；杨开慧生前从未提到过这首词。

彭道明文章的依据和推断很难自圆其说。尽管易礼容和毛泽东交往很深，他的话只是推测，似是而非。就算毛泽东、杨开慧二人当时不在长沙，并不等于没有告别的机会，板仓离长沙不过几十里之遥。"别友"并不排斥"别妻"，"友"字有"朋友""战友"多重含义，丁玲收藏的手迹和史沫特莱的记述可以作为佐证。即使杨开慧没有到车站送别，也不能由此来否认毛泽东启程时对杨开慧顿生的离别之情。作品表达的夫妻别离之情非常到位，只是远行的态度十分坚决，这更彰显了毛泽东义无反顾的革命家本色。有关杨开慧的生平资料原本就少，她又牺牲得早，她没有提及不等于她没有看到这首词。

个别论者认为这首词是写给陶毅的，这个说法缺乏史实支撑。陶毅（1896—1931），字斯咏，1916年考入长沙周南女子中学师范二班，与向警予是同窗。她思想激进，被誉为"周南三杰"之一。1920年，毛泽东成立文化书社和发起驱逐军阀张敬尧运动，陶毅都是有力的支持者和参与者。1918年和1919年，毛泽东两度离开长沙期间，给陶毅写过一些信。现在能查到的有5封。新民学会规定并提倡会员之间进行通信联络。陶毅于1921年去南京金陵女子大学进修，毛泽东在上海参加中共一大后返回长沙途中去南京看望了陶毅和周世钊。曾是毛泽东好友的萧瑜（萧子升）在《我和毛泽东的一段曲折经历》（昆仑出版社1989年版）中说："她是新民学会的第一批女会员之一，也是首批不赞成共产主义的会员之一。"毛泽东未必会因政见不同就和陶毅断绝往来，但是，要说毛泽东和她之间存在词作中表达的那种恋恋不舍之情，至今未见有任何真凭实据。

伟人也好，普通人也罢，夫妻之间存在一些误会实属平常。关于"误会"的具体缘由，史一帆编著的《激扬文字》（长虹出版公司2007年版）、罗胸怀著的《毛泽东诗词传奇》（新华出版社2010年版）、刘汉民著的《毛泽东诗词佳话》（人民出版社2013年版）等书籍，都解释说是因毛泽东抄赠《菟丝》而引起。

在埃德加·斯诺所著的《红星照耀中国》一书中，毛泽东回顾自己的人生经历时，对于他和杨开慧的婚恋情况谈得很少，但有一个信息很关键："到了一九二〇年夏天，在理论上，而且在某种程度的行动上，我已成为一个马克思主义者了，而且从此我也认为自己是一个马克思主义者了。同年，我和杨开慧结了婚。"毛泽东与杨开慧相恋相爱，是在五四运动新思潮影响下，壮怀激烈的热血青年自由恋爱、情投意合的结果。

1921年10月10日，中国共产党湖南支部成立，毛泽东任书记。不久，杨开慧加入了中国共产党，成为最早的女党员之一。1921年冬，毛泽东租住在长沙小吴门外的清水塘22号，作为党的秘密机关。这里离城不远又很幽静，毛泽东和杨开慧度过了一段短暂的幸福生活。1922年5月，在中共湖南支部的基础上建立中共湘区执行委员会，毛泽东仍担任书记。他先后领导和发动了粤汉铁路武长段、安源路矿、长沙铅印、长沙泥木等10多次4万余工人参加的大罢工。1922年10月24日，毛岸英呱呱坠地。初为人父的毛泽东依然终日忙于工作。

杨开慧在毛泽东身边工作，身兼秘书、机要、文印、联络、总务等多种职务。为了便于照顾，她把母亲向振熙接来清水塘同住。杨开慧忙里忙外，但她毕竟也是一个感情细腻的女人，渴望得到丈夫的关心体贴。而毛泽东则认为这是儿女情长，会削弱革命意志。为鼓励杨开慧增强独立能力，毛泽东抄写唐代元稹的《菟丝》赠给杨开慧：

> 人生莫依倚，依倚事不成。
> 君看菟丝蔓，依倚榛与荆。

下有狐兔穴，奔走亦纵横。

樵童斫将去，柔蔓与之并。

　　见到毛泽东抄赠的诗，杨开慧感到十分委屈，自尊心受到严重伤害，觉得毛泽东把她比作"菟丝"，是轻视她，于是耿耿于怀。毛泽东也觉得此举不妥，几番解释，两人重归于好，"过眼滔滔云共雾，算人间知己吾和汝"便是证明。

解读离愁别绪

　　中国自宋以来，词作成就斐然。明代张綖在《诗馀图谱·凡例》中说："词体大略有二：一体婉约，一体豪放。婉约者欲其辞情酝藉，豪放者欲其气象恢弘。""豪放"，词出《北史·张彝传》："彝少而豪放，出入殿庭，步眄高上，无所顾忌。"清代杨廷芝在《诗品浅解》中解释"豪放"为："豪则我有可盖乎世，放则物无可羁乎我。"豪放词风以苏东坡、辛弃疾为代表，视野寥廓深远，气象恢宏雄放，胸襟直率慷慨，内容偏重高健豪迈的抒怀言志。"婉约"，最早见于《国语·吴语》："故婉约其词，以从逸王之志。"韦昭注："婉，顺也；约，卑也。"婉约派以李清照、柳永等人为代表，其词侧重离情别绪，伤春悲秋，形式婉丽柔美，缠绵细腻。

　　1957 年 8 月 1 日，毛泽东吟咏宋代范仲淹的《苏幕遮》《渔家傲》两首词，情思涌动，提笔写下近 900 字的《对范仲淹两首词的评注》。作为读者，毛泽东的欣赏趣味是"偏于豪放，不废婉约"；作为作者，毛泽东的作品也呈现出"偏于豪放，不废婉约"的鲜明特征。

　　毛泽东和杨开慧婚后的几年，可谓温馨甜蜜。但毛泽东没有沉湎于家庭生活，他要做的事情很多，四处奔波是他的生活常态，聚少离多是他的必然付出。《贺新郎·别友》所倾诉的正是这样一种复杂而又矛盾的深刻体验：一方面，他与杨开慧难舍难分，写得缠绵酸楚、黯然神伤；另一方面，他又必须毅然前行。《贺新郎·别友》充分展示出毛泽东诗词"偏于豪放，不废婉约"的独特魅力。

词的上阕写离别之际无限依恋的惜别之情。"挥手从兹去",化用李白《送友人》"挥手自兹去,萧萧班马鸣"和宋代张孝祥《水调歌头·金山观月》"挥手从此去,翳凤更骖鸾"。"更那堪凄然相向,苦情重诉",相濡以沫的夫妻又要分别,苦衷情思倾吐不尽。"眼角眉梢都似恨,热泪欲零还住",情感的潮水汹涌激荡,颇似宋代柳永《雨霖铃·寒蝉凄切》中"执手相看泪眼,竟无语凝噎",可"热泪欲零还住"又使刚强的理性形象跃然纸上,这和唐代陆龟蒙所作《别离》诗所言"丈夫非无泪,不洒离别间"异曲同工。

"知误会前番书语",指毛泽东抄赠元稹的《菟丝》一事。"过眼滔滔云共雾",夫妻之间产生误会,一旦解释清楚,自然成了过眼云烟。"算人间知己吾与汝",这极感人的肺腑之言,既是感情上的海誓山盟,也是理智上的深情抚慰。"人有病,天知否?"这包括夫妻离别的苦衷,也是诗人对人民疾苦的忧虑。正如《史记·屈原列传》所云:"人穷则反本,故劳苦倦极,未尝不呼天也。"自屈原以后的诗人,往往一有"苦情"便有仰首问苍天的诗句。这同《沁园春·长沙》中"问苍茫大地,谁主沉浮"一样,表达了毛泽东心忧天下的崇高情怀。

词的下阕写离别途中的所见所感,彼此间的眷恋之情,对杨开慧的激励以及投身于伟大革命的豪情壮志。"今朝霜重东门路","东门路"既实指当时长沙东门之一小吴门外通往火车站的道路,又借用古诗中的典故。《诗经》中有《东门之墠》《出其东门》《东门之枌》《东门之池》《东门之杨》5首诗,全是写男女爱情的,故事地点都在东门之外,故后人有借东门之行表示夫妻离愁别绪。"照横塘半天残月","横塘"除指清水塘外,古诗中"横塘"常指送别之地,如宋代范成大的《横塘》中有"年年送客横塘路,细雨垂杨系画船"。

"汽笛一声肠已断,从此天涯孤旅。"作者重任在肩,只能承受别离之痛,独自远行,投身于斗争实践。"要似昆仑崩绝壁,又恰像台风扫寰宇",诗人用比兴象征手法表达了革命的豪情壮志和对未来的热切期盼,以昆仑山绝壁崩塌、台风席卷天下的气势,把旧世界打个天翻地覆。"重比翼,和云翥",比翼双飞，共同奋斗，他们是搏击时代风潮的弄潮儿，是叱咤风云、振翅双飞的比翼鸟。

这首词围绕一个"别"字来铺写，从话别、送别写到别后，脉络分明。特别值得注意的是，词的上下阕重复使用了一个"恨"字，"爱并恨着"，这是人类情感的一种复杂现象。爱之深，恨之切，正如唐代白居易的《长相思·汴水流》中所写："思悠悠，恨悠悠，恨到归时方始休，月明人倚楼。"

《贺新郎·别友》始发于情，而终归于理；落笔于别情，收笔于革命。这不是革命加恋爱，也不是恋爱加革命，而是彻彻底底的革命的恋爱。刚健中含柔情，婉约中寓豪放，词的境界大为开放，儿女情长得以升华，融夫妻爱和战友情于一体。

《沁园春·长沙》

—

解析

　　1957 年 1 月，《诗刊》杂志创刊号首次集中发表毛泽东的《旧体诗词十八首》时，以 1925 年的《沁园春·长沙》为首篇。1963 年 12 月，人民文学出版社出版的《毛主席诗词》，收录了毛泽东的 37 首作品。"六三年版"是毛泽东亲自编定的一个带总结性的诗词集，是其生前出版的最重要的诗词集之一，第一首作品仍是《沁园春·长沙》。显然，《沁园春·长沙》是经毛泽东自己认定的诗词创作的正式起点。这无疑是一个很高的起点，它的高度是由这首词的思想性和艺术性确立的。正如易孟醇、易维在《诗人毛泽东》（人民出版社 2003 年版）中所说："毛泽东长达近六十年的革命征途，是从长沙出发，去参加创建中国共产党的第一次代表会议的；是从长沙出发，去从事工人运动、考察农民运动的；是从长沙出发，去广州、上海、武汉等地参加孙中山领导的国民党工作的；又是从长沙出发，上井冈山，战闽赣，经遵义，抵延安，走进北京的。无巧不成书，毛泽东的诗词创作，也是从《长沙》出发的。"

怅寥廓仰天长问

　　1920 年 11 月，毛泽东、何叔衡、彭璜等人创建长沙的共产党早期组织。1921 年 6 月底，毛泽东与何叔衡赴上海参加中国共产党第一次全国代表大会。回湖南后，毛泽东先后建立中共湖南支部和中共湘区执行委员会并任书记。1923 年 4 月，他离开长沙赴上海、广州等地继续从事革命工作。

1925 年 2 月，毛泽东带着妻儿回韶山养病，并领导农民运动。他秘密组织了 20 多个农民协会，创建了中共韶山支部。《毛泽东年谱（1893—1949）》记述："8 月 28 日，湖南省长赵恒惕得到成胥生关于毛泽东组织农民进行'平粜阻禁'斗争的密报后，电令湘潭县团防局派快兵逮捕毛泽东。本日，毛泽东在湘潭、韶山党组织和群众的帮助下，离开韶山，去长沙。"9 月上旬，他奉命赴广州参加国民党第二次全国代表大会。离开长沙前夕，毛泽东重游橘子洲头。面对如诗如画的秋色和汹涌澎湃的革命形势，回忆过去的战斗岁月，毛泽东不禁心潮起伏，浮想联翩，眼前的景物与往昔的情景相叠印，近来的斗争与深沉的思索相交汇。中共中央文献研究室编撰的《毛泽东传》描述：这时，毛泽东已到了长沙。就在赵恒惕的眼皮下举行秘密会议，向中共湘区委报告韶山农民运动的情况。他还到湘江边上，橘子洲头，回想当年风华正茂的师范生生活，写下有名的《沁园春·长沙》：

> 独立寒秋，湘江北去，橘子洲头。看万山红遍，层林尽染；漫江碧透，百舸争流。鹰击长空，鱼翔浅底，万类霜天竞自由。怅寥廓，问苍茫大地，谁主沉浮？
>
> 携来百侣曾游。忆往昔峥嵘岁月稠。恰同学少年，风华正茂；书生意气，挥斥方遒。指点江山，激扬文字，粪土当年万户侯。曾记否，到中流击水，浪遏飞舟？

2013 年 12 月 26 日，习近平总书记在纪念毛泽东同志诞辰 120 周年座谈会上的讲话中指出："年轻的毛泽东同志，'书生意气，挥斥方遒。指点江山，激扬文字'，既有'问苍茫大地，谁主沉浮'的仰天长问，又有'到中流击水，浪遏飞舟'的浩然壮气。"

《沁园春·长沙》这首词是青年毛泽东心路历程的真实写照，内涵非常丰富，可以从多个层面解读。而其中最为关键的一句是："怅寥廓，问苍茫大地，谁主沉浮？"这是气壮山河的诘问。只有理解了其中深意，才能领略这首词的意境，也才能真正读懂青年毛泽东的宏大抱负。

中华民族饱经沧桑，自古士人就有"生于忧患，死于安乐"的忧患意识。毛泽东生于乱世风雨飘摇之际，"长夜难明赤县天"，外受帝国主义列强的疯狂蹂躏，内遭反动统治者的残酷压迫。毛泽东自幼就怀有忧国忧民之心，具有强烈而厚重的忧患意识。这是毛泽东爱国情怀和奋斗精神的不竭动力，不断激发他奋发图强、攻坚克难的决心和勇气。这种忧患意识不仅深刻地影响着毛泽东的政治倾向和思想意识，也深刻地影响着毛泽东的行为方式和情感表达。

从 19 世纪中叶到 20 世纪初，各种新思潮、新学说传入中国，青年毛泽东都深浅不同地学习过、研究过，有的还认真地实践过。他最终选择了信仰马克思主义，但马克思主义本身也还不是解决中国问题的现成方案。"谁主沉浮"的诘问，体现着他"天下兴亡、匹夫有责"的使命担当，凝聚着他对国家命运、革命道路的深刻思考。

1964 年 1 月 27 日，毛泽东在回答《毛主席诗词》英文译者所提的问题时解释说："'怅寥廓，问苍茫大地，谁主沉浮？'这句是指：在北伐以前，军阀统治，中国的命运究竟由哪一个阶级做主？"究竟如何"改造中国与世界"？这一时期，毛泽东还没有找到令他自己满意的答案。他一直在积极思考、上下求索。后来，他坚持把马克思列宁主义的基本原理同中国革命的具体实际相结合，终于开创了一条适合中国国情的革命道路，即"农村包围城市、武装夺取政权"。这是毛泽东一生最伟大的历史功绩。

万类霜天竟自由

毛泽东的诗词创作有一个耐人寻味的现象，几乎找不到一首直接描写春天的作品，却有多首诗词吟咏秋色或写于秋天。例如，《西江月·秋收起义》写于 1927 年秋、《西江月·井冈山》写于 1928 年秋、《采桑子·重阳》写于 1929 年秋、《五律·喜闻捷报》写于 1947 年中秋、《念奴娇·鸟儿问答》写于 1965 年秋。

中国古典诗词对秋天的描写，始于《诗经·小雅·四月》中的"秋日凄凄，百卉具腓"和《楚辞·九章·抽思》中的"悲夫秋风之动容兮"等诗句。宋玉《九辩》"悲哉，秋之为气也！萧瑟兮草木摇落而变衰"，使秋的主题发生了质的变化。杜甫《咏怀古迹五首·其二》诗云："摇落深知宋玉悲，风流儒雅亦吾师。怅望千秋一洒泪，萧条异代不同时。""宋玉悲"成为古代文人悲秋情结的代名词。所谓"睹落叶而悲伤，感秋风而凄怆"，这一"悲秋"文学主题从《诗经》《楚辞》到建安文学，从唐诗宋词到元曲清诗，经历数千年的发展、嬗变和积淀，从无意识到有意识，从个体意识到群体意识，最终形成独具中国传统文化特色的"悲秋"文学意识。

古代文坛咏秋的诗赋词作不胜枚举，如汉武帝刘彻的《秋风辞》："秋风起兮白云飞，草木黄落兮雁南归"；曹丕的《燕歌行二首·其一》："秋风萧瑟天气凉，草木摇落露为霜，群燕辞归雁（一作"鹄"）南翔"；潘岳的《秋兴赋》："秋日之可哀"；王勃的《秋日饯别序》："黯然别之销魂，悲哉秋之为气"；杜甫的《登高》："万里悲秋常作客"；李益的《上汝州郡楼》："今日山城对垂泪，伤心不独为悲秋"；秋瑾的绝笔："秋雨秋风愁煞人。"古诗中，偶尔也有赞美秋天的作品，如刘禹锡的《秋词二首·其一》："自古逢秋悲寂寥，我言秋日胜春朝。晴空一鹤排云上，便引诗情到碧霄"；杨万里的《秋凉晚步》："秋气堪悲未必然，轻寒正是可人天。绿池落尽红蕖却，荷叶犹开最小钱"。但相比之下，变悲叹秋意为盛赞秋景的诗人寥若晨星、屈指可数。

《沁园春·长沙》是青年毛泽东的一篇力作，也是毛泽东赞美秋天最全面、最生动、最成功的作品。词的上阕借秋景抒发革命激情，呈现给读者一派壮丽的湘江秋景。他寄情山水，走进自然，站在时代的高峰上，以宽广博大的胸怀、精微深远的洞察力，以哲理思想和浪漫诗情相结合的语言，创造出不同凡响、耐人寻味的"秋"的意象。他打破肃杀哀婉的文人悲秋传统，高扬古典诗词中微弱孤寂的赞秋情愫，展现寥廓豪迈的艺术境界，彰显豁达激越的人格魅力，充满新颖别致的风采神韵，足以使千古文人的悲秋文字黯然失色，堪称咏秋诗词的典范。

"独立寒秋，湘江北去，橘子洲头。"点明时间、地点和特定的环境。"独立"一词，典出《楚辞·九章·橘颂》"苏世独立，横而不流兮"。毛泽东独自一人伫立于寒气袭人的萧瑟秋风中，目送湘江经过橘子洲头向北流去，进洞庭湖，汇入长江，将出现"大江东去，浪淘尽，千古风流人物"的浩大气势。"寒秋"一词给人寒气扑面、秋风凄厉之感，既点明作者到达长沙的时间、暗示当时军阀混战的社会现实，也是作者身处险境的切肤感受。"湘江北去，橘子洲头"给人一种大河之中、小洲之上的空旷感。

上阕的主体是绘景，由一个"看"字总领，山水尽收眼底，呈现的是4幅图画，描绘出立体的湘江壮美秋景，恰如李白《当涂赵炎少府粉图山水歌》中的"名公绎思挥彩笔，驱山走海置眼前"和杜甫《戏题王宰画山水图歌》中的"尤工远势古莫比，咫尺应须论万里"，不愧是大手笔。远看："万山红遍，层林尽染。"岳麓山群峰耸立，层次分明，像是染了红色，俨然"霜叶红于二月花"。近观："漫江碧透，百舸争流。"秋水澄练，秋江碧波，蜿蜒流过的湘江清澈晶莹，如碧绿的翡翠，如透明的水晶。江面上，千帆竞发，生气勃勃，可谓"秋水共长天一色"。仰视："鹰击长空"。秋高气爽，雄鹰振翅健羽，自由飞翔。俯瞰："鱼翔浅底"。湘江水透明见底，天空景象映射到清澈的湘江水中，相映成趣。鱼儿游在水中，也仿佛是游在空中，活脱脱一个"翔"字给人无限遐思。

苏轼在《东坡题跋》卷五《书摩诘蓝田烟雨图》中评论王维的作品："味摩诘之诗，诗中有画；观摩诘之画，画中有诗。"毛泽东对中国诗词的传统技巧有着深厚的素养，《沁园春·长沙》可谓诗中有画，画中有诗，诗画一体。面对如此生机盎然的秋景，作者不禁心动神驰，吟出一句"万类霜天竞自由"，把自然风光和万物情态作了高度概括，深刻揭示秋景之真谛和自然之奥秘。面对如此多娇的祖国河山，反观人民不能当家作主的残酷现实，毛泽东在怅惘，从内心深处发出"怅寥廓，问苍茫大地，谁主沉浮"这一诘问。

往昔峥嵘岁月稠

　　1911 年，18 岁的毛泽东来到湖南省会长沙。此后，他青年时代的大部分时间是在长沙求学和进行革命活动。1912 年秋天，毛泽东在湖南省立图书馆一楼大厅墙上，首次见到《世界坤舆大地图》，世界是如此之大，给他强烈的心灵震撼。1913 年春，毛泽东考入湖南省立第四师范学校。翌年春，毛泽东转入以"知耻、爱国、公诚、勤俭"为校训的湖南省立第一师范学校，直到1918 年 6 月毕业。毛泽东在这所著名学府遇到了诸如杨昌济、徐特立、方维夏等优秀老师，也结交了蔡和森、周世钊、李维汉等好同学，度过了"修学储能"的 5 年半青春年华。在《红星照耀中国》中，毛泽东对埃德加·斯诺叙述说："我在这里——湖南省立第一师范度过的生活中发生了很多事情，我的政治思想在这个时期开始形成。我也是在这里获得社会行动的初步经验的。"

　　《毛泽东传》写道："毛泽东常对人说，丈夫要为天下奇，即读奇书，交奇友，创奇事，做个奇男子。"他曾在日记中立下人生誓言："与天奋斗，其乐无穷！与地奋斗，其乐无穷！与人奋斗，其乐无穷！"学生时代，尤其是在湖南省立第一师范求学期间的毛泽东，博览群书，心忧天下，壮怀激烈，卓尔不凡，是一个风云人物。1915 年 5 月 9 日，袁世凯悍然接受丧权辱国的"二十一条"，湖南省立第一师范学生集资刊印《明耻篇》，毛泽东愤然题诗言志。1915年学期末，毛泽东参与领导了驱逐校长张干的学潮。1915 年 9 月，毛泽东以"二十八画生"之名，向长沙各校发出《征友启事》，以《诗经》中"嘤其鸣矣，求其友声"为意境，表达"愿嘤鸣以求友，敢步将伯之呼"的志愿，征求志同道合的朋友。1917 年 4 月 1 日，毛泽东在《新青年》发表《体育之研究》，提出"欲文明其精神，先自野蛮其体魄"。1917 年 6 月，在湖南省立第一师范开展的"人物互选"活动中，按德、智、体三方面 6 个项目的得分，毛泽东名列第一。1917 年暑假，毛泽东和萧子升游学湖南长沙、宁乡、安化、益阳、沅江 5 县，广泛接触社会，读"无字书"。1917 年 11 月，"浑身是胆"的毛泽东用疑兵之计缴了护法战争中溃败的北方军阀的枪械，使长沙免去了一场兵灾；他还主办工人夜学，为失学工人分忧解难。1918 年 4 月 14 日，毛泽东与蔡和森等人创建新民学会。毫无疑问，青年毛泽东丰富的学习生活和斗争实践，为他日后的革命生涯奠定了深厚思想和意志基础。

毛泽东在湖南一师的经历可谓波澜壮阔。当他伫立于橘子洲头时，怎会不抚今追昔？《沁园春·长沙》的下阕很自然地回忆起当年那段激情燃烧的青春岁月。以"忆"字为统领，以情为线，带情叙事，抒写昂扬的意气和豪迈的激情。"携来百侣曾游"，点明作者过去常和志同道合的学子来橘子洲游览，为下文作铺垫。"峥嵘岁月稠"，正是"曾游"时的时代特征。一个"恰"字打开记忆的窗口，"同学少年"是"百侣"的年龄特征；"风华正茂""书生意气"是"百侣"的素质特征；"挥斥""指点""激扬"，表达"百侣"的活跃气势与热血豪情。"粪土当年万户侯"，典出《离骚》"苏粪壤以充帏兮，谓申椒其不芳"。这里的"粪壤"是比喻楚怀王左右的亲信奸臣，如上官大夫靳尚之流。"百侣"撰写激浊扬清的文章，反对弊政、提倡革新。在热血青年们的眼中，那些毫不顾及国家和民族前途的达官贵人，如同封建时代的万户侯一样，卑鄙无耻，为人所不齿，连粪土都不如。"到中流击水，浪遏飞舟"，1958 年 12 月 21 日，毛泽东在文物出版社 1958 年 9 月刻印的大字本《毛主席诗词十九首》的书眉上作批注："击水：游泳。那时初学，盛夏水涨，几死者数。一群人终于坚持，直到隆冬，犹在江中。当时有一篇诗，都忘记了，只记得两句：自信人生二百年，会当水击三千里。"这句词表面上是在回忆湘江游泳的经历，同时隐含作者真心希望昔日的"百侣"同自己继续搏击时代大潮，"到中流击水"，不断掀起中国革命的新高潮。

词如其人，词如其心。《沁园春·长沙》是一篇游故地而观秋景、忆同窗而思往事、发斗志而抒豪情的壮美辞章，写秋景而不衰飒，忆往事而不惆怅。纵观全词，写景、述事、抒情，主题鲜明，紧扣变革现实的思想主线，一气呵成。词中景物之壮丽，人物之英俊，事迹之卓绝，情感之豪迈，四者格调一致，相互辉映，大气磅礴。毛泽东以壮阔绚丽的词境和昂扬振奋的豪情，抒发改造旧中国和誓挽狂澜的宏伟气魄，唤起人们为理想而奋斗的英雄气概和斗争精神。这首词使深刻的政治内容和完美的艺术形式相得益彰，不愧是显示青年毛泽东卓越才华诗情的上乘之作。

《菩萨蛮·黄鹤楼》
—
赏析

1927 年春，面对蒋介石叛变革命、破坏国共合作，一步步把中国人民拖入深渊的时候，毛泽东伫立于长江之滨，嗷啸于白云黄鹤之乡，心潮起伏，热血沸腾，吟成了一首苍凉沉郁的词作《菩萨蛮·黄鹤楼》：

茫茫九派流中国，沉沉一线穿南北。烟雨莽苍苍，龟蛇锁大江。

黄鹤知何去？剩有游人处。把酒酹滔滔，心潮逐浪高！

这首词的题目是《黄鹤楼》。黄鹤楼是最富有诗意和神话色彩的历史文化名楼，也是江城武汉具有标志性的名胜古迹。黄鹤楼始建于三国吴黄武二年（223 年），南朝以后，就很著名，有"天下绝景"之称。沿江而立、居高临下的黄鹤楼，是古来人们游览登临的胜地。在这首词中，作者触景生情，抒发了对革命前途沉重的忧虑，同时也表现了作者澎湃的革命激情和将革命进行到底的坚定信念。

词的上阕写景。登楼纵目，茫茫沉沉，莽莽苍苍，自远而近，宏伟壮丽。"茫茫九派流中国"，"茫茫"，指时空的悠远广大之貌。左思的《魏都赋》云："茫茫终古"，指时间之久远绵长；陆机的《叹逝赋》云："仰视天之茫茫"，主要指空间之广大。"九派"，毛泽东曾作解释："湘、鄂、赣三省的九条大河。究竟哪九条，其说不一，不必深究。""中国"，指中国中部地区。"沉沉一线穿南北"，指京汉、粤汉铁路。"流中国"与"穿南北"，一水一陆，恰成对称。

有人质疑粤汉铁路到 1936 年才筑成，似不必深究，因为这是写诗，并非纪实。

"烟雨莽苍苍"，"烟雨"，春天里像烟雾一般的细雨，给前面所描绘的景色刷上了一层迷茫的色调。"龟蛇锁大江"，指在汉阳的龟山和在武昌的蛇山隔江对峙，封锁大江。"锁"字用得颇为传神。字面上是指龟蛇二山夹江而立的形象，指作者登楼所见的景物。然而，结合当时阴云密布的政治形势，一个"锁"字却恰如其分地描绘出作者的心境。此"锁"乃为"心锁"，当人们境遇不顺、心事重重时，自然是双眉紧皱，眉头紧锁。着一"锁"字，有江断帛裂之感，使悲剧色彩骤然出现在读者眼前。

"茫茫""沉沉""莽苍苍""锁"，几个字眼勾勒出一幅黑云压城城欲摧的画面。令人压抑的笔调，表达了一种苍凉的心情，充分烘托了撼人心魄的悲剧氛围，准确地表达了毛泽东对大革命遭受挫折和失败的苍凉迷茫、沉重压抑之感。整个上阕，寓情于景，动人心魄，凸显了悲剧美或悲壮美的震撼和魅力。

词的下阕抒情。倚危把酒，怀古思今，应物斯感，由境及心，豪放深沉。"黄鹤知何去？剩有游人处"，借用典故，巧妙地记叙作者的黄鹤楼之游。崔颢的《黄鹤楼》中云："昔人已乘黄鹤去，此地空余黄鹤楼。黄鹤一去不复返，白云千载空悠悠。"崔颢美丽苍凉的诗句和它所记载的神话故事，并不能解除毛泽东作为现实主义者所关注的人间痛楚。毛泽东并非为了登楼赋诗，因为此时黄鹤楼已不复存在，只有遗址可寻。

"把酒酹滔滔，心潮逐浪高！"理解此句最关键的一点是要把握"酹"的中国文化意味。酹是古代用酒浇在地上祭奠鬼神或对自然界事物设誓的一种习俗。当作者斟满一杯酒，表情凝重地把酒洒在滔滔江水里，这样一个动作表达出两层深刻含义：一是缅怀大革命中壮烈牺牲的革命英烈的祭奠酒；二是继续征战革命到底的壮行酒。弄懂了这两层含义，特别是悟到了第二层含义，便能领会后一句"心潮逐浪高"的深刻含义了。毛泽东曾为"心潮"作注："心潮：一九二七年，大革命失败的前夕，心情苍凉，一时不知如何是好，这是那年的春季。夏季，八月七号，党的紧急会议，决定武装反击，从此找到了出路。"林克在《忆毛泽东学英语》一文中回忆道：1957 年 5 月 21 日，毛泽东在学英语休息时，也曾说过同样内容的话。他说："《菩萨蛮·黄鹤楼》是描述大革命失败前夕，心潮起伏的苍凉心境。"

苏轼《念奴娇·赤壁怀古》中有"一樽还酹江月"，苏轼此举表露的是消极情怀，是对"人间如梦"的一种无可奈何的叹惋。作为革命者，眼看着轰轰烈烈的大革命即将失败，毛泽东感到痛心，充满忧虑，心情苍凉，也有"一时不知如何是好"的迷茫与困惑。但是，毛泽东不是普通的革命者，在中国革命最危急的时候，他信念未泯，豪情未灭，意志未衰，抱负未减，他依然满腔热血，激情澎湃，执着地探寻着中国革命的前进道路。

当天，杨开慧听了这首词后说："润之，这首词真好，前几句太苍凉了，后几句一变而显得昂扬、激动，我听了心绪也难平。"毛泽东说："目前武汉的这个局势，叫人心绪怎么静得下来！不过，我想，办法总会是有的。""把酒酹滔滔，心潮逐浪高"一句，将整首词的境界由"悲凉"提升到"悲壮"，足见其危急多情，危难多志，险恶不惧，百折不挠的革命家、政治家品格。

《西江月·秋收起义》

—

赏析

为铭记 1927 年 9 月秋收起义这段历史，毛泽东曾挥毫写下《西江月·秋收起义》：

> 军叫工农革命，旗号镰刀斧头。匡庐一带不停留，要向潇湘直进。
>
> 地主重重压迫，农民个个同仇。秋收时节暮云愁，霹雳一声暴动。

这首词最早发表在《中学生》杂志 1956 年 8 月号，是谢觉哉在《关于红军的几首词和歌》一文中披露的。这首词的词题是《秋收暴动》。1957 年 7 月，《解放军文艺》刊发的一篇评论毛泽东诗词的文章中也披露了这首词。直到 1986 年 9 月，人民文学出版社出版《毛泽东诗词选》，这首词才正式发表。编者根据毛泽东修改稿，将"修铜"改为"匡庐"，将"便向平浏直进"改为"要向潇湘直进"。纵观中国革命历史进程、毛泽东的人生经历和诗词创作，《西江月·秋收起义》具有特殊的意义和价值。

中国革命的重大历史事件

1927 年，蒋介石叛变革命，致使轰轰烈烈的大革命惨遭失败。1927 年 8 月 7 日，中共中央在汉口召开紧急会议，总结了大革命失败的惨痛教训，确定了土地革命和武装反抗国民党反动派的总方针，并决定发动湘鄂赣粤 4 省的秋季武装暴动。

会后，毛泽东以中央特派员身份回到湖南，改组湖南省委，筹备和策划秋收起义。参加秋收起义的部队约 5000 人，编为工农革命军第一军第一师，下辖 3 个团。1927 年 9 月 9 日，秋收起义爆发。起义的原定计划是在修水、铜鼓、安源同时暴动，分头进攻平江、萍乡、醴陵、浏阳等，待各路胜利后，合力攻打长沙。因敌强我弱，起义军屡受重创。9 月 14 日，毛泽东毅然决定改变计划，命令起义各部迅速到浏阳文家市集中。19 日晚，起义军在文家市召开了前敌委员会会议，决定从进攻大城市转为向农村进军。

《西江月·秋收起义》上阕写秋收起义队伍的组成和暴动计划的进攻方向。"军叫工农革命，旗号镰刀斧头。"语言近乎白话，开宗明义。起义部队既有国民革命军，又有工农武装，特别是农军所占比重较大。"军叫工农革命"，秋收起义部队破天荒地使用了"工农革命军"的称号。"旗号镰刀斧头"，起义军军旗的底色为象征革命的红色，旗中央是代表中国共产党的白色五角星，五角星内镶着镰刀和斧头，代表农民和工人；旗面靠旗裤一侧写着"工农革命军第一军第一师"。这面旗帜是中国共产党开始独立领导工农革命武装力量的重要标志。斧头本应是铁锤，因为铁锤看上去像斧头，人们都误以为是斧头。当年曾有一副这样的对联："斧头劈出新世界，镰刀割断旧乾坤。"词的首句点出军名、旗名，而秋收起义的历史地位正源于此。

"匡庐一带不停留，要向潇湘直进。""匡庐""潇湘"原作"修铜""平浏"。修水、铜鼓都是秋收起义的主要策源地，而平江、浏阳是进攻方向。修改之后，以庐山代表江西，以湘江和潇水代表湖南，诗意大为增强。"不停留"突出了起义军勇往直前；"直进"表现了直捣敌人要害的坚强意志，也隐含了进攻长沙的原定计划。

下阕着重分析秋收起义的原因、浩大声势与深远影响。"地主重重压迫，农民个个同仇。"阶级矛盾异常尖锐，广大农民同仇敌忾。"重重"形容地主压迫沉重，"个个"突出了农民反抗的势力之强。随着阶级矛盾的激化和共产党人的宣传引导，农民群众不断觉醒，武装暴动一触即发，箭在弦上。

"秋收时节暮云愁，霹雳一声暴动。"秋天是收获的季节，农民本应充满获得感，却因地主重重压榨而变得愁思百结。"霹雳"是风暴雷雨来临的征兆。秋收起义犹如一声疾雷迅猛爆发，使敌人猝不及防。

毛泽东人生的重要转折点

1965 年，毛泽东重上井冈山时，在《念奴娇·井冈山》中感慨道："犹记当时烽火里，九死一生如昨。"这种人生体验要从秋收起义开始算起，它是毛泽东奋斗人生的一个重大转折。

青年时代的毛泽东，最大的志愿是当一名教师，其次是记者。1921 年，在新民学会讨论"会员个人生活方法"时，毛泽东说："我可愿做的工作：一教书，一新闻记者，将来多半要赖这两项工作的月薪来生活。"旧中国积贫积弱、内忧外患的残酷现实不断激发起毛泽东的救国救民之志，彻底改变了毛泽东最初的职业选择，促使他成为致力于"改造中国与世界"的革命家。

秋收起义之前，毛泽东做过工人运动、农民运动、学生运动和统一战线工作，甚至曾在辛亥革命爆发后的湖南新军中当过半年兵，却从来没有做过军事工作。但是，大革命失败的惨痛教训，彻底警醒了中国共产党人必须用"武装的革命"去反击"武装的反革命"。

1965 年 3 月，他在会见叙利亚客人时说："像我这样一个人，从前并不会打仗，甚至连想也没想到过要打仗，可是帝国主义的走狗强迫我拿起武器。""霹雳一声暴动"的秋收起义，使毛泽东的个人角色和人生道路发生了重大转变。从此，毛泽东开始分析敌情、排兵布阵、带兵打仗。他在战争中学习战争，成为改写中国历史、叱咤风云的革命领袖。

毛泽东军旅诗词创作的重要篇章

1957 年 1 月，《诗刊》创刊号以《旧体诗词十八首》为总标题，首次发表毛泽东的 18 首诗词。《诗刊》还刊登了毛泽东致臧克家等人的信件，信中写道："这些东西，我历来不愿意正式发表。因为是旧体，怕谬种流传，贻误青年；再则诗味不多，没有什么特色。"这部分地解释了毛泽东生前为何没有正式公开发表《西江月·秋收起义》。

毛泽东一生都在写诗作词，他的创作有 3 个高峰期，分别是井冈山斗争和中央苏区时期、长征时期、20 世纪 50 年代末至 60 年代中期。前二者属于战争年代，他把诗情融入战争，军旅诗词不仅数量多，而且艺术成就很高。秋收起义是毛泽东革命生涯中的重大转折，是毛泽东马背吟诗的重要起点，《西江月·秋收起义》也是毛泽东军旅诗词创作的重要篇章。

就毛泽东的诗词创作而言，《西江月·秋收起义》具有分水岭的意义。此前的毛泽东诗词，也写得心潮激荡、慷慨激昂，也在为中国的前途命运忧虑与呐喊。它们更多的是抒发一种"书生意气"，展示了一个热血男儿的宏图大志和壮怀激烈，寄寓了一个革命志士对崇高事业的深邃思考和积极探索。那种"书生意气"与"马背吟诗"相比，无论在内容、题材还是风格上都存在很大的差异。在《西江月·秋收起义》之后，毛泽东诗词风格为之一变，转入纪实，走向战争。战场硝烟不再是想象中的场景画面，而是他的生存状态，"鼓角""炮声""开战""战地""行军""命令""席卷""枪林""鏖战""弹洞"等，这些用于描写战争的字眼，开始在毛泽东诗词中频繁出现。毛泽东的军旅诗词，笔力雄健，是他亲历的战争风云的真实写照，成为讴歌人民战争的壮丽史诗，也是中国当代诗歌史上的精彩华章。

《西江月·井冈山》
—
赏析

　　井冈山位于湘赣边界罗霄山脉的中段，20 世纪 20 年代以前名不见经传。毛泽东率领秋收起义部队南下时，决定选择在井冈山地区建立革命根据地。从此，井冈山在中国历史上有了极为独特的重要位置。1928 年秋，毛泽东写下《西江月·井冈山》；1965 年，毛泽东写了《水调歌头·重上井冈山》《念奴娇·井冈山》。3 首词均以"井冈山"为题，一再吟咏，思念深厚，足见井冈山在毛泽东心目中的分量之重、情结之浓。

一

　　1927 年 9 月 9 日，毛泽东领导发动湘赣边界秋收起义。10 月，他率领起义部队来到井冈山。1928 年 4 月，朱德、陈毅率南昌起义保留下来的部队和湘南起义的农军 1 万多人陆续转移到井冈山地区，与毛泽东领导的部队胜利会师。井冈山根据地的发展，引起国民党反动派的仇视。1928 年 7 月，湘赣敌军"会剿"井冈山。由于湖南省委代表杜修经等人错误决定，指令第二十八团、第二十九团分兵向湘南冒进，结果招致"八月失败"。毛泽东当时正在永新指挥第三十一团作战，闻讯后当即命其第一营迅速撤回井冈山，他亲率第三十一团第三营前往湖南桂东方向接应红军大部队。

　　8 月下旬，就在朱德、陈毅率领的第二十八团还在湘南，毛泽东率部前往桂东接应红军大部队之际，湘敌吴尚的 3 个团，赣敌王均的 1 个团，从酃县

（今湖南省炎陵县）向井冈山猛扑而来。8 月 30 日，敌军开始进攻黄洋界哨口。红军守军不足 1 个营，凭险据守。31 日中午，战士们将一门迫击炮从茨坪军械所搬上了黄洋界，两发命中。炮响之后，各个山头吹起军号，军民喊杀声一片。敌人误以为红军主力已经杀回山上，连夜逃之夭夭。

9 月 26 日，毛泽东和朱德率红四军主力回到井冈山，了解黄洋界保卫战详情之后，他欣然命笔赋诗：

西江月·井冈山

山下旌旗在望，山头鼓角相闻。敌军围困万千重，我自岿然不动。

早已森严壁垒，更加众志成城。黄洋界上炮声隆，报道敌军宵遁。

词的上阕描写黄洋界保卫战敌我双方态势。"山下旌旗在望，山头鼓角相闻。"单刀直入，展现出战火纷飞的现场。旌旗和鼓角都是古代用于指挥战斗、激扬军威的器具，如"陷敌挫金鼓，摧锋扬旆旌"（南朝梁刘峻《出塞》）；"旌旗荡野塞云开，金鼓连天朔雁回"（明谢榛《塞上曲三首·其一》）。毛泽东在"旌旗""鼓角"之前分别冠以"山下""山头"，点明这是一场山地保卫战。句尾分别续以"在望"和"相闻"两个动词，更让人仿佛放眼战场，耳闻杀声。"敌军围困万千重"，反映出敌强我弱的严峻形势。而"我自岿然不动"，生动刻画出井冈山军民临危不惧、从容应敌的英雄气概。

词的下阕则指明了黄洋界保卫战取得胜利的原因。"早已森严壁垒，更加众志成城"属于纪实描写。"壁垒"指严密牢固的工事。"森严壁垒""众志成城"与"岿然不动"前后照应，既庄重雄浑，又意味深长。"黄洋界上炮声隆，报道敌军宵遁"，巧妙地渲染出那门迫击炮退敌的情节。"敌军宵遁"与"敌军围困万千重"形成鲜明对照。毛泽东没有铺陈细节，以战斗的结局收尾，点到为止，力透纸背，从而更突出了小令的特点。

二

《西江月·井冈山》是记录井冈山斗争的史诗华章。这首词使黄洋界名扬天下，甚至成为井冈山的代名词。那么毛泽东为什么没有以《西江月·黄洋界》为题，而要舍小取大，以《西江月·井冈山》为题呢？

客观地说，就战争规模、持续时间、激烈程度、战术谋略而言，黄洋界保卫战并不突出。而毛泽东却对此役格外高看一眼，着墨最多，3 首以井冈山为题的词都提到了"黄洋界"："黄洋界上炮声隆""过了黄洋界，险处不须看""黄洋界上，车子飞如跃"。

要解释这一现象，必须认真品读毛泽东《井冈山的斗争》一文对这次战斗的描述："八月三十日敌湘赣两军各一部乘我军欲归未归之际，攻击井冈山。我守军不足一营，凭险抵抗，将敌击溃，保存了这个根据地。""八月三十日井冈山一战，湘敌始退往酃县，赣敌仍盘踞各县城及大部乡村。"毛泽东在文中的用词是"井冈山"，而不是"黄洋界"。

"早已森严壁垒"，是黄洋界保卫战取胜的重要前提。毛泽东在《中国的红色政权为什么能够存在？》中指出，巩固根据地 3 条方法中的头一条就是"修筑完备的工事"。在《井冈山的斗争》中，毛泽东也说井冈山根据地"山上要隘，都筑了工事"。这是毛泽东"备战"思想最早的诗意表达。而"更加众志成城"，则是黄洋界保卫战的制胜法宝，正如《井冈山的斗争》中所说："边界的斗争，完全是军事的斗争，党和群众不得不一齐军事化。怎样对付敌人，怎样作战，成了日常生活的中心问题。"

五百里井冈，不是一个孤立山头，而是一个区域性概念。《井冈山的斗争》明确记载："山上大井、小井、上井、中井、下井、茨坪、下庄、行洲、草坪、白银湖、罗浮各地，均有水田和村庄，为自来土匪、散军窟宅之所，现在作了我们的根据地。"井冈山有五大哨口，即朱砂冲、桐木岭、黄洋界、八面山、双马石。而所谓"山下"，是指井冈山五大哨口以下的黄坳、五斗江、拿山、茅坪等山麓地区。敌人的进攻目标是井冈山，黄洋界首当其冲。统观《西江月·井冈山》的构思，全词紧扣"井冈山"，首先描写"山下""山头"的广阔战场，其次概括敌我对峙、激战的情景，再次分析全山战备情况和军民战斗姿态，最后突出黄洋界一战的胜利，逻辑清晰，层次分明。1960 年，陈毅跋《西江月·井冈山》："是役，井冈山根据地赖以保全，有扭转战局的作用。"这就不难理解毛泽东着眼于全局，为何以"井冈山"为题，而不是以"黄洋界"为题了。

三

1959 年 3 月 5 日，谢觉哉初到井冈山时，诗赞井冈山："祝贺你以前是中国的第一山，今后永远是中国的第一山。"1962 年 3 月，朱德重访井冈山时，挥毫题写"天下第一山"。这"天下第一山"的殊荣，是从政治意义上而言的。正如毛泽东在《井冈山的斗争》中所说："边界红旗子始终不倒，不但表示了共产党的力量，而且表示了统治阶级的破产，在全国政治上有重大的意义。"

毛泽东把马克思主义的基本原理同中国革命的具体实际相结合，开创了一条适合中国国情的革命道路。黄洋界保卫战不是简单的退敌成功，而是保卫了井冈山革命根据地，捍卫了毛泽东苦苦寻求到的中国革命道路。没有井冈山斗争的伟大探索，就没有马克思主义中国化的伟大开篇，就没有农村包围城市、武装夺取政权之路的峰回路转。所有这一切，是毛泽东具有浓郁井冈山情结的根本原因。

大革命失败后，中国革命处在危急关头。毛泽东提出了"上山"的思想。1927 年 6 月，毛泽东指出：山区的上山，滨湖的上船，拿起枪杆子进行斗争，武装保卫革命。1927 年 7 月，中共中央政治局常委会举行扩大会议，毛泽东在会上提出，上山可造成军事势力的基础。在湘赣边界起义的原定计划严重受挫的情况下，毛泽东审时度势，及时从进攻大城市转为向农村进军，毅然引兵井冈。"朱毛会师"后，"工农武装割据"的局面初步形成。

星星之火，可以燎原，井冈山斗争是中国革命的关键一步。1934 年 1 月，冯雪峰到瑞金时，对毛泽东说：鲁迅读过他的《西江月·井冈山》等词，认为有"山大王"的气概。毛泽东听后开怀大笑。鲁迅先生的这句妙评，与毛泽东要到山上去做"特殊的山大王"主张，可谓不谋而合。

《清平乐·蒋桂战争》
——
赏析

据《毛泽东年谱（1893—1949）》记载："（1929 年）秋，在红四军攻占上杭之后，有感于闽西工农武装割据的一片大好形势，填词《清平乐·蒋桂战争》一首：'风云突变，军阀重开战。洒向人间都是怨，一枕黄粱再现。红旗跃过汀江，直下龙岩上杭。收拾金瓯一片，分田分地真忙。'"

一

这首词非常简短，只有 46 个字，总体风格平实，但内容丰富，可谓字字珠玑。该词上下两阕一反一正，对比强烈。

上阕写军阀混战的突发性、频繁性以及给人民带来的深重苦难，对军阀进行谴责和嘲讽。"风云突变，军阀重开战"，概括说明了当时的国内环境，时局变幻莫测，军阀之间又开始混战。"重"字表明军阀混战频频发生，无休无止。"洒向人间都是怨"，军阀混战导致生灵涂炭、民怨沸腾。"洒"字渲染出战争恶果的严重和深广，"怨"表露出百姓对战祸频仍的不满与怨恨。

"一枕黄粱再现"，即"黄粱一梦"，典出唐人沈既济的传奇小说《枕中记》。后人常用"黄粱美梦"讽喻不切实际的痴心妄想。毛泽东借此来嘲讽各路军阀企图独霸天下不过是白日做梦。

词的下阕描写红军乘势开辟闽西革命根据地，推进土地革命、分田分地的景象。"红旗跃过汀江"采用借代手法，"红旗"是革命的象征，喻指红军打过汀江。"直下龙岩上杭",一举攻下龙岩、上杭。龙岩、上杭,均在福建西南部。1929 年 3 月,红四军挺进闽西,在长汀附近消灭了土著军阀郭凤鸣部,占领长汀;5 月再度入闽,消灭了土著军阀陈国辉部,3 次占领龙岩;9 月,消灭军阀卢新铭部,攻占上杭。毛泽东在此意在强调红军进军的神速和锐不可当的气势。

"收拾金瓯一片",瓯,原指盆盂类器皿,引申出河山社稷之义,典出《南史·朱异传》:"我国家犹若金瓯,无一伤缺。"军阀割据致使山河破碎,红军占领闽西,犹如收拾了金瓯的一块碎片一般,表达了对革命根据地的珍视。"分田分地真忙",语意直白,就是把土地分给农民,使"耕者有其田"。"真忙"二字既本色又具神韵,有声有色地写出了根据地开展土地革命的喜人场面。

二

《人民文学》1962 年 5 月号发表毛泽东的《词六首》,此词题名为《清平乐》,未标明写作时间。1963 年 12 月,人民文学出版社出版《毛主席诗词》时,词题改为《清平乐·蒋桂战争》,并标明创作时间为"一九二九年秋"。

《清平乐·蒋桂战争》上阕写军阀混战,下阕写革命根据地发展。蒋桂战争不是发生于创作该词的"一九二九年秋",更不是当年爆发的唯一一场军阀混战。毛泽东为什么要专门挑选蒋桂战争作为词题而内容又并未描述其过程和细节呢?很多读者对此难免疑惑不解。

辛亥革命之后,在相当长一个历史时期中,祸国殃民的军阀一直飞扬跋扈、横行一方。他们之中,有大军阀,也有小军阀;有旧军阀,也有新军阀。军阀之间发生的大小战争不计其数,而 1929 年三四月间,蒋介石和桂系军阀争夺华中的战争(即蒋桂战争)只是其中之一。1928 年 10 月,毛泽东在《中国的红色政权为什么能够存在?》一文中一针见血地指出:"中国内部各派军阀的矛盾和斗争,反映着帝国主义各国的矛盾和斗争。故只要各国帝国主义分裂中国的状况存在,各派军阀就无论如何不能妥协,所有妥协都是暂时的。今天的暂时的妥协,即酝酿着明天的更大的战争。""帝国主义和国内买办豪绅阶级支持着的各派新旧军阀，从民国元年以来，相互间进行着继续不断的战争，这是半殖民地中国的特征之一。"

毛泽东写于 1930 年 1 月的《星星之火，可以燎原》中，提到了 1929 年 4 月红四军前委给中央的信，其中写道："蒋桂部队在九江一带彼此逼近，大战爆发即在眼前。群众斗争的恢复，加上反动统治内部矛盾的扩大，使革命高潮可能快要到来。"毛泽东分析了南方数省的力量对比之后，提出向闽赣发展的主张，并特别指出："且福建现在完全是混乱状态，不统一。"基于这样的形势判断，毛泽东决心开辟闽西革命根据地。换言之，1929 年三四月间的蒋桂战争便成为这首词的直接背景，这合理地解释了在若干次军阀战争中，毛泽东有意地选择了蒋桂战争作为这首词的标题的缘由。

毛泽东深入分析中国社会经济政治发展的不平衡性，敏锐地洞察到"军阀间的分裂和战争，削弱了白色政权的统治势力。因此，小地方红色政权得以乘时产生出来"，"不但小块红色区域的长期存在没有疑义，而且这些红色区域将继续发展，日渐接近于全国政权的取得"。这是对马克思主义关于武装夺取政权理论的重大发展，揭示了中国革命必须走农村包围城市、武装夺取政权的正确道路。而《清平乐·蒋桂战争》的下阕正是《中国的红色政权为什么能够存在？》《井冈山的斗争》光辉思想的生动实践。

三

这首词本身并不复杂，语言简洁明了，所用典故也不玄奥，对其内容的解读不会产生太大偏差。况且词中所蕴含的思想观点已被后来的革命实践变成现实，早已深入人心。但是，毛泽东是以一种什么样的心境来写这首词的呢？或者说，毛泽东想通过这首词来抒发一种什么样的情感？长期以来，人们偏重于诠释这首词的思想内容，而忽视了围绕这种思想所发生的种种纷争以及毛泽东所经历的人生境遇。很多专家认为这首词是"有感于闽西工农武装割据一片大好形势"的感怀之作，将其定义为"胜利凯歌"。而事实未必全然如此，从某种意义上说，人们可能仍没有完全读懂毛泽东这首词的本义和深意。

　　1929 年 1 月，为粉碎湘赣敌军对井冈山革命根据地的"会剿"，朱德、毛泽东领导的红军主力离开井冈山，千里征战，创建了赣南、闽西革命根据地。就在革命形势日益高涨之时，一场争论也在红四军内部悄然爆发。争论的焦点是要不要加强党对军队的领导，根据地如何巩固与发展。6 月下旬，在龙岩召开的红四军党的代表大会上，毛泽东的正确意见被否定，他本人落选了前委书记。8 月初，陈毅前往上海，向党中央汇报工作。在这期间，红四军内部极端民主化等错误思想泛滥，前委会常常是议而不决，决而难行。一些人的流寇思想严重，"不顾主客观条件，犯着革命的急性病，不愿意艰苦地做细小严密的群众工作，只想大干，充满着幻想"。

　　毛泽东在 7 月上旬以红四军前委特派员身份到闽西指导地方工作。他深入调查研究，指导闽西特委召开中共闽西第一次代表大会，通过《土地问题决议案》。毛泽东在政治报告中指出：闽西党的任务是巩固和发展革命根据地，同赣南红色区域连成一片。会后，闽西在 600 多个乡进行土地改革，80 多万贫苦农民分得了土地。在这期间，红四军打破了闽粤赣 3 省国民党军队对闽西革命根据地的第一次"会剿"。

　　总体而言，1929 年秋天，闽西革命根据地曲折发展。一方面，正如毛泽东 1962 年 4 月在《〈词六首〉引言》中所说，包括《清平乐·蒋桂战争》在内的 6 首词"反映了那个时期革命人民群众和革命战士们的心情舒快状态"。但另一方面，红四军存在的种种问题，也必然导致毛泽东的忧虑。《清平乐·蒋桂战争》既是对根据地大好形势的赞颂，也是对"工农武装割据"思想的大力宣传和积极倡导，同时表达了对"收拾金瓯一片，分田分地真忙"局面的热切希冀和深情呼唤。

《采桑子·重阳》

—

赏析

中共中央文献研究室编撰的《毛泽东年谱（1893—1949）》记载："（1929年）10月11日，农历重阳节，当时临江楼庭院中黄菊盛开，汀江两岸霜花一片，触景生情，填词《采桑子·重阳》一首：'人生易老天难老，岁岁重阳。今又重阳，战地黄花分外香。一年一度秋风劲，不似春光。胜似春光，寥廓江天万里霜。'"

这首词通过度重阳，咏菊花，赞秋色，抒发了毛泽东的人生感悟和革命豪情，独具神韵，极富旷古绝伦的艺术魅力。毛泽东以特有的胸怀、气魄和艺术眼光，谱写了一曲革命人生的壮美颂歌。

逆境人生多感慨

1929年1月，毛泽东、朱德率红四军主力离开井冈山，转战赣南、闽西。6月下旬，在龙岩召开的红四军第七次党代表大会上，红四军内部关于建军原则和建立巩固的革命根据地等问题发生意见分歧。毛泽东的正确主张未能被多数同志理解和接受，他也因此未能继续当选前委书记。此后，他身患疾病，在闽西一边养病，一边开展地方工作。10月，毛泽东带病坐着担架赶到刚解放不久的上杭，住在汀江岸边的临江楼。第二天，适逢重阳节，毛泽东倚楼远眺，诗兴油然而生，吟成这首《采桑子·重阳》。

《采桑子·重阳》是毛泽东身处逆境时所写的感怀之作。大病初愈的毛泽东心情复杂、百感交集。起句"人生易老天难老",感叹人生短暂,而自然界的发展变化则比较缓慢,好像不容易衰老。李贺的《金铜仙人辞汉歌并序》中有"衰兰送客咸阳道,天若有情天亦老"之句,这里反用其意,以"天难老"反衬"人生易老"。1964 年 1 月,毛泽东对英文译者口头解释说:"与人间比,天是不老的。其实天也有发生、发展、衰亡。天是自然界,包括有机界,如细菌、动物。自然界、人类社会,一样有发生和灭亡的过程。"

"岁岁重阳",每年都有重阳节。古人认为,重阳是一个值得庆贺的吉祥日子,有饮宴祈寿之俗。"岁岁重阳,今又重阳",既是"天难老"的特点,也是"人生易老"的证明。每年都有重阳节,景色依旧,而人的年龄却不断增加,特别容易使人感慨人生短暂。面对重阳节,想到人生短暂,悲观者叹息"夕阳无限好,只是近黄昏";乐观者表达"莫道桑榆晚,为霞尚满天"。1929 年的毛泽东年富力强,但又身处逆境,对于像他这样一位胸怀宏图大志而又深感创业维艰的人来说,内心的体验是极其丰富的。单纯看词开头这几句似乎有些沉闷,令人略感压抑,但毛泽东终究是有伟大抱负的政治家,不会因时间无涯、人生有涯的感慨而消沉衰颓,反而更加激发起"及时当勉励"的紧迫感。

吟咏菊花有新意

"战地黄花分外香",作者笔锋突然一转,写出今年重阳节独特的感受和不同寻常的意义。"黄花"即菊花,典出《礼记》:"季秋之月,鞠有黄华。"菊花与重阳习俗有密切关系,重阳节也被称作菊花节。早在西汉,我国就有重阳节登高、饮菊花酒的习俗。重阳节登高赏菊,也是千百年来诗人吟咏的传统主题。如王勃《九日》:"九日重阳节,开门有菊花。不知来送酒,若个是陶家。"杜甫《复愁》:"每恨陶彭泽,无钱对菊花。如今九日至,自觉酒须赊。"苏轼《南乡子·重九涵辉楼呈徐君猷》:"佳节若为酬。但把清尊断送秋。万事到头都是梦,休休。明日黄花蝶也愁。"

"战地黄花分外香"一句在毛泽东不同的手迹中有不同的文本。初稿作

"但看黄花不用伤"，后改为"野地黄花不用伤"和"大地黄花分外香"。1963年12月，人民文学出版社出版《毛主席诗词》时才定稿为"战地黄花分外香"。客观地说，初稿的"但看黄花不用伤"最能反映毛泽东当年写词时的心境，但它的境界不如定稿。改成"战地黄花分外香"，给读者创造出一个色香俱佳的非凡意境，原来的失意感伤情绪一扫而空，显得格外开朗洒脱。着一"战"字，把战地的环境和氛围烘托出来了，从而为此词涂抹了一笔革命色彩。

在古代诗人中，把菊花和战争、战场联系在一起的并不多。唐代岑参在《行军九日思长安故园》中写道："强欲登高去，无人送酒来。遥怜故园菊，应傍战场开。"表达了诗人浓重的思乡之情。唐末黄巢在《不第后赋菊》中写道："待到秋来九月八，我花开后百花杀。冲天香阵透长安，满城尽带黄金甲。"诗人把菊花与战争相提并论，但充满了血腥杀气。

"战地黄花分外香"化用杨万里的"若言佳节如常日，为底寒花分外香"，与元好问"高原水出山河改，战地风来草木腥"的句意完全相反，将消沉情绪转化为激扬的格调。毛泽东笔下的战地菊花与革命战争联系在一起，经受丹心热血哺育，因而更加芳香四溢。1996年1月28日，《文汇报》所载《舒同与毛泽东》一文中写道："1932年春漳州战役结束，毛泽东同舒同第一次会面。打扫战场时，毛泽东握着舒同的手说，早就知道你了，看过你的文章，见过你的字。毛泽东边走边从弹痕遍地的地上捡起一颗弹壳，轻轻地说：'战地黄花呵！'舒同会心地一笑，他为毛泽东如此丰富的情感世界和如此神妙的结句所触动。"这是革命家的视角，这是思想家的气魄，这是革命乐观主义精神的自然流露。

激越豪迈赞秋景

词的下阕通过吟咏秋景表达对待秋天的态度。"一年一度秋风劲，不似春光。"一年一度的秋风猛烈地吹来，与春天明媚和煦的春光迥然不同。秋季不及春天那样万紫千红，嫩绿娇黄，香郁迷人，但秋风具有扫荡酷暑、荡涤尘埃的巨大威力。"劲"字写出了秋天强劲有力的个性，也隐隐透露出诗人的人生追求和价值取向。

在春夏秋冬四季中，秋以萧瑟凋敝、满目苍凉等特质给人以悲伤之感。"睹落叶而悲伤，感秋风而凄怆。"绝大多数古代诗人每每将悲情愁绪与草木摇落、万物凋零的秋景联系在一起，以萧瑟的清秋意象传达人生的苦闷、生命的忧虑。无论是风格婉约的柳永、李清照，还是词风豪放的苏轼、辛弃疾，在红衰翠减、万物凋零的秋天，都禁不住感伤身世，悲从中来。

然而，毛泽东没有附和古代文人的悲秋情调。"胜似春光"一句，寓意非凡。在毛泽东看来，秋色比春光更加美好，更有魅力。他打破了肃杀哀婉的文人悲秋传统，高扬赞秋情愫，展现出辽阔豪迈的艺术境界，彰显了豁达激越、超凡脱俗的人格魅力。

"寥廓江天万里霜"，秋高气爽，水天相接，这是对"胜似春光"的具体诠释。虽是绘景写实，却又胸襟宽广，有"天高任鸟飞，海阔凭鱼跃"的壮阔之感。如果说"战地黄花分外香"是芬芳秀丽的近景，表达诗人对战斗胜利的快慰心境，那么"寥廓江天万里霜"则是辽阔壮丽的远景，寄托诗人对革命前途的美好遐思，余韵悠扬。"万里霜"之"霜"不是霜雪之霜，而是秋色的代字，是"霜叶红于二月花"的"霜"，色彩斑斓，绚丽迷人。

这首词的原稿是下阕在先，先描写秋天的壮美和江天的寥廓，再感悟人生的短暂和宇宙的无限。毛泽东在进行修改时，将上、下两阕互易位置。采用这种"挪移法"之后，原先字里行间透出的抑郁情绪锐减，先抑后扬，境界变得更加开阔，更使人感受到生生不息、激越豁达的活力。这是毛泽东创作于逆境中的作品，有沉郁的思索，但全然不见怨天尤人、消沉郁闷的牢骚与哀叹，呈现给世人的是积极乐观、豁达昂扬的人生追求与洒脱心态。

《如梦令·元旦》
—
赏析

《毛泽东年谱（1893—1949）》记载：（1930年）1月"和朱德一起指挥红四军打破闽、粤、赣三省敌军对闽西革命根据地的第二次'会剿'，并连克江西的宁都、乐安、永丰等县。三十日（农历正月初一），将由闽西进入赣南的一路情景吟成一首词《如梦令·元旦》：'宁化、清流、归化，路隘林深苔滑。今日向何方，直指武夷山下。山下山下，风展红旗如画。'"这首词充分展示了古田会议后红军队伍斗志昂扬的精神风貌，预示了新的革命高潮即将到来的大好形势，抒发了作者胜利完成战略转移后的喜悦心情。

一

这首词最早由谢觉哉在1956年8月3日《中学生》杂志发表的《关于红军的几首词和歌》一文中披露，题为《宁化途中》。1957年1月《诗刊》正式发表该词，毛泽东将题目审定为《元旦》。1963年12月，人民文学出版社出版《毛主席诗词》时，毛泽东将其写作时间确定为"一九三〇年一月"。然而，这里的"元旦"并非指阳历元旦，而是阴历元旦。

湖北教育出版社出版的《毛泽东诗词全编》对此注释道："'元旦'，一九三〇年元旦，新年伊始，军务倥偬，古田会议刚刚结束，就要向江西进发，在红军战史上将又揭开新的一页。"1930年1月5日，毛泽东给林彪写回信（编入《毛泽东选集》第一卷时，题为《星星之火，可以燎原》），原文末尾写着"于上杭古田"的字样。这证明 1929 年 12 月底召开古田会议之后，到 1930 年 1 月 5 日，毛泽东尚未离开古田。

其实，把阳历 1 月 1 日称为元旦，是 1949 年以后的事。1949 年 9 月 27 日，中国人民政治协商会议第一届全体会议通过关于中华人民共和国国都、纪年、国歌、国旗等决议案，规定"中华人民共和国纪年采用公元"之后，阳历 1 月 1 日才正式称为"元旦"，阴历正月初一则改称"春节"。

在中国古代，"元旦"所代表的日期，并不完全一致。夏代以正月初一为元旦，商代以十二月初一为元旦，周代以十一月初一为元旦，秦代以十月初一为元旦。直到汉武帝时，重新制定历法，又以正月初一为元旦，一直沿用到清朝末年。因此，《如梦令·元旦》题中的"元旦"当是阴历正月初一，也就是 1930 年 1 月 30 日。

这首词的创作缘起在于：1929 年 11 月，蒋介石调集赣、闽、粤的反动武装，布置对闽西革命根据地的第二次"会剿"。1930 年 1 月上旬，朱德率领红四军主力转移到赣南。毛泽东率领第二纵队掩护主力转移后，向北经福建连城、归化、清流、宁化等县，翻越武夷山，前往江西与红四军主力会合，使敌人的"三省会剿"宣告破产。《毛泽东年谱（1893—1949）》记载："1 月上旬，接到中共闽西特委来信，要求红四军留下一个纵队在闽西游击，帮助地方消灭敌人，巩固刚建立的红色政权。毛泽东对送信人说，敌军是跟着我们走的，不会停留在闽西跟你们走。他当即写了八个字：'离开闽西，巩固闽西。'" 1 月 24 日，毛泽东率领第二纵队经宁都的洛口到东韶，同先到数天的朱德所率领的红四军主力会合，完成了战略转移。正是在这样的背景下，1 月 30 日，农历元旦，毛泽东写下了这首感怀之作。

二

这首词寥寥 33 个字，语言晓畅，节奏紧促，笔调活泼，叙事写景，情景交融。毛泽东描绘了一幅动人的红军山地行军图：人喧马嘶，红旗飘扬，雄浑壮美。

　　"宁化、清流、归化"，描写红军转移的路线。3个县都在闽西，清流居中，归化在清流东北，宁化在清流西北，武夷山又在宁化西面。实际的行军顺序是归化、清流、宁化。之所以写成词中的顺序，是出于词律和押韵的需要。毛泽东率领部队从古田到东韶，千里行程，迂回行军，所到之处很多，只提了3个地名，并不代表只经过了这3个地方。

　　"路隘林深苔滑"，极其精练地概括了行军路途的特点。路隘，山路崎岖狭窄。林深，在便于隐蔽的山林之间穿行。苔滑，闽西山林茂密，多雨潮湿，山路上长满青苔，一不小心就会滑倒。之所以不走平坦大道，而走林间小路，为的是隐蔽转移，甩开敌军。简短一句话，真实再现了行军的情景，准确刻画了征途的艰难，生动体现了红军一路攻坚克难的顽强精神。

　　起句连用3个地名和3个词组，干脆利落，意象组合极为奇妙。看似抽象，实为具体，很容易使人想起古诗的创作手法。就像杜甫《闻官军收河南河北》"即从巴峡穿巫峡，便下襄阳向洛阳"，反映"青春作伴好还乡"的急迫心情，毛泽东一口气说出3个地名，类似电影中的蒙太奇手法，形象反映了红军转移的兵贵神速。马致远《天净沙·秋思》："枯藤老树昏鸦，小桥流水人家，古道西风瘦马。夕阳西下，断肠人在天涯。"此曲以多种景物并置，组合成一幅秋郊夕照图，从中透出浪迹天涯的游子在秋天思念故乡、倦于漂泊的凄苦哀愁之情。毛泽东在这首词中连用3个词描绘路况，全然不见征途艰难的愁苦，反而彰显了无所畏惧的勇气与乐观，浸透着"道路是曲折的，前途是光明的"那样一种豪迈和自信。

　　"今日向何方，直指武夷山下。"一问一答，自问自答，实则方向明确，不容置疑。"今日"，不少论者理解为1930年阴历元旦，即1930年1月30日。这里，不能简单地把"今日"理解成写词的"当天"，而应该将其视为整个战略转移行动的"当前阶段"。"直指"，语气斩钉截铁，表现了毛泽东胸有成竹、指挥若定的沉稳和决心，也体现了红军队伍步调一致、勇往直前的凛然气势。"武夷山下"，实指武夷山麓江西广昌西北一带，也就是朱德、毛泽东领导的部队会师的目的地。抵达会师地点，即标志着部队转移的战略意图顺利实现。

"山下山下，风展红旗如画。"抒发战略转移取得成功后的轻松与畅快，并展示出革命根据地将蓬勃发展的美好前景和坚定信心。词中接连有 3 个"山下"，但所指有所不同。"直指武夷山下"中的"山下"，指战略转移的目的地。而"山下山下"中的"山下"，泛指与武夷山相连的赣南闽西革命根据地的广大区域。"风展红旗如画"，预示着红四军实现战略转移之后农村武装割据斗争将更加轰轰烈烈的光明前景。

三

1962 年 4 月，毛泽东为 1962 年《人民文学》杂志 5 月号发表的 6 首作品手书"词六首"3 字并作引言。引言说："这六首词，是一九二九年——一九三一年在马背上哼成的，通忘记了。《人民文学》编辑部的同志们搜集起来寄给了我，要求发表。略加修改，因以付之。"这 6 首词作是《清平乐·蒋桂战争》《采桑子·重阳》《减字木兰花·广昌路上》《蝶恋花·从汀州向长沙》《渔家傲·反第一次大"围剿"》《渔家傲·反第二次大"围剿"》。《如梦令·元旦》此前已经正式发表，不在其列，但也属于"一九二九年——一九三一年在马背上哼成的"作品。这首词所记述的军事行动发生在古田会议之后，这就不能不提到古田会议对中国革命的重大意义以及对毛泽东心境状态的直接影响。

1929 年 1 月，朱德、毛泽东率红四军主力离开井冈山，千里征战，创建了赣南闽西革命根据地。就在革命形势不断趋好之时，各种纷争也在红四军内部悄然出现。当时，红四军内部流寇思想和军阀主义残余等非无产阶级思想有所发展。其结果是，1929 年 6 月在龙岩召开的红四军党的第七次代表大会上，毛泽东的正确主张被否决，毛泽东落选前委书记。9 月下旬在上杭召开的红四军党的第八次代表大会开了 3 天，毫无结果。种种迹象表明，红四军前途堪忧。在 8 月进攻闽中和 10 月进攻东江的军事行动中，红四军连遭重创。

1929 年 10 月，陈毅从上海带回《中共中央给红军第四军前委的指示信》，肯定了毛泽东的正确意见，毛泽东重新担任前委书记。1929 年 12 月 28 日至

29 日，红四军党的第九次代表大会在上杭古田村召开，会议一致通过了《中国共产党红军第四军第九次代表大会决议案》。决议总结了红军创建以来的建军经验，确立了红军建设的根本原则，解决了怎样将红军建设成为一支新型人民军队的根本问题。红四军上下实现了空前的团结，部队的精神面貌为之一振。随后，毛泽东又写了《星星之火，可以燎原》一文，字里行间洋溢着对中国革命必胜的信心。《如梦令·元旦》中"风展红旗如画"一句，正是"星星之火，可以燎原"这一科学论断的诗意表达。这就不难理解，舒阔成为《如梦令·元旦》一词的情感主基调了。品读《如梦令·元旦》的欢快词句，毛泽东关于中国革命光明前途的伟大预言犹在耳畔回响："它是站在海岸遥望海中已经看得见桅杆尖头了的一只航船，它是立于高山之巅远看东方已见光芒四射喷薄欲出的一轮朝日，它是躁动于母腹中的快要成熟了的一个婴儿。"

《忆秦娥·娄山关》

解析

　　《毛泽东年谱（1893—1949）》记载："（1935年）2月28日，同军委纵队过娄山关，到达大桥。随后，有感于娄山关战斗胜利，作《忆秦娥·娄山关》：西风烈，长空雁叫霜晨月。霜晨月，马蹄声碎，喇叭声咽。雄关漫道真如铁，而今迈步从头越。从头越，苍山如海，残阳如血。"《忆秦娥·娄山关》是毛泽东的代表作之一，最早发表在《诗刊》1957年1月号。毛泽东曾对这首词进行过3次自注自解，这种情形并不多见。但这首词的确较为难懂。正如1962年5月12日郭沫若在《人民日报》发表的《喜读毛主席的〈词六首〉》所说："主席的诗词虽然人人爱读，而不一定首首都懂。其所以然的缘故，是因为我们没有主席那样的生活经验，而于主席酝酿每一首作品时的客观情景与主观气氛，不容易揣度。"要真正读懂这首词的"所以然"，就必须了解该词背后的故事。

《忆秦娥·娄山关》句解

　　1935年1月，中央红军长征进驻遵义，在这里举行了具有伟大转折意义的遵义会议。会议结束后，红军继续长征。原计划在四川宜宾和泸州之间渡江，但由于蒋介石集结重兵拦江阻截，红军不得不折回遵义。而这时娄山关已被贵州军阀王家烈部队的1个师所扼守，经过数小时的激战，红军击溃娄山关的守敌，重新占领遵义。《忆秦娥·娄山关》写的就是红军第二次回师遵义途中的娄山关战斗。

现有的毛泽东7件手迹中，"长空雁叫霜晨月"此句，有两件作"梧桐叶下黄花节"，有一件作"梧桐叶下黄花发"。此外，有两件手迹写有标题《忆秦娥》，有3件手迹各在词末或署名毛泽东，或写有"长征词一首"，或写有"调寄菩萨蛮 一九三四"，这当是毛泽东的笔误。

娄山关，《汉书·地理志》称娄山为"不狼山"，是大娄山脉的主峰，海拔1576多米，位于遵义和桐梓两县交界处，"北拒巴蜀，南扼黔桂"，是黔北进入四川的重要隘口。娄山关地势奇险，堑底山路陡立，易守难攻。《贵州通志》说它"万峰插天，中通一线"，有"一夫当关，万夫莫开"之说，自古为兵家必争之地。

词的上阕写娄山关战斗之前的行军，表现红军奔赴前线的急切、刚毅之情。"西风烈"，起笔点明红军向娄山关进军的节令和时间，可参看宋代蒋捷《虞美人·听雨》中"江阔云低，断雁叫西风"之句。"西风"以"烈"来形容，表明风势的狂暴，凸显出红军所面临局势之严峻。西风在猛烈地吹着，这是寒冷的触觉感受。"长空雁叫霜晨月"，在严寒的早晨，雁声嘹唳，寒霜铺地，一弯冷月悬挂在凄迷的长空中。"霜晨月"是一个清冷的组合，既是对战事时间的交代，亦可解读为"黎明前的黑暗"。

"马蹄声碎"，云贵高原地区不比北方，地形高低错落，不会是一马平川，因而马蹄声很细碎，战马在群山乱石间行进，急速而杂乱，蹄声错杂可闻。"喇叭声咽"，军号声被凛冽的西风和山野所切割，时断时续，悲壮低沉。一"碎"一"咽"，远近相衬，将肃杀氛围渲染得淋漓尽致，可见军情之紧迫，组织之严密，纪律之严明。"雁叫""马蹄声""喇叭声"都是听觉感受，以动衬静，以声写人，只闻其声，不见其人，短短几句便把战斗打响前紧张而凝重的氛围表现得淋漓尽致，成功塑造了奋不顾身、抢关夺隘的红军形象。

下阕抒发战斗取得胜利的欣慰及悲壮慷慨的情怀。"雄关漫道真如铁，而今迈步从头越。"抒发战斗结束之后的感慨。"雄关"与"漫道"不是并列关系，"漫"非漫长之"漫"，"道"亦非道路之"道"，"漫道"乃"莫说"之意，其意是不要说娄山关固若金汤。娄山关虽然险峻，但阻挡不了英勇红军的前进步伐。"而今迈步从头越"，这气壮山河的词句，充分表现出红军无坚不摧的钢铁意志、勇往直前的大无畏精神和顶天立地的英雄气概。

"苍山如海，残阳如血"，毛泽东站在娄山关放眼远望，只见连绵起伏的苍山如同波涛汹涌的大海一样，将要落山的太阳犹如鲜血一样殷红，色彩浓丽，气象壮阔，这是一幅沉静、悲壮的视觉画面。最后两句从色彩着笔，写出毛泽东在娄山关所见的壮丽景色，给战斗胜利配上一个绚丽灿烂、气象壮阔的背景，透出意味深长的丰富意蕴。

《忆秦娥·娄山关》正解

"诗无达诂"是文学解读活动的一个重要原则。一般情况下，毛泽东是主张诗人不解诗的。毛泽东对于他自己诗词的注释和评论，只要不涉及原则和史实问题，往往都采取豁达的态度。然而，对社会上各式各样的注解，毛泽东也并非全然不在意。1958 年 12 月 21 日，在《毛主席诗词十九首》（文物出版社 1958 年版）的批注中，他郑重写道："我的几首歪词，发表以后，注家蜂起，全是好心。一部分说对了，一部分说得不对，我有说明的责任。"《忆秦娥·娄山关》没有直接描写娄山关战斗的具体过程和细节，而是通过描绘战场的自然景物来抒发情怀，写得非常含蓄。所以，即便是像郭沫若这样的诗词大家解读毛泽东诗词作品内容时，也出现了不准确的问题。

《人民文学》1962 年 5 月号发表毛泽东"在马背上哼成的"《词六首》，即《清平乐·蒋桂战争》《采桑子·重阳》《减字木兰花·广昌路上》《蝶恋花·从汀州向长沙》《渔家傲·反第一次大"围剿"》《渔家傲·反第二次大"围剿"》。《人民文学》编辑部请郭沫若撰文对其进行赏析。郭沫若于 5 月 1 日写了一篇《喜读毛主席〈词六首〉》（以下简称《喜读》）。郭沫若为阐明他读毛泽东诗词的心得，特意在文中加了一段有关《忆秦娥·娄山关》的诠释：

我对于《娄山关》这首词作过一番研究，我起初也觉得是一天的事。曾经把新旧《遵义府志》拿来翻阅过，查出了由遵义城到娄山关是七十里，恰好是一天的路程。清晨由遵义城动身，晚上到达娄山关，那是合情合理的。然而进一步考虑，却发现了问题。红军长征第一次由遵义经过娄山关，是在 1935 年 1 月。第二次又经过娄山关回遵义，是在当年 2 月。就时令来说是在冬末春初。为什么词的上阕写的却是秋天？"西风""雁叫""霜晨"，都是秋天的景物。这怎么解释？要说主席写词不顾时令，那是说不过去的。因此，我才进一步知道：《娄山关》所写的不是一天的事。上阕所写的是红军长征的初期，那是 1934 年的秋天；下阕所写的是遵义会议之后，继续长征，第一次跨过娄山关。想到了这一层，全词好像才豁然贯通了。

"西风烈"，不仅是自然界的西风，也隐喻着受着帝国主义支持的敌军力量的相对强大。在这时，拂晓的长空中，有下弦的残月，天上有南飞的归雁，地上有长征的红军。马蹄声零碎，喇叭声呜咽，气氛是悲壮的。但到了遵义会议以后，在党和红军中树立了毛主席的正确领导，中国的革命便来了一个转折点。《娄山关》这一首词就是遵义会议前后的革命气势的生动反映。在遵义会议以后，红军又以百倍勇气重新迈上征途，不管眼面前有多少道铁门关也要雄赳赳气昂昂地超越过去。前途的障碍是很多的——"苍山如海"。流血的斗争是要继续的——"残阳如血"。但尽管这样，必然有胜利的明天！

我对于《娄山关》一词作了这样的解释，我虽然没有当面问过主席，不知道我的解释究竟是否正确，但在广州的诗歌座谈会上，我很高兴同志们是同意了我的见解的。或许有人会问：一首词中所说的一朝一夕为什么所表示的不是一天？这在我们中国的诗歌中倒并不是稀罕的例子。例如屈原的《离骚》里面便有"朝饮木兰之坠露兮，夕餐秋菊之落英"，或"朝搴阰之木兰兮，夕揽洲之宿莽"，所谓朝夕都不限于一天。

1962 年 5 月 9 日，郭沫若收到《人民文学》编辑部送阅的小样，立即写信请毛泽东"加以删正"。毛泽东认为《喜读》的解释不符合本意，从自己创作意图的角度出发，把这段话大部分删掉了，又以郭沫若的口吻，在清样的四边空白改写了一段文字（以下简称《改文》）。或许是因为时间关系，1962 年 5 月 12 日《人民文学》刊出的仍是郭沫若的原稿，毛泽东的《改文》直到 1991 年 12 月 26 日才在《人民日报》刊出。毛泽东的《改文》不露痕迹，不动声色，委婉含蓄，既表达了对郭沫若的尊重，也表现了他们之间的坦率与真诚。《改文》如下：

我对于《娄山关》这首词作过一番研究，初以为是写一天的事。后来又觉得不对，是在写两次的事，头一阕一次，第二阕一次。我曾在广州文艺座谈会上发表了意见，主张后者（写两次的事），而否定前者（写一天），可是我错了。这是作者告诉我的。一九三五年一月党的遵义会议以后，红军第一次打娄山关，胜利了，企图经过川南，渡江北上，进入川西，直取成都，击灭刘湘，在川西建立根据地。但是事与愿违，遇到了川军的重重阻力。红军由娄山关一直向西，经过古蔺、古宋诸县打到了川滇黔三省交界的一个地方，叫做"鸡鸣三省"，突然遇到了云南军队的强大阻力，无法前进。中央政治局开了一个会，立即决定循原路反攻遵义，出敌不意，打回马枪，这是当年二月。在接近娄山关几十华里的地点，清晨出发，还有月亮，午后二三时到达娄山关，一战攻克，消灭敌军一个师，这时已近黄昏了。乘胜直追，夜战遵义，又消灭敌军一个师。此役共消灭敌军两个师，重占遵义。词是后来追写的，那一天走了一百多华里，指挥作战，哪有时间和精力去哼词呢？南方有好多个省，冬天无雪，或多年无雪，而只下霜，长空有雁，晓月不甚寒，正像北方的深秋，云贵川诸省，就是这样。"苍山如海，残阳如血"两句，据作者说，是在战争中积累了多年的景物观察，一到娄山关这种战争胜利和自然景物的突然遇合，就造成了作者自以为颇为成功的这两句话。由此看来，我在广州座谈会上所说的一段话，竟是错了。解诗之难，由此可见。

郭沫若在看到毛泽东的《改文》后，还在认真地核实词的注解。上海科技教育出版社 2014 年出版的《竺可桢全集》的日记部分披露了一个细节：郭沫若时任中国科学院院长，当年他还请教过时任副院长的竺可桢。1962 年 6 月 13 日，竺可桢在日记中写道："接郭老函，询问毛主席忆秦娥词《娄山关》有'西风烈，长空雁叫霜晨月。霜晨月，马蹄声碎，喇叭声咽'，这是否阴历二月现象？因红军取娄山关是在遵义会议 1935 年 1 月初之后，要我证实时间。我查日记知 1941 年 3 月 2 日过娄山关时见山顶有雪。1943 年 4 月 13 日过娄山关遇雪。另一次（未查明日期）过娄山关，雪冰载途，得回到山下住宿一晚。丁普生同行，有一箱子为小偷窃去。可见二月间，娄山关是有霜雪，而风向在 1500 公尺高度也应是西风或西南风的。去年到遵义，展览馆送我一本红军在贵州纪念刊，其中有夺取娄山关一段，说明红军夺取娄山关是在 2 月 26 日。27 日红军又转返遵义，第二次占有遵义。"抗日战争期间，浙江大学从杭州迁至贵州，分驻于遵义、湄潭、永兴等处，校长竺可桢为校务多方奔走，来往于贵州和重庆等地之间，加上他又是地理学家和气象学家，很关注贵州的地理、地形、气象等。

因为《改文》未能及时发表，为了纠正错误，1964 年 1 月 27 日，在答复外国文书籍出版局《毛泽东诗词》英文译者提问时，毛泽东又对该词作了如下解释：

这首词上下两阕不是分写两次攻打娄山关，而是写一次。这里北有大巴山，长江、乌江之间也有山脉挡风，所以一二月也不太冷。"雁叫"、"霜晨"，是写当时景象。云贵地区就是这样，昆明更是四季如春。遵义会议后，红军北上，准备过长江，但是遇到强大阻力。为了甩开敌军，出敌不意，杀回马枪，红军又回头走，决心回遵义，结果第二次打下了娄山关，重占遵义。过娄山关时，太阳还没有落山。

　　这段文字，与 1 年多前毛泽东的《改文》意见完全一致。如今重温这段故事，的确意味深长，反映出毛泽东、郭沫若、竺可桢严谨的治学态度，确有大师风范。

《忆秦娥·娄山关》心解

　　由中共中央文献研究室编写的《毛泽东传》第 1 卷在描述 1935 年 1 月遵义会议后红军二渡赤水的情形时，这样写道："红军在二月二十日前后第二次渡过赤水河，回师黔北。中革军委决定集中主力进攻桐梓和娄山关以南的黔军，乘胜夺取遵义。这次战役，先后击溃和歼灭国民党军队两个师又八个团，俘敌约三千人，取得长征以来最大的一次胜利。毛泽东随中央军委纵队登上娄山关，极目四望，吟成《忆秦娥·娄山关》。"

　　在《毛主席诗词十九首》的批注中，毛泽东写道："万里长征，千回百折，顺利少于困难不知有多少倍，心情是沉郁的。过了岷山，豁然开朗，转化到了反面，柳暗花明又一村了。以下诸篇，反映了这一种心情。"毛泽东所说的"以下诸篇"是指《十六字令三首》《七律·长征》《念奴娇·昆仑》《清平乐·六盘山》等诗词。这一自注是揣度毛泽东创作《忆秦娥·娄山关》心境状态的首要依据，问题在于，为什么打了胜仗之后的感怀之作，毛泽东的心情却仍然是沉郁的？很多人在欣赏《忆秦娥·娄山关》时，只是笼统地感慨作品写得大气磅礴、纵横捭阖。严格意义上说，如果没有领悟到毛泽东的"沉郁"，就意味着没有完全读懂这首词的深意。

　　梅白在《毛主席谈杨椒山的诗》中回忆说：1959 年 7 月 4 日，毛泽东在庐山住处同王任重、刘建勋和他 3 人谈话时，曾说："写诗就要写出自己的胸怀和情操，这样才能引起读者的共鸣，才能使人感奋。"1963 年 12 月，人民文学出版社出版《毛主席诗词》，收有 37 首作品，这是毛泽东亲自编定的带总结性的诗词集，也是其生前出版的最重要的诗词集。毛泽东为每首诗词署明了写作日期，《忆秦娥·娄山关》写于 1935 年 2 月。了解 1935 年 2 月前后的历史背景，对于把握毛泽东的"沉郁"至关重要。

1935 年 1 月遵义会议召开，毛泽东回到中央领导岗位，重新执掌兵权。众所周知，遵义会议对于长征、对于红军、对于中国革命，也包括对于毛泽东个人的人生境遇，都具有重大的转折意义。按理说，毛泽东此时的心情应该是轻松、喜悦、惬意的。如果他只是一个普通人，他的诗词估计会抒发"人生得意须尽欢"的欣喜。然而，《忆秦娥·娄山关》丝毫没有表现个人得志的感慨。遵义会议之后，红军继续长征，随后发生了遭受较大损失的土城之战，刚刚复出的毛泽东承受了来自各方面的巨大压力。红军被迫折返，二渡赤水，这才有攻打娄山关、重占遵义的胜利。在当时的背景之下，打胜仗的意义不同凡响。《忆秦娥·娄山关》是在打了胜仗之后写的，如果毛泽东只是一位普通的军事指挥者，他完全可以挥洒"今日痛饮庆功酒"的畅快，然而，《忆秦娥·娄山关》不见半点得胜凯旋的欢喜。

《忆秦娥·娄山关》的意境显得极其苍凉、凝重。这种词味只在先前的《菩萨蛮·黄鹤楼》《菩萨蛮·大柏地》《清平乐·会昌》中出现过。从某种程度上说，《忆秦娥·娄山关》的创作背景和那 3 首词的创作背景具有一定的可比性，中国革命的形势依然十分严峻，红军被国民党围追堵截，处境十分艰难。娄山关一场战斗的胜利只能缓解一时，并不足以彻底扭转红军长征的命运。这就不难理解，攻克娄山关的胜利远不能扫除肩负重大使命的毛泽东内心深处的忧患与沉郁。这是《忆秦娥·娄山关》写得苍凉沉郁的根本原因。当然，性格刚毅的毛泽东在任何困难面前都从不缺乏攻坚克难的乐观与豁达，"雄关漫道真如铁，而今迈步从头越"一句，充分彰显出毛泽东无所畏惧的英雄主义气概。

毛泽东是志存高远的红军统帅，面对娄山关战斗的胜利，毛泽东显得十分稳健、冷静，深沉地吟出"苍山如海，残阳如血"这一千古绝唱。毛泽东的《改文》中将其视为得意之笔："据作者说，是在战争中积累了多年的景物观察，一到娄山关这种战争胜利和自然景物的突然遇合，就造成了作者自以为颇为成功的这两句话。"这种口吻在毛泽东对自己作品的评价中很少见，他一向很谦虚低调。1957 年 1 月 12 日，他在致臧克家等人的信中说，自己的作品"诗味不多，没有什么特色"；1959 年 9 月 7 日，他在致胡乔木的信中说，《七律·到韶山》《七律·登庐山》两首诗"主题虽好，诗意无多"；1965 年 7 月 26 日，他在给郭沫若夫人于立群的信中称"我的那些蹩脚诗词"。

　　该如何理解毛泽东对"苍山如海，残阳如血"的"得意"之情？"苍山如海"以海喻山，是毛泽东的独特视角和笔法。这种写法在《十六字令三首》中也有呈现："山，倒海翻江卷巨澜。奔腾急，万马战犹酣"，想象奇绝，可谓神来之笔。而"残阳如血"则反映出毛泽东军旅生涯的丰富体验，折射出他深刻的战争观。赵朴初在《而今迈步从头越——读〈忆秦娥·娄山关〉》中写道："如果有画家用'苍山如海，残阳如血'作画，可以画出一幅很好的画来。但是对于一个忙乱的人，或者很激动的人，或者是头脑有一点发热的人，即使看到这样美丽的景色，也可能是无心领略。只有沉着的、镇静的，经验丰富、信心十足、眼光远大、心胸开阔，既看全国、又看世界，既看现在、又看未来的人，才能在这样激烈战斗的间隙中领略到自然界开阔绚烂的气象，写出这样情景交融的句子。"赵朴初先生的评析准确到位，入木三分。

《七律·长征》的来龙去脉

　　《七律·长征》是毛泽东诗词的代表作之一，流传甚广。毛泽东史诗般地再现了万里长征的艰难历程，歌颂了红军不怕困难、百折不挠、勇往直前的革命英雄主义和革命乐观主义精神。然而，关于这首诗背后的故事，至今仍众说不一，或者鲜为人知。本文对此进行了一些考证，以便人们更好地了解这首诗的来龙去脉。

一、究竟创作于何时？

　　1957 年 1 月《诗刊》创刊号发表《七律·长征》时，并未注明写作时间。1963 年 12 月，人民文学出版社出版了《毛主席诗词三十七首》，其中包括《七律·长征》。"六三年版"《毛主席诗词三十七首》是毛泽东生前出版的最为权威的一个版本。毛泽东注明《七律·长征》写于 1935 年 10 月。多数毛泽东诗词版本都采用这一说法，但是人们的观点并不一致，至今存在诸多分歧。

　　第一种观点认为，《七律·长征》写于 1935 年 10 月。

　　《党史博采》（纪实）2013 年第 8 期刊载的《毛泽东诗词背后的故事》一文在"《七律·长征》背后的故事"一节的开头写道："1935 年 10 月，红军长征到达陕北吴起镇。毛泽东在吴起镇待了三天，即前往瓦窑堡。在瓦窑堡的新窑洞里，他诗兴大发，把一张（条）木凳拉到松木桌旁，从锡制文具盒里取出砚台，研好墨，用驼毫小楷笔蘸了一下墨汁，在一张宣纸上一气呵成，写就了《七律·长征》诗。"

　　萧永义在《毛泽东诗词史话》中认为：1935 年 9 月 27 日，毛泽东率领陕甘支队到达甘肃省通渭县榜罗镇。在这里中共中央政治局作出了把党中央和陕甘支队落脚点放在陕北的决定。10 月 22 日，中共中央在吴起镇召开政治局会议。这次会议宣告了中央红军长征胜利结束。毛泽东的《七律·长征》大体作于这一时期。郭思敏在《毛泽东诗词辨析》中说：1935 年 10 月，毛泽东率领红军来到甘肃通渭，在全军副排长以上干部会议上，毛泽东讲了长征的意义并充满激情地朗诵了《七律·长征》这首诗。

　　丁正梁在《挑战者之歌》一文中说：1935 年 10 月初，毛泽东率领红军长征来到甘肃通渭。在城东的一所小学校里召开全军副排长以上的干部会议，毛泽东向全体干部讲了长征的意义并朗诵了这首诗。沙先贵在《毛泽东诗词文化解读》中说：1935 年 10 月 2 日，部队到达甘肃通渭。在 200 多人参加的副排长以上干部大会上，毛泽东充满激情地朗诵了他的新作《七律·长征》。

　　这种说法似乎也与《毛泽东传》的记载相吻合。1935 年 10 月 22 日，中共中央在吴起镇举行政治局会议，这次会议批准了榜罗镇会议关于落脚陕甘的战略决策，宣告了中央红军长征的结束。接着该书提到了毛泽东的《七律·长征》。《毛泽东年谱（1893—1949）》记载：1935 年 10 月，过了岷山，长征则将取得胜利，毛泽东心情豁然开朗，作《七律·长征》诗。

　　第二种观点是认为，《七律·长征》写于 1935 年 9 月。

　　季世昌在《指点江山——毛泽东诗词故事》中描述道：1935 年 9 月，红军到达甘肃通渭。这天下午，召开了有 200 多人参加的副排长以上干部会。在聂荣臻政委的陪同下，毛泽东来到会场，并发表讲话。他从长征的意义讲到敌人的失败和红军的胜利。毛泽东看大家热情很高，说道："我写了首诗读给你们听听，不知行不行？"在大家的欢呼声中，他高亢有力地朗诵起他的《七律·长征》。毛泽东在副排长以上干部会上朗诵诗这一情景，很多书籍、文章中都有记载。季世昌没有明确说明是哪一天，但至少他认为《七律·长征》写于 1935 年 9 月这次干部会当天甚至是会议之前。

　　研究者对这次会议具体时间的认定不尽相同，有细微差别。蒋建农、郑广瑾在《长征途中的毛泽东》中写道：9月29日，红军到达通渭，进行两三天休整和动员，毛泽东在干部会上讲话中即兴朗诵。龚国基在《诗家毛泽东》中写道：1935年9月29日下午，在一个小学里召开了副排长以上的干部会。毛泽东在这次干部会上发表了讲话。接着，毛泽东便用浑厚的湖南乡音，铿锵有力地朗诵他的新作《七律·长征》。胡为雄著《毛泽东诗赋人生》也是这种说法：29日下午，红一方面军在一个小学校里召开副排长以上的干部会，毛泽东在会上发表了讲话。接着，他用雄浑的湖南乡音，一字一顿地吟诵起他的新作《七律·长征》。张友平、张静思所提出的时间则稍微有些不同：1935年9月28日，毛泽东在甘肃通渭县城文庙街小学中国工农红军抗日先遣队召开的全军排以上干部会议上朗诵了此诗。这首诗作者定稿于1935年10月。

　　成仿吾在《长征回忆录》中提到长征诗，当时红军刚过雪山不久，时间还不到10月。胡安吉在《毛主席给我们朗诵诗》一文中回忆说：那是1935年9月，中央红军越过雪山草地，来到通渭，休整一天。这天下午，支队召开副排长以上干部会议。会场设在城东的一个小学校里。聂荣臻政委陪着毛主席来了。毛主席微笑着，向大家摆了摆手，然后用他那洪亮的声音从容地开始讲话。他讲了很多，从长征的意义，讲到敌人的失败，讲到我们的胜利。最后，毛主席说："我写了首诗读给你们听听，不知行不行？"接着，毛主席便高声地朗诵了《七律·长征》。按照胡安吉的描述，《七律·长征》写于1935年9月。胡安吉是参加过长征的红军老战士，曾亲耳聆听毛泽东朗诵《七律·长征》，他的回忆应该具有一定的说服力。很多毛泽东诗词研究者关于《七律·长征》问世时间的说法，基本源于胡安吉的回忆文章，只是因为引用时一转再转，才发生了一些变异。

　　值得一提的是，2000年9月29日，为了纪念毛泽东《七律·长征》发表65周年，由甘肃省通渭县人民政府和上海电视台共建的主体造型为"V"形的《七律·长征》诗碑（右边刻着长征诗文本，左边刻着长征路线图，中间托起一颗闪耀着金色光芒的五角星），就在毛泽东当年首次公开吟诵"长征"诗的所在地——文庙街小学正式落成。笔者查询甘肃省通渭县人民政府网站，在"通渭简介"栏目中写道：1935年9月，红一方面军长征途经通渭时，在榜罗镇召开了中共中央政治局会议——"榜罗会议"，毛泽东同志在县城文庙街小学接见陕甘支队一纵队第一大队先锋连全体指战员时首次朗诵了《七律·长征》。

两种说法各有各的依据，如果进行更多的文献回顾，可能还能梳理出更多的材料。上述材料中，有几处都提到了中央红军到达甘肃通渭，提到了文庙街小学干部会议上毛泽东朗诵《七律·长征》这一个细节。中央红军到达甘肃通渭以及召开副排以上干部会的时间，有的说是在9月，有的说是10月。那么究竟是什么时间呢？

最具权威性的《中国共产党历史》确定："9月27日，陕甘支队占领通渭县榜罗镇。"《毛泽东年谱（1893—1949）》、李新等人主编的《中国新民主革命通史》也认定中央红军到达甘肃通渭的时间为1935年9月27日。这也就是说，第一种观点中认为中央红军是"1935年10月到达甘肃通渭"的说法和历史史实不符。这样看来，可以认为：1935年9月27日，陕甘支队占领通渭县榜罗镇。随后，毛泽东率领的中国工农红军陕甘支队途经通渭重镇榜罗后到达通渭县城；9月29日，在通渭县城文庙街小学召开了副排级以上的干部会议，而就在这次会议上，毛泽东兴致勃勃地朗诵了他的《七律·长征》。

综合上述分析，可以得出这样5个判断：一是毛泽东的《七律·长征》创作于中央红军长征接近胜利之时。二是1935年9月29日，在甘肃省通渭县城文庙街小学召开干部会议上毛泽东朗诵诗作，说明《七律·长征》这首诗已经基本成稿。三是《七律·长征》这首诗初稿的形成时间可以推断为1935年9月29日当天甚至更早。四是毛泽东对长征感受颇深，感慨良多，所以他曾经写下好几首关于长征题材的诗词。《七律·长征》是毛泽东特别喜欢的一首诗，成稿之后，毛泽东多次示人，在文庙街小学会议上朗诵，在瓦窑堡的窑洞里抄写，都可以作为例证。在与人分享的过程中，不断修改，不断完善，到1935年10月基本成熟定型。五是写诗填词毕竟是艺术思维的创作活动，一般不会留下确切的历史记载，作者自己也未必能准确记住创作时间。中央红军的长征结束于 1935 年 10 月，长征是一个重大历史事件，《七律·长征》是带有"总纲"性的一首诗。因此，到 1963 年毛泽东给自己的诗标注写作时间时，很自然地将其确定为 1935 年 10 月，这种理解是符合历史逻辑的。

二、究竟如何流传？

《七律·长征》是毛泽东的第一首七言律诗，是毛泽东诗词中最早见于出版物的作品，也是首次被翻译成外文流传到国外的诗作。

1936 年 6 月，美国记者埃德加·斯诺到陕北革命根据地进行了 4 个月的采访。毛泽东与他多次长谈，长征诗就是毛泽东在一次长谈中抄录给他的，并请英语翻译吴亮平帮助他译成英文。斯诺在 1958 年出版的《复始之旅》一书中写道，1936 年 10 月，在陕北保安，"他为我亲笔抄下了他作的关于红军长征的一首诗。在他的译员的帮助下，我当场用英文意译了出来"。

1936 年 10 月底，斯诺带着十几本日记和笔记、30 个胶卷回到北平。在其夫人海伦·斯诺的协助下，斯诺把采访手记迅速整理成文，陆续发表在上海的《大美晚报》《密勒氏评论报》《每日先驱报》《太阳报》等一些报刊上。1937 年年初，他把这些发表了的英文稿提供给燕京大学的进步学生王福时。王福时和时任斯诺秘书的郭达、燕京大学学生李放等一起，利用与东方快报社的关系，迅速把这些文稿译成中文，仅用两个多月的时间汇编成《外国记者西北印象记》，于 1937 年 4 月在北平东方快报印刷厂秘密出版。此书除了从《亚细亚》杂志上翻译过来的一位美国经济学家有关川陕苏区的 3 篇见闻外，其余的内容都是斯诺的文章和访谈。斯诺还为这本书提供了 32 幅照片、10 首红军歌曲和毛泽东《七律·长征》一诗的手迹。"长征"一诗以《毛泽东所作红军长征诗一首》为标题，单独刊登在《外国记者西北印象记》一书的封三上。在该书《毛泽东——苏维埃的台柱》部分，斯诺写道："他更提到红军如何举行了向西北的长征。关于这次长征，他写了一首古典的诗。"这是有关毛泽东诗词作品的最早的文字记载。

　　时隔 40 多年以后，王福时在 20 世纪 80 年代初撰写了题为《抗日战争前夕斯诺帮助出版的一本书》的文章，回忆了《外国记者西北印象记》编译出版的过程，并且特别提到"这本书还第一次发表毛主席著名的长征诗"。

　　1937 年 10 月，斯诺的英文著作《红星照耀中国》由伦敦维克多·戈兰茨公司出版。1938 年 2 月，获得斯诺授权的上海抗日救亡人士胡愈之等人以"复社"名义集体翻译、出版《红星照耀中国》的中译本，并更名为《西行漫记》。在《西行漫记》中《长征》一章，斯诺写道："我把毛泽东主席关于这一 6000 英里的长征的旧体诗附在这里作为尾声，他是一个既能领导远征又能写诗的叛逆。"《西行漫记》在几个月内便轰动国内、香港及海外华人。毛泽东的《七律·长征》也随之更为世人所知。《七律·长征》由此成为第一首在国外发表的毛泽东诗作。

　　1957 年《诗刊》杂志创刊之前，国内的一些报刊、书籍也曾刊登这首《七律·长征》。如四川著名爱国诗人梅英主编、1938 年 3 月出版的抗战杂志《血光》，苏北抗日根据地 1942 年 8 月 1 日出版的《淮海报》副刊《文艺习作》，冀南书店 1947 年 10 月出版的《二万五千里》，1948 年 7 月 1 日中共东北局宣传部主持出版的《知识》杂志第 7 卷第 6 期（总第 42 期）"纪念党的生日特刊"刊登了锡金（即蒋锡金）文章《毛主席诗词四首臆释》，1949 年 6 月上海人民出版社出版、群众图书公司发行的《红军长征随军见闻录》等。1949 年 8 月 2 日上海出版的《解放日报》刊载《毛主席诗词三首》，其中有《七律·长征》，题目为《长征诗》，并注明转载自东北《哈尔滨日报》。1954 年 2 月由中共中央宣传部党史资料室编辑出版的《党史资料》（属党内文件）第 1 期也刊登了这首诗，标题为《毛泽东同志长征诗》。1955 年 5 月由人民出版社出版的《中国工农红军第一方面军长征记》一书（系内部发行），在第一篇文章前也刊登了这首诗。上述这些出版物登载的"长征"诗，和原稿相比大同小异，但有的在传抄、排版过程中多有误字、错字现象，这就使得这首"长征"诗在流传的过程中形成了不同的"版本"。1957 年 1 月，经作者修改审定，《诗刊》创刊号发表了毛泽东包括"长征诗"在内的 18 首诗词，《七律·长征》至此完全定型。

随着《外国记者西北印象记》特别是《西行漫记》的广泛传播，加上解放区一些刊物的登载，毛泽东的长征诗也在中国的广大地区、众多的人群中流传开来。

在延安，1939 年 5 月，鲁迅艺术学院举行成立周年纪念时，举办了一个一年来的文艺创作与活动展览会，其中展出了毛泽东的《七律·长征》手书稿。这是毛泽东首次以书法形式公开展示自己的诗词作品。

曾任新四军政治部主任的袁国平曾经唱和毛泽东的长征诗。袁国平 1941年 1 月在皖南事变突围战斗中牺牲，说明袁国平的和诗肯定早于 1941 年 1 月。袁国平的和诗写道：

和毛主席长征诗

万里长征有何难？中原百战也等闲。

驰骋潇湘翻浊浪，纵横云贵等弹丸。

金沙大渡征云暖，草地雪山杀气寒。

最喜腊子口外月，夜驰茫荒笑开颜。

毛泽东的长征诗曾经被谱成歌曲，在敌后根据地广为传唱。陈志昂在1996 年第 4 期《音乐研究》的《论毛泽东诗词歌曲》中指出："抗日战争时期，在敌后根据地流传的，似乎只有七律《长征》，可能这也是最早被谱成歌曲的毛泽东诗词。大约从 1940 年起，这首由王承骏（久鸣）谱曲的《长征》，在敌后根据地开始传唱。"

就连国民党统治区的一些爱国民主人士也知道长征诗。1945 年国共和谈期间，民主人士柳亚子曾请求毛泽东"写长征诗见惠"。

三、手迹有何珍闻？

毛泽东曾经多次把《七律·长征》作为珍贵礼物赠给友人。根据郭思敏的说法，《七律·长征》现在所见存留作者 6 件手迹。而季世昌则指出：这首诗现在所见有 7 件手书。其实，两人的说法并无实质性的区别，季世昌所指的第 7 件手迹其实是根据毛泽东赠送给李银桥的手书改动而成，也就是通常所见的手书，用"万水千山只等闲"中的"水"字放大之后替换"金沙浪拍云崖暖"中的"浪"字。这里不一一罗列 6 件手迹的具体时间和题款。

1961 年 8 月 23 日至 9 月 16 日，中共中央在庐山举行工作会议，其间抽调了江西省的文艺团体来表演节目或跳舞。邢韵声是江西省农垦局文工团演员，有幸与另外 3 个团员陪毛泽东跳舞。经过几次一起跳舞、散步、游泳和聊天，毛泽东对邢韵声的印象非常好。邢韵声见毛泽东戴的是一块老掉牙的手表，表带表壳都失去了光泽，表盘模糊。在临别那天早晨，她把自己那块瑞士产的英纳格手表送给了毛泽东："主席，没有什么东西送给你，送你这块表作纪念吧！"毛泽东略一迟疑，便郑重地收下了那块手表。毛泽东说："小邢，你是个大方人，我也不能小气。"他边说边走到办公桌边，拿起练笔时写下的诗稿《七律·长征》，说："就送首诗给你吧！"邢韵声小心叠好，放进西装裙的口袋里。由于口袋浅小，诗稿有大半截露在外面。毛泽东见了，从自己口袋里掏出一块手帕，要过诗稿，仔细包好后递给邢韵声，说："好好放好，不要让大家看见。我是作为朋友送给你的。大家都没有，你有，人家会嫉妒的。"后来，毛泽东到南方视察，又与邢韵声有过几次会面。握手时，他发现邢韵声还没有买表，他自己出钱让人通过瑞士驻华使馆，订购了一块瑞士手表，叫吴旭君专门送到她家里，说没有手表怕影响她工作。毛泽东赠送的诗稿和手表，邢韵声一直珍藏着。

1962 年 4 月，跟随毛泽东 15 年的卫士长李银桥要调到天津工作。4 月 21 日，毛泽东在中南海游泳池住地设晚宴，饯别李银桥全家。李银桥在《在毛泽东身边十五年》中写道："我曾请毛泽东为我写字，老人家已经写好，写在一个很长的折子里。老人家说：'近来没有新诗，抄了一首旧诗送给你吧。'打开看时，是毛泽东 1935 年 10 月所作的七律诗《长征》。我很满意，收好折子坐回到沙发上。这时，吕厚民同志给我们全家和毛泽东一道又合了一张影。

照片中我手中拿的就是毛泽东的折子。"邸延生著《历史的真言——李银桥在毛泽东身边工作纪实》中也有详细描述。毛泽东的手迹是写在荣宝斋精制的折子上的，诗后落款为"毛泽东一九六二年四月二十日"。李银桥回家后才发现，"大渡桥横铁索寒"一句中少了一个"索"字。第二天，李银桥拿着诗折去见毛泽东。毛泽东笑了笑，提笔在"铁"字旁边加了一个"铁"字1/6大小的"索"字。离开毛泽东，李银桥又去请刘少奇、周恩来、邓颖超在毛泽东写诗的折子后面题写了赠言。郭沫若看了毛泽东写的折子，赞不绝口，并说"索"字加写得如神来之笔，巧夺天工，即兴在后面写了一首律诗。

李银桥到天津后，和时任河北省委书记林铁交往频繁。一次，林铁的夫人弓彤轩问李银桥："你离开主席时，主席送了你什么文字纪念啊？"李银桥如实回答："送了我一幅《长征》诗手书。"弓彤轩要欣赏，看过以后，又说要拿回去在报纸上发表，好让更多的人都能欣赏到毛主席的手迹。李银桥虽然心里十分不情愿，但碍于脸面，还是答应了。

不久，《七律·长征》手迹果然在一家省报上首家发表了。随后，李银桥吃惊地发现送还的《长征》诗"手迹"却是一份复制件！其判别根据是：原件的背面有中央领导和郭沫若题签的内容，而送还的"手迹"却没有。李银桥意识到问题严重，于是一次又一次地催讨、索要手迹原件，但始终未果。当他决心不顾一切要追回手迹时，"文化大革命"开始了。不久，李银桥被造反派关押起来。"罪"名之一就是未经同意擅自发表毛主席《七律·长征》手书、捞稿费。毛泽东有一次来到天津，关切地问起李银桥，当时的天津市"革委会"主任详细汇报了李银桥的"严重"问题，毛泽东却只是付之一笑，并限期放人。

1976年毛泽东逝世，李银桥工作也几经变动：先是从天津调回北京任人民大会堂管理局副局长，后又调公安部任老干部局副局长。他工作繁忙，找寻手迹的事也只得搁置起来。1989年，李银桥离休之后，曾经多方苦苦查找毛泽东手迹的下落，但始终毫无结果。这个既有政治意义又有艺术意义的无价国宝，至今不知所终。

四、究竟如何修改？

从 1937 年王福时汇编出版《外国记者西北印象记》第一次面世开始，《七律·长征》多次发表，毛泽东一生中也多次手书此诗。不同刊物的诸多版本和毛泽东手迹的具体文字，与 1957 年 1 月《诗刊》正式发表的《七律·长征》的定稿相比，有多处不同：

> 红军不怕远征难，
> 万水千山只（似）等闲。
> 五岭逶迤（苍茫）腾细浪，
> 乌蒙磅礴（滂薄）走泥丸。
> 金沙水（浪）拍云崖（悬岩）暖，
> 大渡桥横铁索寒。
> 更（最）喜岷山千里雪，
> 三军过后（一过）尽开颜。

"好诗不厌百回改"，毛泽东对长征诗的文字反复推敲，也为我们留下了动人的诗坛佳话。这么多处的改动，因何修改，人们不得而知。但是毛泽东本人对其中的一处修改进行了说明。1958 年 12 月 21 日，毛泽东在《毛主席诗词十九首》书眉上批注说："水拍：改浪拍。这是一位不相识的朋友建议如此改的。他说不要一篇内有两个浪字，是可以的。"毛泽东所说的这位"不相识的朋友"，是指山西大学历史系的罗元贞教授。

罗元贞先生早年留学日本早稻田大学，研究日本史。他也是嗜好中国诗词的学者，对此有颇深的造诣。新中国成立初期，罗元贞反复吟诵《七律·长征》时，发现第三句"五岭逶迤腾细浪"中已经有一个"浪"字了，而第五句"金沙浪拍悬崖暖"中又出现了一个"浪"字，显得重复，且与律诗规则相违，不如把后一个"浪"字改为"水"字更好些。于是，1952年元旦，他提笔呈书毛泽东，祝贺新年并谈到自己对毛泽东诗词的喜爱与修改建议。毛泽东读到来信后，觉得这个意见提得很好，并于1952年1月9日给罗元贞亲笔回信："一月一日来信收到，感谢您的好意。此复。"

毛泽东的《七律·长征》1957年在《诗刊》发表时，已采纳了罗元贞的意见，将"浪拍"改为"水拍"。

1958年12月，毛泽东在文物出版社排印的大字本《毛主席诗词十九首》上批注说："三军：红军一方面军，二方面军，四方面军。不是海、陆、空三军，也不是古代晋国所作上军、中军、下军的三军。"

1963年1月，毛泽东还应英译本《毛主席诗词》译者的请求，就自己诗词中的一些词句，作了口头解释。他对于"五岭逶迤腾细浪，乌蒙磅礴走泥丸"的解释是："把山比作'细浪'、'泥丸'，是'等闲'之意。"当年，《解放军文艺》杂志发表了一篇学习《七律·长征》的文章，认为"五岭逶迤腾细浪，乌蒙磅礴走泥丸"体现了运动战思想。毛泽东得知此事后一笑，说："我看不出有运动战思想。"

《念奴娇·昆仑》

—

解析

　　南朝刘勰所著《文心雕龙·物色》中曾有"模山范水"一词，寄情于山水乃诗人常事。山水诗是诗人对大自然的审美体验，或抒发情怀，或寄寓志向，或表达意趣，或娱乐遣兴。"踏遍青山人未老"的毛泽东，盛赞"江山如画""江山如此多娇"，他有多首作品以"山"为题，《念奴娇·昆仑》便是其中之一。"昆仑"是个大题目，古来诗词虽多涉及，如陶渊明的《读〈山海经〉》，但大多是根据《山海经》《穆天子传》里所描绘的西王母和穆天子等神话衍生的，所写的只是想象中的昆仑。毛泽东以"昆仑"为题，将其作为吟咏对象，这在中国诗词史上还是第一次，而且写得异常出色，气魄之大、笔力之雄、意境之深，可谓前无古人。在诸多咏山的作品中，《念奴娇·昆仑》显得尤为含蓄深沉。人们对其艺术性赞不绝口，对其主题意旨的解读却莫衷一是。只有准确把握毛泽东的深邃思想，才能真正领略《念奴娇·昆仑》的艺术魅力。

纵横捭阖的山水诗

　　昆仑山是我国西部山系的主干，也是亚洲中部大山系。主峰在新疆和西藏交界处，西接帕米尔高原，东延入青海境内。东西长约 2500 公里，海拔 6000米左右，多雪峰，最高峰是公格尔山，海拔 7723 米（另说 7649 米、7719 米）。我国的许多名山都是它的支脉。昆仑山东段分 3 支伸展，其南支向东延伸后与岷山相接，红军所经过的岷山也可看作昆仑山的一个支脉。

1935 年 9 月，毛泽东率领红军越过昆仑山支脉岷山后，曾登高远眺昆仑山，顿生杜甫《望岳》中"会当凌绝顶，一览众山小"的畅快之感，激情澎湃。10 月，他写下了浪漫主义的不朽诗篇《念奴娇·昆仑》：

> 横空出世，莽昆仑，阅尽人间春色。飞起玉龙三百万，搅得周天寒彻。夏日消溶，江河横溢，人或为鱼鳖。千秋功罪，谁人曾与评说？
>
> 而今我谓昆仑：不要这高，不要这多雪。安得倚天抽宝剑，把汝裁为三截？一截遗欧，一截赠美，一截还东国。太平世界，环球同此凉热。

这首词的具体创作时间不详，《毛泽东年谱（1893—1949）》在记录 1935 年 10 月创作《七律·长征》之后，紧接着写道："同月，作《念奴娇·昆仑》。"《念奴娇·昆仑》最早发表在 1957 年 1 月号《诗刊》上。在"飞起玉龙三百万"一句末，有作者自注：

> 前人所谓"战罢玉龙三百万，败鳞残甲满天飞"，说的是飞雪。这里借用一句，说的是雪山。夏日登岷山远望，群山飞舞，一片皆白。老百姓说，当年孙行者过此，都是火焰山，就是他借了芭蕉扇扇灭了火，所以变白了。

东方出版社 1996 年 12 月出版萧永义所著《毛泽东诗词史话》一书，提供了这个"自注"在作者一幅手书上的另一个文本，有所不同，很值得一读：

> 宋人咏雪诗云："飞起玉龙三百万，败鳞残甲满天飞。"昆仑各脉之雪，积世不减，登高望远。白龙万千，纵横飞舞，并非败鳞残甲。夏日部分消溶，危害中国，好看不好吃，试为评之。

词的上阕铺写昆仑山，描写了昆仑山高寒多雪的壮丽景色以及给人类社会带来的危害，表达了对黎民百姓的深切关怀。"横空出世，莽昆仑，阅尽人间春色"，着力描写昆仑山的突兀高大、磅礴气势和悠久历史。"横空"，横亘在空中，形容昆仑山的宏大壮阔。天空本来就无边无际，而昆仑山却横亘天宇，绵延无边，这是何等的高峻、何等的广阔、何等的伟岸！"出世"，超脱人世，高大的昆仑山恍如从天外飞来一样卓然不凡。"莽"，莽苍，本指草木茂盛，点活了昆仑山的崇山峻岭，这里含有庞大、古老和自然力尚待开发之意。"阅尽人间春色"，既从空间上赞美昆仑山的高耸，又从时间上赞美昆仑山的悠久。

"飞起玉龙三百万"，"玉龙"，白色的龙，绵延起伏的昆仑雪山像千百万玉龙在飞舞。此句系化用北宋张元咏雪诗句，始见南宋吴曾《能改斋漫录》卷十一，原作"战死玉龙三十万，败鳞风卷满天飞"。以后有关记载渐有出入，宋魏庆之所著诗话集《诗人玉屑·知音》中的姚嗣宗条作"战退（旧时通行本作战罢）玉龙三百万，败鳞残甲满天飞"。"搅得周天寒彻"，写出严寒之甚，把天上人间都搅得冷透了。由于昆仑山高峻挺拔，导致气候严寒，终年积雪。

"夏日消溶，江河横溢，人或为鱼鳖。"浓墨写出昆仑山高寒多雪的严重恶果。昆仑山之雪融化后，江河水位上涨，洪水泛滥，百姓遭殃。"为鱼鳖"，源自《左传·昭公元年》："微禹，吾其鱼乎！"假如没有大禹治水，我们大概会成为鱼儿吧！后人常把被淹死于洪水隐喻为"化为鱼"。夏天气温上升，昆仑积雪不断融化，汇成江河，进而泛滥成灾，殃及苍生，抒发了毛泽东忧国忧民的情感。

历朝历代统治者只图一己之私，对百姓疾苦不闻不问，毛泽东满含憎恨描写昆仑山的高寒积雪给人间带来的不尽灾祸，而后顺势诘问："千秋功罪，谁人曾与评说？"昆仑山给长江、黄河提供水源，对中华民族的繁衍和发展功不可没，但它也有负面影响。毛泽东对昆仑山之"功"是虚写；其"罪"前人不曾谈及，所以实写。

词的下阕评说昆仑，并且剑劈昆仑，表达改造世界、造福人类的宏大抱负。"而今我谓昆仑：不要这高，不要这多雪"，语意直白，态度坚决，完全是不容争辩的命令语气，既是改造自然的愿望，也是改变旧中国苦难状况的决心。

"安得倚天抽宝剑"，"安得"，怎能够，含有期待与何时方能实现之意，倚靠青天抽出一把宝剑。"把汝裁为三截？""汝"，即昆仑山，把昆仑山劈成 3 段。"一截遗欧，一截赠美，一截还东国"，"遗"，赠予之意；"欧"，即欧洲；"美"，即美洲；"东国"，指日本。"太平世界，环球同此凉热"，"环球"，同寰球，整个地球，整个世界；"凉热"，本指凉热适宜的气候，这里喻指美好的幸福生活。

毛泽东更爱读豪放格调的作品，他自己的作品也是气势磅礴、意境雄浑，豪放风格更为突出，《念奴娇·昆仑》堪称其代表作之一。毛泽东的豪放笔法，恰如刘勰《文心雕龙》所云："文之思也，其神远矣。故寂然凝虑，思接千载；悄焉动容，视通万里。吟咏之间，吐纳珠玉之声；眉睫之间，卷舒风云之色。其思理之致乎。故思理为妙，神与物游。"仅开篇"横空出世，莽昆仑，阅尽人间春色"一句，就颇得豪放词作神韵，与苏东坡的《念奴娇·赤壁怀古》中这句"大江东去，浪淘尽，千古风流人物"有异曲同工之妙，意象宏伟阔大，底蕴深厚绵长。

想象奇绝的浪漫诗

现实主义和浪漫主义相结合，是毛泽东倡导的文艺创作原则。前者强调按照生活的本来面目进行再现，后者主张既表明对现实的态度又体现对未来的渴求。毛泽东诗词是"两结合"的光辉典范，既弘扬了中国古典诗歌现实主义和浪漫主义的优良传统，又继承和发展了马克思主义的文艺思想。而《念奴娇·昆仑》则以浪漫主义见长。

臧克家在中国青年出版社 1990 年版的《毛泽东诗词讲解》中这样评点《念奴娇·昆仑》："咏昆仑这样一个题目，实在是不容易下笔，一座昆仑山怎样去写它？它有自己的风貌，它有自己的环境，也有许多说不完的关于它的神话故事。要写这样一座巍然立在大地上同时巍然立在历史上的名山，你不觉得有点难以着笔吗？毛主席从许多可写的东西里抓住了一点，而这一点对于这座高山来说特征性是很强大的。这特点是什么？就是'高寒'。"高处不胜寒"，《念奴娇·昆仑》的着眼点是"飞起玉龙三百万，搅得周天寒彻"的"高寒"，而着力点则是"夏日消溶，江河横溢，人或为鱼鳖"的灾难。

宋代辛弃疾《沁园春·将止酒戒酒杯使勿近》中云："物无美恶，过则为灾。"毛泽东不是简单地描写昆仑山的自然风貌，而是着眼于昆仑山与人类的关系，从国计民生视角阐发意蕴。唐代诗人罗隐在《雪》中写道："尽道丰年瑞，丰年事若何？长安有贫者，为瑞不宜多。"毛泽东对昆仑山之雪负面影响的关注，实质上是对中华民族命运的密切关注和深切忧虑。

昆仑山是古代传说中仙人聚居的神山，充满了神奇色彩。晋代张华《博物志》卷一引《河图括地象图》："昆仑山广万里，高万一千里，神物之所生，圣人仙人之所集也。"北魏郦道元《水经注》："昆仑之山三级：下曰樊桐，一名板桐，二曰玄圃，一名阆风；上曰层城，一名天庭。"振甫在上海文艺出版社1961年12月出版的《毛主席诗词浅释》中解释《念奴娇·昆仑》时指出，关于昆仑山，古代有许多神话，像说仙人西王母就住在昆仑，说那里有玄圃、层城，都是仙家居处。诗人对于这些神话一概不采用，即景抒情，自立新意。

《念奴娇·昆仑》给人的总体感觉就是雄奇。上阕勾画昆仑山的巍峨高大、绵亘千古，"阅尽人间春色"将昆仑山拟人化、人格化，而"飞起玉龙三百万""江河横溢，人或为鱼鳖"则反映其原始粗犷、殃及苍生的一面。毛泽东傲视万物，正对大荒，返虚入浑，积健为雄。下阕劈头就是一句"而今我谓昆仑"，面对昆仑山这样的庞然大物，千百年来人们只能束手无策，俯首听命，而毛泽东以气吞六合的气概、声震寰宇的威势，和昆仑山对话，对其评头论足。这一措辞强硬的评说，不是为了显示童趣，不是为了表现神话，而是要表达征服自然、兴利除弊的决心。这个"我"是一个比昆仑山更为伟岸的"大我"，是百折不挠的中华民族的代表，是无私无畏的共产党人的化身。

"安得倚天抽宝剑，把汝裁为三截？"典出战国时楚国宋玉《大言赋》：

"方地为车，圆天为盖。长剑耿介，倚天之外。"宋玉设想以大地为车，以圆天为车盖，有一柄笔直长剑，倚着天并伸展到天的外面。李白《大猎赋》："于是擢倚天之剑，弯落月之弓。昆仑叱兮可倒，宇宙噫兮增雄。"李白想象抽出倚天剑来，只要呵斥一声便使昆仑山轰然倒下。李白《临江王节士歌》："白日当天心，照之可以事明主。壮士愤，雄风生。安得倚天剑，跨海斩长鲸。"辛弃疾《水龙吟·过南剑双溪楼》："举头西北浮云，倚天万里须长剑。"辛弃疾想用倚天之剑来拨开云雾见青天。这些诗人的丰富想象显然影响了毛泽东的创作灵感。但不同的是，古人笔下是"剑倚天"，而在毛泽东笔下则是"人倚天"，更加突现人物的高大形象。如此高大的巨人自然威猛无比，能够倚天抽剑，把昆仑山截为 3 段，创造出改造自然、造福人类的旷世奇迹。

《念奴娇·昆仑》对昆仑山的刻画是写实的、冷峻的、深邃的，但引发的联想、议论和对策又是抒情的、炽热的、奇幻的。这首词想象独特、语言奔放、气吞山河、意味深长，不仅容纳了祖国河山，而且囊括了整个世界；既有现实主义的真实描写，更有浪漫主义的极度夸张；既蕴含着充满激情的理性，炽热而深邃，又洋溢着理性的激情，深沉而浓郁，把充满激情的理性和充满理性的激情融合得出神入化，把现实主义和浪漫主义结合得浑然天成。

器大声宏的言志诗

毛泽东对《念奴娇·昆仑》一词批注道："昆仑：主题思想是反对帝国主义，不是别的。改一句：一截留中国，改为一截还东国。忘记了日本人是不对的。这样，英、美、日都涉及了。别的解释，不合实际。"

毛泽东把"一截留中国"改成"一截还东国"意义非凡。这首词写于1935 年 10 月，当时长征即将结束，而日本侵略者的侵华罪恶不断加剧，使中华民族陷于深重苦难，中日之间已经处在战争状态。毛泽东设想剑劈昆仑之后，分赠改造昆仑山的成果时，把日本侵略者和日本人民区分开来，秉持"忘记了日本人是不对的"的态度，体现了中国共产党人爱憎分明、海纳百川的博大胸襟，这是对"大爱无疆"的最好诠释。也正因为如此，才能真正理解"太平世界，环球同此凉热"的崇高追求。《礼记·孔子闲居》云："天无私覆，地无私载，日月无私照。"中国古往今来的仁人志士都孜孜以求"天下大同"的社会理想，杜甫在《茅屋为秋风所破歌》中希冀"安得广厦千万间，大庇天下寒士俱欢颜"，范仲淹在《岳阳楼记》中抒发了"先天下之忧而忧，后天下之乐而乐"的情怀。毛泽东以天下为己任，始终致力于"改造中国与世界"，不仅关心中国人民的疾苦，也关心世界人民的悲欢。不仅为中国人民造福，也为全世界人民造福，要努力创造一个无灾无难、平等和谐的新世界。

《念奴娇·昆仑》塑造了奇特的艺术形象，也给读者留下广阔的想象空间。人们对这首词的象征意义，有过各种揣度。有的说昆仑山象征尚未被征服开发的自然力，作者要兴利除弊、造福人类；有的说昆仑山象征了几千年的剥削制度，作者要推翻反动统治，扭转乾坤；有的说昆仑山是旧中国的化身，作者要改造昆仑，拯救中国；也有的说昆仑山没有象征意义，作者只是触景生情，展开议论。毛泽东自注说"主题思想是反对帝国主义""别的解释，不合实际"，为《念奴娇·昆仑》的解读一锤定音。

1965 年 7 月 21 日，毛泽东在《致陈毅》的信中说："诗要用形象思维，不能如散文那样直说，所以比、兴两法是不能不用的。"《念奴娇·昆仑》的"主题思想是反对帝国主义"，问题是诗词毕竟不同于批判帝国主义的理论文章，作品中并没有直接出现"帝国主义"的字眼，这一主题思想是如何体现的？有些人又开始逐字逐句去寻找"反对帝国主义"的证据，结果难免导致牵强附会。其中最具代表性的一种误读就是，认定昆仑山就是帝国主义的象征，然后把"横空出世"理解成帝国主义凶相毕露、不可一世；把"江河横溢，人或为鱼鳖"看成帝国主义兴风作浪、祸害人间；随后将"把汝裁为三截"解释成"打倒帝国主义"。如此望文生义完全不符合《念奴娇·昆仑》的思维逻辑，实在让人难以苟同。昆仑山是我国的锦绣名山，怎么就成了帝国主义的化身？毛泽东认为它有"千秋功罪"是理性而且辩证的，而帝国主义十恶不赦，何来有功？仅凭这一点，这种解读就立不住脚了。

　　解读诗词要"入乎其内，出乎其外"。像《念奴娇·昆仑》这样体现革命浪漫主义的精彩辞章，如果不熟知毛泽东其人以及他所处的时代环境，而只是就词论词，是难以得其要领的。正如清代学者章学诚所著的《文史通义·文德》所说："不知古人之世，不可妄论古人之文辞也。知其世矣，不知古人之身处，亦不可遽论其文也。"《念奴娇·昆仑》触景生情，有感而发，思绪层层递进，落笔于"太平世界，环球同此凉热"，表达中国共产党人的宏大抱负，而现实是只要侵略成性的帝国主义存在，世界人民就不得安宁，世界和平就不可能实现。换言之，要实现崇高理想，就必须反对帝国主义，毛泽东将其作为这首词的主题思想也就顺理成章了。只是这种主题思想是借助艺术形象和艺术语言来体现的，而不是通过直白语言或政治口号来表达的。

　　因为具体创作时间没有定论，中央文献出版社出版的《毛泽东传》没有提及《念奴娇·昆仑》。中国人民大学出版社 2007 年版的美国学者罗斯·特里尔所著《毛泽东传》却引用了这首词，并对其世界性意义进行了解析，客观地说，特里尔读到了这首词的深刻意蕴：

　　　　长征结束时，毛甚而面对群山又发灵感，将它视作超出中国自身革命之外的世界和平的象征……毛又是一位探险家，在一次又一次的战役中，在他的国家的广袤土地上，他看到了约二十多年前从书上得知的山峦庙宇……他把壮丽的山河视作生身之地，视作冶炼自己新的革命方式的熔炉。

《沁园春·雪》
解析

《毛泽东年谱（1893—1949）》记载："（1936 年）2 月上旬，遇大雪，作《沁园春·雪》：北国风光，千里冰封，万里雪飘。望长城内外，惟余莽莽；大河上下，顿失滔滔。山舞银蛇，原驰蜡象，欲与天公试比高。须晴日，看红装素裹，分外妖娆。江山如此多娇，引无数英雄竞折腰。惜秦皇汉武，略输文采；唐宗宋祖，稍逊风骚。一代天骄，成吉思汗，只识弯弓射大雕。俱往矣，数风流人物，还看今朝。"

《沁园春·雪》以雄奇笔力吟咏祖国河山，评点历史人物振聋发聩，是毛泽东诗词的巅峰之作，奠定了毛泽东在古典诗词王国不可撼动的历史地位。

雄视千古咏雪词

1935 年 10 月，毛泽东率领红军抵达陕北。1936 年 2 月，为打通抗日路线和巩固扩大现有苏区，红一方面军以"中国人民红军抗日先锋军"的名义，由毛泽东率领，渡河东征，开赴抗日前线。时值西北高原风雪弥漫，毛泽东来到陕西省清涧县高杰村袁家沟。面对大好河山，回顾悠久历史，他诗思澎湃，写下了光照千古的不朽诗篇《沁园春·雪》。

这首词最早正式发表在《诗刊》1957 年 1 月号。1958 年 9 月，文物出版社出版的《毛主席诗词十九首》将"原驰腊象"改为"原驰蜡象"。据《臧克家回忆录》（中国工人出版社 2004 年版）中的《人去诗情在——纪念毛泽东同志百岁诞辰》一文所述，1956 年 11 月 23 日，《中国青年报》发表了臧克家的《雪天读毛主席的咏雪词》。1957 年 1 月 14 日，毛泽东找臧克家和袁水拍谈诗。臧克家询问毛泽东词中的"腊象"作何解释？毛泽东反问："你看应该怎样？"臧克家提议："如果作'蜡'比较好讲，'蜡象'正可与上面的'银蛇'映对。"毛泽东点头同意："好，你就替我改过来吧。"此后，"原驰蜡象"沿用至今。1963 年 12 月，该词收入人民文学出版社出版的《毛主席诗词》，标注时间为"一九三六年二月"。

这首词的作者手迹，现在所见有 8 件，有横写，有竖写；有的有标点，有的无标点；有的有标题，有的无标题。这些手迹写于不同时间，与正式发表稿略有不同。例如，"望长城内外"，有 1 件手迹作"看长城内外"；"原驰蜡象"，有 1 件手迹作"原驰腊象"，有 7 件手迹作"原驱腊象"；"引无数英雄竞折腰"，有 1 件手迹作"引多数英雄竞折腰"；"一代天骄"，有 1 件手迹作"绝代姿容"。

这首词以雪为题，但它不是纯粹的咏物词，写法颇似苏轼的《念奴娇·赤壁怀古》，通篇写景抒怀。词的上阕以动静结合、冷暖相映的多转折结构，讴歌北国雪景丰富多彩的美，通过目不暇接的景象透露出作者热烈深沉的爱国主义情怀。词的下阕，在上阕歌颂江山多娇的基础上，自然而然地引出对古往今来活跃在这片美丽土地上的英雄人物的评论，作者从指点江山转到评点历史人物。

"北国风光，千里冰封，万里雪飘。"开篇单刀直入，大笔挥洒，千里坚冰封冻，万里雪花飘扬。"千里冰封"写大地，"万里雪飘"写天空，一静一动，互相映衬。虽在咏雪，但眼光不局限于雪，而是通过雪来写祖国壮阔的大地，千万里都是冰封雪飘，写得气魄宏大。

"望长城内外，惟余莽莽；大河上下，顿失滔滔。"长城内外白茫茫一片，黄河上下已经结冰封冻，顿时失掉滔滔滚滚的水势。"莽莽"二字让人感到大地的纯洁之美，"滔滔"二字使人感到黄河的静穆之美。这是变动为静，在视觉上突出了雪中山川景象的静止之美，创造了一个静穆旷远的境界。"长城内外"系一南一北，"大河上下"属一东一西，如椽大笔瞬间勾勒出无比辽阔的壮美河山。

"山舞银蛇，原驰蜡象，欲与天公试比高。""原"，作者原注："原指高原，即秦晋高原。"群山和高原都被冰雪掩盖，一座座山峰绵延起伏，像银蛇在舞动；秦晋高原上的丘陵一个接着一个，像一只只白象在飞奔。典出唐代韩愈《咏雪·赠张籍》："岸类长蛇搅，陵犹巨象豗。""银蛇"写出山之飞动，突出山之绵延。"蜡象"写出高原之奔腾，突出高原之雄浑高峻。这是化静为动，写雪景的腾挪飞扬。向远处望去，山和丘陵与天相接，像在与天公比试高低。"天公"，本为天帝，这里指天。典出清代龚自珍的《己亥杂诗》："我劝天公重抖擞，不拘一格降人才。"作者赋予群山和高原以人的情感和意志，要与天公抗衡。

"须晴日，看红装素裹，分外妖娆。"待到雪后放晴，看到红彤彤的太阳和白雪裹着的大地互相映照，显得格外娇艳。红日和白雪映照，宛如冷美人穿着红色衣裳、裹着白色外衣，对比强烈。前面几句是用冷色调写出雪中江山的雄浑之美，这里是用暖色调写出雪后江山的艳丽之美。

"江山如此多娇，引无数英雄竞折腰。"祖国江山如此壮丽，致使古今无数英雄豪杰为之倾倒。典出宋代苏轼《念奴娇·赤壁怀古》："江山如画，一时多少豪杰。""江山如此多娇"，既包括现实的场景，又包括理想的境界，并引出为江山折腰的英雄来。"折腰"，典出《晋书·陶潜传》："不能为五斗米折腰。"唐代李白《梦游天姥吟留别》亦有："安能摧眉折腰事权贵，使我不得开心颜！"

"惜秦皇汉武，略输文采；唐宗宋祖，稍逊风骚。一代天骄，成吉思汗，只识弯弓射大雕。""惜"字领起接下来的7句，列举出秦始皇、汉武帝、唐太宗、宋太祖和成吉思汗等封建时代的代表人物，并站在历史的高峰上加以评说。秦始皇、汉武帝虽武功甚盛，但文治方面显得欠缺。唐太宗、宋太祖虽然耀武扬威，但文学才华显然逊色。至于有天之骄子之谓的成吉思汗，更是只会开弓射大雕，在文学方面可谓一窍不通。"文采"，本指辞藻、才华；"风骚"，指《诗经》中的《国风》和屈原的《离骚》，后来用以代指《诗经》《楚辞》，又引申为文学作品的代称。对这些封建帝王而言，也指包括经济、政治、文化在内的"文治"。这些功业显赫的封建帝王尚存不足，封建社会其他人物则更是不屑一顾了。

"俱往矣，数风流人物，还看今朝。"以往的英雄豪杰都已成为历史，而主宰国家和民族命运，改变当今世界的责任，还要当今英雄人物来承担。"风流"，本指仪表、风度，后指英俊、杰出。"风流人物"，取自苏轼《念奴娇·赤壁怀古》："大江东去，浪淘尽，千古风流人物。"末三句收放自如，恰如"泉流归海"，既已收尽，又言已尽而意无穷。

《沁园春·雪》是毛泽东诗词中最广为人知的一首。它精工而不纤巧，豪放却不粗糙，一气呵成，气象万千。崇高的思想、宏伟的构思、壮丽的画面、浩荡的诗情，读来令人荡气回肠，催人奋发向上。

惊涛拍岸千堆雪

1945 年 8 月 28 日，毛泽东赴重庆和谈。8 月 30 日，毛泽东在桂园寓所宴请柳亚子等人。久别重逢，欣喜之情溢于言表。柳亚子赋诗一首，其中写道："阔别羊城十九秋，重逢握手喜渝州。"9 月 2 日，《新华日报》以《赠毛润之老友》为题予以发表。

《毛泽东年谱（1893—1949）》记载："10 月 7 日，毛泽东致信柳亚子：'初到陕北看见大雪时，填过一首词，似于先生诗格略近，录呈审正。'毛泽东随信附上《沁园春·雪》手迹。"手迹题写在"第十八集团军重庆办事处"信笺上，没有题下款、署名和用印。发现后，柳亚子又带着纪念册，请毛泽东再次题写，加上了"亚子先生教正"的上款和"毛泽东"的落款。因为毛泽东没有印章，柳亚子又请青年篆刻家曹立庵连夜为毛泽东刻了两方印章，盖在咏雪词上。

10 月中旬，柳亚子将毛泽东词墨迹与自己的和词展示给著名画家尹瘦石看。是月上旬，尹瘦石曾为毛泽东画过肖像，他于是向柳亚子索要此词墨迹。柳亚子乃忍痛割爱，于 21 日作《跋》文一篇，连同和作一并相赠。其跋文写道："毛润之沁园春一阕，余推为千古绝唱，虽东坡、幼安，犹瞠乎其后，更无论南唐小令，南宋慢词矣。"

1945年10月25日，柳尹诗画联展在中苏文化协会正式开幕，展出了柳亚子的诗词数十首、尹瘦石的画数十幅。柳亚子还特地展出了《沁园春·雪》手迹与自己的和词。柳亚子本希望将原词与和词一并发表，但《新华日报》11月11日只发表了柳亚子的《沁园春·次韵和毛润之初到陕北看大雪之作》，其下阕写道："才华信美多娇，看千古词人共折腰。算黄州太守，犹输气概；稼轩居士，只解牢骚。更笑胡儿，纳兰容若，艳想秾情着意雕。君与我，要上天下地，把握今朝。"并自跋云："余索润之写长征诗见惠，乃得其初到陕北看大雪《沁园春》一阕。展读之余，叹为中国有词以来第一作手，虽苏、辛犹未能抗耳，况余子乎？效颦技痒，辄复成此。"恰在此时，吴祖光意外得到3份手抄稿，整合之后，他于11月14日在重庆《新民报》晚刊"西方夜谈"率先发表了《沁园春·雪》，在山城引起轰动。

据杜忠明所著《〈沁园春·雪〉传奇》（中央文献出版社2007年版）描述，陈布雷曾对蒋介石说："毛泽东的这首咏雪词填得非常之得体，气韵高华，词采明丽，同时寄托遥深。现在好多人都在为毛泽东的这首词着迷，不管在朝在野，是敌是友，他们都在唱和着。'雾重庆'快要变成'雪重庆'了。"国民党中央宣传部发起作诗运动，御用文人粉墨登场。12月4日，国民党《中央日报》刊登署名"东鲁词人"和"耘实"的两首和词。同日，《和平日报》刊登易君左的和词，还刊登了董令狐的《封建余孽的抬头》和杨依琴《毛词〈沁园春〉笺注》两篇文章。据不完全统计，国民党控制的各类报刊先后发表歪曲、诋毁毛泽东诗词的"和词"近30首，文章10余篇。

国民党文痞的立场极为反动，语言尖酸刻薄，艺术手法低劣。他们恶毒攻击毛泽东有所谓"封建帝王思想"，肆意诽谤毛泽东是"草莽英雄"。据曾在台南神学院任教的政论家孟绝子在1984年出版的《狗头·狗头·狗头税》一书中说："可惜，国民党党徒虽多，但多的只会抓人、关人、杀人、捞钱的特务贪官，是只会写写党八股的腐儒酸丁级的奴才文官和奴才学者。结果，一直到逃离大陆时，国民党连一首'毛泽东级'的《沁园春》都没有写出来。"

就在国民党酸臭文人舞文弄墨之时，进步阵营的知识分子当然也没有漠然视之。郭沫若在 1945 年 12 月 11 日重庆《新民报》晚刊"西方夜谈"、1945年第 8 期《客观》连续发表两首和词；在 1946 年第 7 期《萌芽月刊》发表杂文《摩登唐吉诃德的一种手法》。重庆的这场"雪仗"波及全国。陈毅 1946 年2 月在山东接连赋词三阕，邓拓也在晋察冀边区赋词《沁园春·步毛泽东原韵》。此外，1946 年第 8 期《萌芽月刊》所载聂绀弩《毛词解》；1946 年 10 月20 日晋冀鲁豫解放区出版的《人民日报》刊登范文澜《沁园春译文》，同时刊登周沛然为《沁园春·雪》配制的曲谱。他们都极力捍卫毛泽东及其诗词，回击反动文人的诋毁与诬蔑。

当时，王若飞将重庆报刊上与《沁园春·雪》有关的和词与文章搜集起来寄往延安。1945 年 12 月 7 日，王若飞致信在延安的舅父黄齐生，把重庆的"雪仗"告知舅父。教育家黄齐生随即也和了一首《沁园春》，并呈送给毛泽东。1945 年 12 月 29 日，毛泽东在致黄齐声的信中，这样写道："若飞寄来报载诸件付上一阅，阅后乞予退还。其中国民党骂人之作，鸦鸣蝉噪，可以喷饭，并付一观。"一首仅仅只有 114 字的作品，竟然引发一场惊心动魄、引人入胜的词坛大战，的确是前无古人、后无来者。

推翻历史三千载

《沁园春·雪》写得境象阔大，纵贯古今，写作技巧炉火纯青，艺术成就超凡脱俗。诚如刘勰的《文心雕龙》所云："故寂然凝虑，思接千载；悄焉动容，视通万里；吟咏之间，吐纳珠玉之声；眉睫之前，卷舒风云之色。"毛泽东从秦皇汉武写到成吉思汗，寥寥数笔，把整个历史贯穿起来，可谓"思接千载"。"千里冰封，万里雪飘"，三言两语，使神州大地一览无余，正是"视通万里"。

《沁园春·雪》问世之后，注家蜂起，仁者见仁，智者见智。关于词中的"雪"，郭沫若《摩登唐吉诃德的一种手法》解释说："那是说北国被白色的力量所封锁住了，其势汹汹。"郭沫若认为，北国雪景是否定性形象。聂绀弩在《毛词解》中也认为："用雪，用白色，用寒冷来象征残酷的统治……早已成为世界的常识了。"湖南文艺出版社 1993 年出版的《毛泽东文艺思想研究（第 8 集）》所载车晓彦《崇高壮美，气贯长虹——毛泽东诗词概观》一文指出："《沁园春·雪》，从字面上看，是写北国冬天的景象，实际上写的是政治形势……'须晴日'是指革命成功。'分外妖娆'意在预示革命胜利后，祖国将到处是一派欣欣向荣的美好景象。"但是，更多注家认为词中的雪是正面的肯定性形象，认为作者通过对雪景的描绘，歌颂祖国的大好河山，评点中国历史。

　　"雪"作为正面的肯定性形象的观点更为可取，而将其视为反面的否定性形象的观点，用意虽好，但不符合原作的意向和境界，似不可取。

　　这首词有两处容易产生歧义。其一是"欲与天公试比高"一句，这是最具毛泽东天赋个性与精神品格的诗句。孟子曰："吾善养吾浩然之气。"这种浩然之气在《沁园春·雪》中体现得十分充盈，而"欲与天公试比高"堪称诗眼。毛泽东笔下的山超凡脱俗，俨然是毛泽东的人格化身。有《十六字令三首》其三为证："山，刺破青天锷未残。天欲堕，赖以拄其间。"山把天都捅破了，然而锋芒完好无损，真乃"壁立千仞，无欲则刚"，这是使命感、责任感、道义感使然。正是这种洋溢于胸中的浩然之气，成就了毛泽东的气魄，成就他的诗作，更成就了他的千秋伟业。

　　另一处令人颇为费解的是下阕对几个历史人物的评点。龚育之、逄先知、石仲泉所著《毛泽东的读书生活》（三联书店 1986 年版）一书写道："一九五七年五月二十一日，他在学英语休息时说，《沁园春·雪》这首词是反封建的。'惜秦皇汉武，略输文采；唐宗宋祖，稍逊风骚'，是从一个侧面来批判封建主义制度。只能这样写，否则就不是写词，而是写历史了。"《在〈毛主席诗词十九首〉上的批注》中，毛泽东如是说："雪：反封建主义，批判二千年封建主义的一个反动侧面。文采、风骚、大雕，只能如是，须知这是写诗啊！难道可以谩骂这一些人们吗？别的解释是错的。末三句，是指无产阶级。"

　　鲁迅在《狂人日记》中借"狂人"之口说："我横竖睡不着，仔细看了半夜，才从字缝里看出来字来，满本上都写着两个字：'吃人'。"毛泽东熟读史书，他对中国历史也有独特判断，也有两个字："骗人。"早在少年时代读《三国演义》《水浒传》时，毛泽东就发现书中一味渲染文官武将，从来没有人把农民作为小说的主人公去正面塑造。1975年，毛泽东在同卢获谈二十四史时说道："一部二十四史大半是假的，所谓实录之类也大半是假的。但是，如果因为大半是假的就不读了，那就是形而上学。"毛泽东并不是简单否定历史人物。例如，秦始皇在毛泽东眼里就很了不起，但是他根本不认同由帝王将相、英雄人物创造历史的英雄史观，这是两个不同层面的问题。毛泽东于1964年春所作《贺新郎·读史》中的"五帝三皇神圣事，骗了无涯过客"也是如此。毛泽东承认三皇五帝的作用，但否认他们创造了历史。"有多少风流人物？盗跖庄屩流誉后，更陈王奋起挥黄钺。"前者是奴隶起义的首领，后者是农民起义的领袖，毛泽东认为他们才是推动历史发展的"风流人物"。毛泽东解释《沁园春·雪》"末三句，是指无产阶级"，这是毛泽东奉行人民史观的必然结论。

《七律·人民解放军占领南京》
—
解析

　　《七律·人民解放军占领南京》是毛泽东于 1949 年创作的一首诗。1964 年 1 月 4 日，郭沫若在《人民日报》发表《"百万雄师过大江"——读毛主席新发表的诗词之一》一文中称："这一首诗是纪念南京解放、庆祝革命胜利的万古不磨的丰碑。"刘白羽在《创造新世界的颂歌——读〈七律·人民解放军占领南京〉》中写道："这首七律，是毛主席一组战争题材诗词中最后一篇，也是寓意十分深切、气象十分宏伟、格调十分崇高的珍贵的诗篇。"

庆幸：废纸篓中捡回国宝

　　1949 年 4 月 21 日，毛泽东和朱德发布《向全国进军的命令》，号令全军坚决、彻底、干净、全部地歼灭中国境内一切敢于抵抗的国民党反动派，解放全中国。一声令下，人民解放军在东起江苏江阴、西至江西湖口的战线上，以排山倒海之势向长江南岸的敌人发起强大进攻，国民党苦心经营 3 个半月之久的长江防线，顷刻间土崩瓦解。

　　《毛泽东年谱（1893—1949）》记载："（1949 年）4 月 23 日人民解放军解放南京，国民党反动统治宣告灭亡。四月下旬，毛泽东作《七律·人民解放军占领南京》：钟山风雨起苍黄，百万雄师过大江。虎踞龙盘今胜昔，天翻地覆慨而慷。宜将剩勇追穷寇，不可沽名学霸王。天若有情天亦老，人间正道是沧桑。"

　　据中共中央文献研究室编撰的《毛泽东传》第二册记述：

（1949年）四月二十三日，解放军占领国民党的统治中心南京。第二天下午，"毛主席起床后，手里拿着《人民日报》号外，从屋里来到了院落的凉亭里。他坐在藤椅上，看起报纸来。因为报纸上登的是人民解放军占领南京的消息，所以他看报纸时心情是很高兴的。看完报纸，也没有在院子里散步，也没有和任何人交谈，他就回到办公室里去了。在办公室里，又把报纸看了一遍，边看边在报纸上画了一些杠杠和圈圈。"看完报纸，他就给刘伯承、邓小平写了贺电，又写了一首《七律·人民解放军占领南京》。

这段文字是参考阎长林所著《在大决战的日子里——毛泽东生活录实》（中国青年出版社1986年版）中的回忆而写的。据此推断，这首诗应写于1949年4月24日下午。

当年，毛泽东书写这首诗时，也许是觉得不够满意，随手扔进了废纸篓里，被田家英捡了起来，细心地加以保存。1963年，田家英在帮毛泽东编辑《毛主席诗词》时，将《七律·人民解放军占领南京》的抄稿呈送毛泽东。毛泽东看罢，哈哈大笑说："嗬，我还写过这么一首诗！写得还可以，收进去吧。"据吴正裕主编的《毛泽东诗词全编鉴赏》（中央文献出版社2003年版）考辨："作者在抄件上给田家英作批示说：'此诗打清样两份，你一份，我一份。看看如何，再定。'落款所署时间为1963年11月29日，这已是《毛主席诗词》付梓的前夕了。同年12月5日，毛泽东给田家英作批示说：'"钟山风雨"一诗，似可加入诗词集，请你在会上谈一下，酌定。'"后来就收入了当年12月人民文学出版社出版的《毛主席诗词》一书。

徐四海、夏勤芬著《细读毛泽东诗词》（上海三联书店2014年版）认为："4月23日人民解放军占领国民党反动派的首都南京。当天下午，毛泽东在北平香山别墅看了《人民日报》关于人民解放军占领南京的'号外'后，心情异常振奋，挥毫写下了《七律·人民解放军占领南京》。"这种说法显然有违史实，因为解放南京的战斗在23号夜间才结束，《人民日报》不可能在23号出"号外"，毛泽东也不可能在23号看到"号外"报纸。也有人认为毛泽东是

24 日早上看到"号外"的,例如,胡为雄著《毛泽东诗传》(中共中央党校出版社 2014 年版)指出:"4 月 24 日早晨,毛泽东仍在办公室工作,秘书叶子龙拿着一张报道'南京解放'的《人民日报》号外匆匆走来,高兴地向毛泽东报告:'主席,南京解放了!'"随后便描绘毛泽东看报及写诗的情形。按这一说法,这首诗写于 4 月 24 日上午。当然,究竟是写于上午还是写于下午,纯属细节,无关宏旨。

这首诗作者留有手迹 1 件,无标题、竖写、无标点符号。此手迹有两处异文:第三句作"虎据龙盘今胜昔",第七句作"天未有情天亦老"。后来经过技术处理,改"据"为"踞",改"未"为"若",这样就形成了手迹的原件和技术处理件,但只能看作一幅手迹。另有一件作者修改审定的抄件,只改 1 字,即将首句"苍皇"改为"苍黄",并加上了标题《人民解放军占领南京》。

畅快:天翻地覆慨而慷

1949 年元旦,毛泽东在为新华社写的新年献词《将革命进行到底》中写道:"中国人民将要在伟大的解放战争中获得最后胜利,这一点,现在甚至我们的敌人也不怀疑了。""一九四九年中国人民解放军将向长江以南进军,将要获得比一九四八年更加伟大的胜利。"在党的七届二中全会上,毛泽东又不失时机地向全党发出"打过长江去,解放全中国"的号召。

在毛泽东的指挥下,渡江的各项准备工作已基本就绪。不过,毛泽东仍然希望给蒋介石、李宗仁以最后的合作机会,争取和平解放全中国,共建富强国家。蒋介石却企图借和谈之机拖延时间,以期卷土重来。毛泽东坚持渡江作战的态度异常坚决:"谈得成,唱着歌过去;谈不成,开着炮过去。"4 月 20 日,南京政府拒绝在《国内和平协定》(最后修正案)上签字。于是,中国人民解放军百万大军,根据毛泽东和朱德的命令,在长江中下游地区发起渡江战役。

"钟山风雨起苍黄",钟山是山名,在南京城东面,山势险峻,蜿蜒如龙,因山上多为紫色页岩层,阳光照耀时,远望浮金耀紫,故也被称为紫金山,这里指代南京。南京曾作东吴，东晋，南朝宋、齐、梁、陈的帝都。风雨比喻政治形势。苍黄通"仓皇"，意为突然、急遽的样子。唐代杜甫《新婚别》："誓欲随君去，形势反苍黄。"南京瞬起的暴风骤雨，使之发生了激烈的动荡。此句与《清平乐·蒋桂战争》中的"风云突变"用法相同，喻指南京突然遭到渡江战役暴风雨般的袭击，政治局势发生根本性变化。

"百万雄师过大江"，写出了人民解放军在长江千里战线上千帆竞发、万炮齐放的雄壮场面，这是南京政局发生巨变的原因。百万雄师则是指英勇的人民解放军。元代伯颜《咏鞭》："虽然三尺无锋刃，百万雄师属指挥。"大江是指长江。渡江部队以摧枯拉朽之势强渡长江，攻破长江防线。"过大江"是针对不过江、"划江而治"而言的。一个"过"字，既显示了渡江作战的迅猛气势，更彰显了人民军队要解放全中国的坚定决心。

"虎踞龙盘今胜昔"，虎踞龙盘一般作"龙蟠虎踞"。《太平御览》引《吴录》记载：三国时诸葛亮看到吴国都城建业（今南京市南）的地势时曾赞叹道："钟山龙盘，石头虎踞，此帝王之宅也。"后人诗词中常用"虎踞龙盘"形容南京地势的雄伟险要，或用来代指南京城。北周庾信《哀江南赋》："昔之虎踞龙盘，加以黄旗紫气。"唐代李白《永王东巡歌·其四》："龙蟠虎踞帝王州，帝子金陵访古丘。""今胜昔"三字，充满强烈的感情色彩，既是对旧时代的否定，更是对新时代的颂扬。1977 年 9 月 15 日《新华日报》编辑部文章《毛主席啊，我们江苏人民永远怀念您》说："毛主席在一次亲临南京的讲话中，深刻而又风趣地说：南京这个地方，我看是个好地方，龙盘虎踞。但有一个先生，他叫章太炎，他说龙盘虎踞'古人之虚言'，是古人讲的假话。看起来，这在国民党是一个虚言，国民党在这里搞了二十年，就被人民赶走了。现在在人民手里，我看完全是实言，南京还是个好地方。"

"天翻地覆慨而慷"，天翻地覆指形势发生了巨大变化，南京解放标志着国民党政权大势去矣。唐代刘商《胡笳十八拍》："天翻地覆谁得知，如今正南看北斗。"慨而慷系"慷慨"一词的拆文倒装，指胜利捷报令人慷慨而激昂。又如曹操《短歌行》："慨当以慷，忧思难忘。"

　　渡江战役进程中，发生了一段震惊中外的"插曲"。英国海军远东舰队"紫石英"号护卫舰无视人民解放军于 1949 年 4 月 20 日公布外国舰船撤离长江的公告期限，擅自闯入我军前线预定渡江江段，拒不听从警告，遭到人民解放军炮击，"紫石英"号重伤搁浅。4 月 20 日下午至 21 日，人民解放军炮兵又将先后赶来增援的英国海军远东舰队"伴侣"号驱逐舰、"伦敦"号重巡洋舰、"黑天鹅"号护卫舰击退。这一事件表明中国人民捍卫国家主权的坚定决心和强大勇气，增强了"天翻地覆慨而慷"的划时代意义，既宣告了蒋家王朝的败局已定，也标志着西方列强"炮舰外交"的彻底终结。

忧患：不可沽名学霸王

　　中华民族饱经沧桑，自古就有"生于忧患，死于安乐"的忧患意识。古语有云："君子安而不忘危，存而不忘亡，治而不忘乱，是以身安而国家可保也。"毛泽东非常注重学习研究中国历史，特别注意从中国历史上的兴衰治乱中汲取保持谦虚谨慎、艰苦奋斗本色的历史智慧。早在延安时期，他就把"学习我们的历史遗产，用马克思主义的方法给以批判的总结"作为党的一项重要任务，提出"我们是马克思主义的历史主义者，我们不应当割断历史。从孔夫子到孙中山，我们应当给以总结，承继这一份珍贵的遗产"。在中国革命即将取得全国胜利的前夜，毛泽东无比欣喜和兴奋，也十分清醒和充满忧虑。

　　南京解放，是中国革命取得的一个重大胜利，正如 1949 年 6 月 15 日毛泽东在新政治协商会议筹备会第一次全体会议上的讲话中指出："这是全中国人民的胜利，也是全世界人民的胜利。整个世界，除了帝国主义者和各国反动派，对于中国人民的这个伟大的胜利，没有不欢欣鼓舞的。"但毛泽东毕竟是一个高瞻远瞩的政治家，他总是比别人站得更高、看得更远、想得更深。在党的七届二中全会上，毛泽东语重心长地说："夺取全国胜利，这只是万里长征走完了第一步。如果这一步也值得骄傲，那是比较渺小的，更值得骄傲的还在后头。"面对南京解放这样的喜讯，毛泽东保持了心态的沉稳和思想的深邃。

南京解放不等于全国解放，万里长征的第一步都还没有走完，毛泽东运筹帷幄，在思虑未来，筹划着万里长征的第二步、第三步。毛泽东强调，"务必使同志们继续地保持谦虚、谨慎、不骄、不躁的作风，务必使同志们继续地保持艰苦奋斗的作风"。

"宜将剩勇追穷寇"，应当一鼓作气，乘胜追击已经陷入穷途末路的敌人。《孙子兵法·军争篇》："穷寇勿迫，此用兵之法也。"《后汉书·皇甫嵩传》："兵法（指司马兵法）：穷寇勿迫，归众勿迫。"按照兵法古训的说法，穷寇莫追。但毛泽东异常清醒，在1949年元旦的新年献词中，他特意引用了古希腊《农夫与蛇》的寓言故事，告诫人们千万不要姑息顽固不化的阶级敌人，除恶务尽。"中国人民决不怜惜蛇一样的恶人，而且老老实实地认为：凡是耍着花腔，说什么要怜惜一下这类恶人呀，不然就不合国情、也不够伟大呀等等的人们，决不是中国人民的忠实朋友。""确是有这么一种'国民党的自由主义人士'或非国民党的'自由主义人士'，他们劝告中国人民应该接受美国和国民党的'和平'，就是说，应该把帝国主义、封建主义、官僚资本主义的残余当作神物供养起来，以免这几种宝贝在世界上绝了种。但是他们决不是工人、农民、兵士，也不是工人、农民、兵士的朋友。"毛泽东在新政治协商会议筹备会第一次全体会议上的讲话中警示人们："我认为有必要唤起人们的注意，这即是：帝国主义者及其走狗中国反动派对于他们在中国这块土地上的失败，是不会甘心的。他们还会要互相勾结在一起，用各种可能的方法，反对中国人民。"一言以蔽之，我们必须毫不懈怠，戒骄戒躁，将革命进行到底。

"不可沽名学霸王"，这是毛泽东从西楚霸王项羽败于刘邦的惨痛教训中生发出的胆识和智慧。有些学者解读"不可沽名学霸王"时认为，毛泽东是在吸取项羽鸿门不杀刘邦最终身败名裂的历史教训。而事实上，毛泽东坚持认为项羽真正惨痛的教训，在于对险恶之敌的放纵，划鸿沟东西分治，最终导致惨败。许多历史经验都说明，在关键性的历史时刻，如果不能在已有胜利的基础上戒骄戒躁，坚持继续奋斗，就可能前功尽弃，甚至走向全面覆亡。毛泽东多次指出项羽失败的原因在于不懂政治，说"项王非政治家"。虽然项羽曾经是叱咤风云的一员猛将，但由强而弱，最后自刎于乌江。毛泽东诗词中提到项羽，其意义不在于抒发情怀，也不在于表达对项羽的评价，而是关系到中华民族前途命运的一项重大决策。"宜将剩勇追穷寇，不可沽名学霸王"，思的是楚汉之争的历史教训，用的则是"打倒蒋介石，解放全中国"的军国大计。毛泽东从中国历史中汲取智慧，从而使苦难深重的中华民族获得新生，这才有了中华人民共和国的成立与长治久安。

深邃：人间正道是沧桑

"人间正道是沧桑"，郭沫若在《"百万雄师过大江"——读毛主席新发表的诗词之一》一文中，把"人间正道"解释为人们正在说；把"是"解释为指示代词"这"，将全句解释为人民正在欢呼这场革命的胜利。但在同年 3 月 21 日，他又在《光明日报》撰文说自己解释错了，说"人间正道"是指人类社会发展的规律是不断变革、不断革命的。此后，大家都遵从其后说了，只是分析得更加细致、深入而已。

"人间正道是沧桑"，是毛泽东对中国革命所进行的诗化总结，正好与毛泽东第一首军旅诗词《西江月·秋收起义》第一句"军叫工农革命"前后呼应，意味着毛泽东所探索的中国革命道路已经取得成功。

道路决定命运。毛泽东坚持把马克思列宁主义基本原理同中国革命具体实际相结合，开创了一条适合中国国情的革命道路。这是他一生最伟大的历史功绩。用毛泽东如下 3 句诗，就可以勾勒出中国革命道路探索的历史进程，而且能够从中感悟出毛泽东激情澎湃的道路自信。第一句诗出自《沁园春·长沙》："问苍茫大地，谁主沉浮？"在这个历史时期，毛泽东仍然在积极思考，在努力探索。中国革命究竟应该走什么样的道路，中国究竟应该由哪一个阶级、哪一个政党、哪一股势力来主宰、来领导，他还没有找到那个令人满意的答案。第二句诗出自 1927 年春写的《菩萨蛮·黄鹤楼》："把酒酹滔滔，心潮逐浪高！"面对大革命失败的危局，毛泽东毅然发动湘赣边界秋收起义，后建立井冈山革命根据地，开辟了农村包围城市、武装夺取政权的正确道路，中国革命的局面从此焕然一新。第三句诗就是"人间正道是沧桑"。南京解放意味着中国革命已经胜券在握，中国革命道路是一条人间正道，它符合历史发展规律，符合中国基本国情，符合马克思列宁主义基本原理，符合中华民族根本利益。这条道路是中国革命的制胜法宝。

"牢骚太盛防肠断"背后的故事

　　柳亚子（1887—1958年），是中国近代第一个革命文学团体南社的创始人之一，是我国颇具声望的爱国诗人。毛泽东和柳亚子之间的诗文唱和，为中国诗坛留下了一段佳话。毛泽东还通过诗词来开导老友振作精神，为国为民出力。

　　1948年1月，柳亚子、何香凝、李济深等在香港成立了"中国国民党革命委员会"，柳亚子出任"民革"中央常委兼秘书长。1949年2月，毛泽东电邀柳亚子赴北平共商建国大计。3月25日，毛泽东抵达北平。当天下午，毛泽东在西苑机场与柳亚子、郭沫若等各界代表及民主人士亲切会面。当晚，毛泽东在颐和园益寿堂举行宴会，柳亚子应邀出席。席间，毛泽东与大家频频举杯，谈笑风生，柳亚子亦是春风满怀，感慨良多，当夜就写了3首七律诗。

　　然而，仅仅过了3天，即3月28日夜，柳亚子突然写了一首心情郁闷、满腹牢骚的七律诗，表达了自己的"退隐"之意，这就是有名的《感事呈毛主席》：

> 开天辟地君真健，说项依刘我大难。
> 夺席谈经非五鹿，无车弹铗怨冯驩。
> 头颅早悔平生贱，肝胆宁忘一寸丹！
> 安得南征驰捷报，分湖便是子陵滩。

　　柳亚子自诩有"夺席谈经"的学问，但是并非像西汉五鹿充宗那样是依附权势、徒具虚名的人，他借古代故事表示自己对待遇的不满。柳亚子还借东汉初严子陵隐居子陵滩的故事，表示自己有回乡归隐之意。

　　毛泽东看到柳亚子的诗后，觉察到柳亚子的言外之意，引起了高度重视。他曾对身边的工作人员说："我这位老诗友的倔脾气又上来了，要退隐是假，有牢骚才是真，看来还得好好和他谈谈，以便更好地发挥他的积极性啊！"1949年4月29日，毛泽东采取诗词唱和形式，给柳亚子和了一首情真意切、哲理深远的绝唱：

七律·和柳亚子先生

饮茶粤海未能忘，索句渝州叶正黄。

三十一年还旧国，落花时节读华章。

牢骚太盛防肠断，风物长宜放眼量。

莫道昆明池水浅，观鱼胜过富春江。

　　诗的前4句，毛泽东深情回忆了他们之间的3次相会，即"饮茶粤海""索句渝州"和"还旧国"。广州（粤海）、重庆（渝州）、北平（旧国）的有意"袭用"，表明中国共产党人和毛泽东本人，始终没有忘记柳亚子等民主人士过去同情共产党人，为反蒋统一战线效力的革命功劳。后4句，毛泽东出于诗友和诤友间的相互爱护之情，委婉含蓄地批评了柳亚子的牢骚情绪，真诚地挽留他在北京参加筹备建立新中国的工作，体现了他"风度元戎海水量"，爱人以德、重人以才的宽广胸怀。

　　这首诗最早公开发表在《诗刊》1957年1月号上，风靡全国，广为传诵。其中"牢骚太盛防肠断，风物长宜放眼量"两句，被人们转用引申最多。关于柳亚子因何情绪一落千丈，突然心生满腹牢骚，历来众说不一，可谓"注家蜂起"，读来饶有兴味。最早谈及此事的是臧克家。他认为，"这两句在全篇里最关紧要。这不但表现了友好的规劝情谊，也表现出了两个人的心胸气度和对人生问题的看法。'牢骚'的具体内容，我们不得而知。由此可以推测柳亚子先生对有些问题的看法，可能不免从个人的立脚点出发，心胸显得狭窄些。"

张惠让在《〈七律·和柳亚子先生〉赏析》中认为，由于柳亚子自视甚高，认为怀才不遇，最后干脆不想参政，决定回故乡隐居。

郭隽杰在《随笔》1994 年第 3 期《关于柳亚子的"牢骚"》中介绍说，柳亚子的学生陈迩冬在"文化大革命"中写的"交待"材料谈到了柳亚子的"牢骚"。柳亚子当时想搞一个北平文史探讨委员会，先得到华北人民政府主席董必武的批准，便搞起来。由于其中鱼龙混杂，有许多前清遗老、北洋政客也混进来了，后来周恩来叫柳亚子停止。柳亚子便写信给毛泽东，埋怨周恩来。

曾彦修在 1994 年第 6 期《中共党史研究》《我所知道的柳毛赠答诗中"牢骚"问题的史实背景》一文中披露了田家英的说法。当时柳亚子曾向田家英提出在解放江南以后，回江南某省任职。中央诚恳地挽留他在北京工作，只因种种原因，对其工作愿望难以表达肯定的态度。"牢骚"的关键是个人出路问题。毛泽东答诗中"牢骚太盛防肠断，风物长宜放眼量"是一种略含幽默的坦诚劝慰。而"莫道昆明池水浅，观鱼胜过富春江"才是答诗的点睛之笔，"还是留在北京吧，在这里'观鱼'比在富春江畔的子陵台上要好得多啊！"毛泽东以极其友好而委婉的方式来谈柳的出路问题。

冯锡刚在 1995 年第 11 期《党史文汇》《〈离骚〉屈子幽兰怨——对〈七律·和柳亚子先生〉中"牢骚"的史实背景之我见》一文中认为，"牢骚"的关键不在于或主要不在于个人的出路，不在于怨中共在物质上亏待自己，而在于"说项依刘我大难"。在柳亚子看来，既然因自己的正行直道而受阻遭挫，那还不如去做一个隐士吧。"牢骚"的产生是柳亚子的性格使然，虽有感情冲动的因素，但究其根本在于"说项依刘我大难"的诤友风格。

赵自立在 1996 年第 1 期《人物》杂志《柳诗"牢骚"的前前后后》一文中，从柳亚子为人的性格特点、柳亚子所感之"事"和柳毛赠答诗的时间差距来破解"牢骚"之谜。柳亚子曾在 10 天之内数次要求去碧云寺恭谒孙中山先生之灵堂，然由于诸多因素未能成行，又无人向他解释。当时中共中央力图争取南京国民党政府接受和平解决方案，希望民主人士共同努力。柳亚子表示他虽是国民党元老，自觉无能为力。以其疾恶如仇的性格也会对此产生一些不愉快和牢骚。况且他对少数曾经追随蒋介石反共反人民而在革命胜利时转向革命阵营的人也表示怀疑，认为他们是见风使舵的政客，而自己绝不是那种人。

陈东林在1996年11月15日《北京日报》的《毛泽东和柳亚子诗中的"牢骚"指什么》一文中则认为，柳毛赠答诗的中心内容应是关于当时战略的误解、质疑与启发、解释，是历史大背景的反映，而不仅仅是为个人地位的牢骚与批评。柳亚子是国民党元老，一直以左派闻名，激烈主张打倒蒋介石，甚至曾建议用暗杀手段。1949年3月26日，电台广播一条重要消息，说中共代表团将于4月1日在北平与国民党政府代表团举行和平谈判，柳亚子感到极度不能理解，第二天便写出"感事"诗。

关于柳亚子的"牢骚"，还可以列举出更多的解读。这里之所以颇费笔墨加以罗列，试图弄清楚"牢骚"的真正内容与原因，一来是对于理解柳诗和毛诗都很有裨益，二来是有助于把握柳亚子、毛泽东的内心情感和思想境界。柳亚子毕竟是一个旧文人，自然会存在一些缺点与不足。毛泽东对待诗友发"牢骚"，既表现了诗人的含蓄机敏，又展示了政治家的宽容大度。他没有纠缠于柳亚子究竟为什么牢骚郁闷，更没有半点歧视排斥之意。毛泽东深知，柳亚子社会声望很高，是对中国革命有过贡献的党外民主人士，虽然还留有旧知识分子的毛病，但主流是爱国的，是能和中国共产党精诚合作的。《七律·和柳亚子先生》以情感人，以理服人，读来如望霁月，如沐春风。

柳亚子见到毛泽东的诗后，很受感动。他欣然接受了毛泽东的规劝，立即又写了一首《次韵奉和毛主席惠诗》：

> 离骚屈子幽兰怨，风度元戎海水量。
> 倘遗名园长属我，躬耕原不恋吴江。

1949年5月1日，毛泽东携女儿李讷等专程到颐和园拜访柳亚子先生，同乘画舫，比肩爬山，促膝相谈。5月5日，是孙中山就职非常大总统纪念日，毛泽东偕柳亚子到香山谒孙中山衣冠冢并合影留念，随后接柳亚子到家中共进午餐，作陪的有朱德总司令和秘书田家英。大家谈诗论政，极为高兴。散席的时候，柳亚子拿出随身带去的《羿楼纪念册》，请毛泽东和朱德题词。毛泽东写了一首集句诗：

池塘生春草，

空梁落燕泥。

竹外桃花三两枝，

春江水暖鸭先知。

"池塘生春草"出自南朝宋谢灵运的《登池上楼》；"空梁落燕泥"出自隋代诗人薛道衡的《昔昔盐》；"竹外桃花三两枝，春江水暖鸭先知"出自北宋苏东坡的《惠崇春江晚景二首》。4句诗而集3人之句，读来却不见一点斧凿痕迹，犹出一人之手，浑然天成。毛泽东的集句诗，既充分表达了冬天已逝，春天即将到来的情景，更表达了中国革命即将取得胜利，新中国即将诞生的喜悦和兴奋。

毛泽东和柳亚子是近现代中国诗坛上的双子星。一位是具有诗人气质的政治家，一位是具有政治家气质的诗人。他们之间思想的表达，心灵的沟通，往往借助于诗词的唱和。他们仿佛心有灵犀，很多复杂的问题，无须过多的言谈，不必过多的文字叙述，一唱一和之间就达成了共识。

"万方乐奏有于阗"背后的故事

1995 年，新疆和田地区于田县建造了"库尔班·吐鲁木见到了毛主席"的大型塑像。2003 年，新疆和田市又在团结广场矗立起一座毛泽东接见库尔班的巨型铜像，铜像基座上还镌刻着毛泽东诗词《浣溪沙·和柳亚子先生》。20 世纪 50 年代，新疆老农库尔班·吐鲁木"骑着毛驴上北京去见毛主席"的故事，在全国广为流传。可库尔班大叔与《浣溪沙·和柳亚子先生》诗句"万方乐奏有于阗"的特殊关系，很多人却未必知晓。今天我们重温其中的机缘巧合和动人故事，有着特殊的历史意味和时代价值。

一唱雄鸡天下白

1950 年 10 月 1 日，是中华人民共和国成立后的第一个国庆节。10 月 3 日，在北京中南海怀仁堂举行了隆重的庆祝晚会，各少数民族代表以及一些少数民族文工团成员参加了晚会。他们兴高采烈地向毛泽东和其他领导人献旗献礼，表达喜悦和崇敬之情。献礼完毕，各文工团纷纷登台演出。

观看演出时，著名爱国民主人士柳亚子先生正好坐在毛泽东的前排。看到各族兄弟姐妹载歌载舞的欢乐场面，毛泽东兴奋地对他说："这样的盛况，亚子先生为什么不填词以志盛呢？我来和。"

柳亚子即席吟诗《浣溪沙》：

十月三日之夕于怀仁堂观西南各民族文工团、新疆文工团、吉林省延边文工团、内蒙古文工团联合演出歌舞晚会，毛主席命填是阕，用纪大团结之盛况云尔！

火树银花不夜天，弟兄姐妹舞翩跹，歌声唱彻月儿圆。

不是一人能领导，那容百族共骈阗？良宵盛会喜空前！

次日，毛泽东兴致勃勃填了一首和词：

浣溪沙 · 和柳亚子先生

一九五○年国庆观剧，柳亚子先生即席赋《浣溪沙》，因步其韵奉和。

长夜难明赤县天，百年魔怪舞翩跹，人民五亿不团圆。

一唱雄鸡天下白，万方乐奏有于阗，诗人兴会更无前。

《浣溪沙 · 和柳亚子先生》属唱和之作，从高处着眼，从大处落笔，抚今追昔，构思精巧，气魄宏大，意境高远。正如蔡清富在《雄鸡一唱遍寰宇——读〈浣溪沙 · 和柳亚子先生〉》中所说："新中国成立以来，描写新、旧社会对比的诗词不计其数，但最简练、最深刻、最形象、气魄最宏大的篇章，恐怕莫过于毛泽东的《浣溪沙 · 和柳亚子先生》了。"

词的上阕揭露和批判旧中国的黑暗统治。"长夜难明赤县天"，"赤县"指中国。《史记 · 孟子荀卿列传》曰："中国名曰赤县神州"。"长夜难明"一语写尽中华民族在旧社会饱受的深重苦难。"百年魔怪舞翩跹"，鸦片战争后的 100 年间，各种反动势力群魔乱舞，横行肆虐。"人民五亿不团圆"，山河破碎，民族分裂，民不聊生。

词的下阕描绘各族人民翻身解放的欢乐情景。"一唱雄鸡天下白"，引用李贺《致酒行》成句，比喻新中国诞生犹如雄鸡高唱，驱走漫长黑夜，迎来无限光明。"万方乐奏有于阗"，"万方"指神州大地，也指各族人民。毛泽东用新疆地名"于阗"来寓指新疆文工团，寓意各族人民欢聚一堂。"诗人兴会更无前"，意为诗人激情澎湃讴歌新社会。

历史沧桑看于阗

柳亚子词中"那容百族共骈阗"中的"骈阗",也作"骈填""骈田",是聚会、会集的意思。毛泽东以"于阗"对"骈阗",堪称神来之笔。言下之意,连古称"于阗"的偏远之地都派来宾客参与国庆联欢,怎能不是"万方乐奏"?只有新中国才能真正实现各族人民大团结的思想意义瞬间跃然纸上。

毛泽东学贯古今,"万方乐奏有于阗"不仅表现了他机敏睿智的诗才,更彰显了他对传统文化和民族风情的谙熟于心。"于阗"是汉代西域的国名,有着厚重的历史底蕴。相传春秋时代,老子骑青牛前往函谷关,奉关守尹喜之命,写下《道德经》。其后不知所终,据说他最后到了于阗。

于阗在汉代即被纳入中央政权的版图,唐代时更作为"安西四镇"之一,成为唐代经营西域的重要支点。于阗为古代中西陆路必经之地,此间出产的羊脂玉"白如凝脂",古代"玉石之路"比"丝绸之路"的历史更为悠久。我国边疆与中原、东方与西方的文化和商贸交流的第一个媒介,既不是丝绸,也不是瓷器,而是和田玉。于阗还曾是佛教东传进入中国的第一站,许多著名高僧,如东晋法显、北魏宋云、唐代玄奘都曾涉足于阗。从汉代《于阗佛曲》传入中原,到南北朝时,于阗乐舞风靡中原,唐朝国乐《十部乐》中,就收录了《于阗乐》。清朝初年,改"于阗"为"和阗"。清光绪八年(1882年)置于阗县,今为新疆和田地区的一个下辖县于田县。

毛泽东由国庆晚会的文艺舞台,联想到"往事越千年"的历史舞台,既颂扬了新中国成立一年来所发生的巨大变化,也体现了源远流长的中华文明正焕发出勃勃生机。

但是,普通读者如果没有深厚的文史造诣,可能难以读懂"万方乐奏有于阗"的如此深意。无巧不成书,享誉全国的库尔班大叔就是新疆于阗人。他用实际行动使这句诗成为昔日受压迫的少数民族兄弟翻身解放、中华各民族团结进步的生动写照,在厚重的历史感之中又平添了鲜活的现实感。

翻身农奴喜洋洋

"毛主席呀毛主席，日夜都在想念你。我要勤生产多出力，把那盘缠来攒起。骑上毛驴去看你，心里话儿对你提……"《日夜想念毛主席》歌唱的就是库尔班大叔的事。

库尔班·吐鲁木，1883 年生，新疆于阗县（今于田县）托格日尕孜乡人。他自幼父母双亡，饱受地主的剥削、压榨和凌辱，被逼得妻离子散，曾在大漠深处过了 17 年的"野人"生活。新疆解放使库尔班获得新生。1952 年土改时，他分到了 14 亩耕地和一所大房子，过上了幸福日子。

库尔班对党和政府充满感恩之情，萌生了一个强烈愿望：这辈子一定要亲眼见到毛主席。他托人给毛泽东写了 7 封信，还寄去了杏干和桃干等。1955 年秋收后，年逾七旬的库尔班大叔打了上百斤馕，要骑着毛驴上北京去看毛主席，因路途太远，被当地干部劝了回去。骑毛驴去不了，老人又到公路上去拦汽车，想搭车去北京。1957 年春，新疆维吾尔自治区党委书记王恩茂到于阗视察工作，专程到家里看望老人，勉励他好好生产，答应有机会一定让他到北京去。从此，库尔班的生产积极性更加高涨。

1958 年 6 月，库尔班作为和阗专区的劳模代表，终于等来了上北京的机会。一路上火车每到一站，他就问："这里离毛主席住的地方还有多远？"在北京参观的日子里，他心情急切，天天寝食不安，又托人给毛泽东写了两封"寄得最快"的航空信。

6 月 28 日，库尔班和全体代表进了中南海，幸福的时刻终于到来了！见到和蔼可亲的毛泽东和中央领导人，他无比激动。一起合影时，大家都看着镜头，只有他扭过头去凝望毛泽东。毛泽东走到他面前，和他亲切握手，留下了珍贵的合影。库尔班当场向毛泽东敬献了自己生产的新疆特产。第二天，毛泽东还特意派人给他送去了 10 米条绒布。

1959 年，库尔班大叔当选自治区第二届人大代表，光荣入党，并出席新中国成立 10 周年国庆大典，第二次见到毛泽东。毛泽东亲自把于阗县简化为于田县,对这片热土寄予了无限深情与厚望。1964 年,库尔班大叔在给毛泽东的信中写道:"我要教育下一代,永远跟着党和您走。"无论是在工作中还是生活中,他都向乡亲们积极宣传党的政策,像爱护自己的眼睛一样维护民族团结。库尔班还曾被授予全国劳动模范称号,当选为第四届全国人大代表。库尔班于 1975 年去世,享年 92 岁。

1958 年 8 月 21 日,《人民日报》刊登通讯《库尔班·吐鲁木见到了毛主席》,人民教育出版社 1960 年 3 月将其编入小学语文课本。1959 年,新疆话剧团以其事迹为素材,编写音乐话剧《步步跟着毛主席》,其中由王洛宾创作的歌曲《库尔班大叔您上哪》,经克里木演唱后不胫而走。"萨拉姆"是维吾尔语,"萨拉姆毛主席"就是"敬爱的毛主席"的意思。2002 年,天山电影制片厂摄制的彩色故事片《库尔班大叔上北京》,成为向党的十六大献礼的全国唯一一部少数民族重点题材影片。几十年来,库尔班大叔的故事与形象传遍全国,库尔班骑毛驴、抱哈密瓜上北京见毛主席的彩印连环画、年画也进入千家万户,成为人们心中难以磨灭的时代记忆。

如今,库尔班大叔的子孙已有上百人,他们都把老人的高尚情怀和光荣传统作为传家宝。2017 年 1 月 13 日,习近平总书记给库尔班·吐鲁木的长女托乎提汗·库尔班回信,向她和家人及乡亲们送上祝福,并希望各族群众像石榴籽一样紧紧抱在一起,像库尔班大叔那样,做热爱党、热爱祖国、热爱中华民族大家庭的模范,在党的领导下共同创造新疆更加美好的明天。

"万方乐奏有于阗",是新中国使各民族人民翻身得解放的具体表现,是人民和领袖心连心的诗意表达,是全国各族人民大团结的壮丽画卷,是中华文明繁荣昌盛的历史见证。

毛泽东在杭州的诗词创作与
《诗四首》

　　毛泽东是叱咤风云的政治家，也是独领风骚的诗人，郭沫若盛赞其"经纶外，诗词余事，泰山北斗"。毛泽东政暇赋诗，既展示了"器大声宏，志高意远"的领袖风采，也体现出他移情山水的纯朴，迷恋自然的洒脱，以诗自娱的情趣，以诗抒怀的儒雅。《党的文献》杂志 1993 年第 6 期以《诗四首》为题，首次发表了毛泽东写于杭州的《五律·看山》《七绝·莫干山》《七绝·五云山》《七绝·观潮》。这几首诗吟咏山水，独具特色，反映诗词余事的闲情逸致，彰显质朴率真的文人本色，生动呈现出一个"踏遍青山人未老""我自欲为江海客"的毛泽东。

毛泽东在杭州的诗词创作

　　毛泽东与浙江有着不解之缘，早在 1921 年出席中共一大期间，他就到过浙江。新中国成立后，杭州是他外出视察最多的地方之一。浙江人民出版社出版的《共和国命运的抉择与思考》中提到："从建党初期首度赴浙到逝世前一年无奈的作别，毛泽东在他非凡的一生中，53 次亲临浙江，在浙江度过了 785 个日日夜夜，留下了永恒记忆。"

　　毛泽东从北京到地方，忙于政务之余，适当休闲放松、调养身体也是题中应有之义。毛泽东喜欢登山，西湖附近的大小山峰几乎登遍了。中央文献出版社出版的《毛泽东传》记载 1954 年毛泽东在杭州的情形时写道:"这样坚持不懈,不仅游览了西湖名胜,还锻炼了身体,体重减轻了将近十斤。这对身躯高大偏胖的毛泽东来说,也是一个意外收获。"毛泽东登山览胜,为秀丽山水所吸引、所感染、所陶醉,诗意盎然,不断经营着他的诗词余事。

2012 年第 5 期《党的文献》发表王祖强《"诗要用形象思维"——毛泽东写于杭州的八首诗词》一文。这 8 首作品按创作时间顺序分别是:1955 年《五律·看山》《七绝·莫干山》《七绝·五云山》;1957 年《七绝·观潮》;1959 年 11 月、12 月两首《七律·读报》和 1959 年 11 月《七律·改鲁迅诗》;1963 年《满江红·和郭沫若同志》。其中,《七律·改鲁迅诗》属于改诗,其余 7 首则是原创作品。8 首作品又可细分为"在杭州写"与"为杭州写"。两首《七律·读报》和《七律·改鲁迅诗》《满江红·和郭沫若同志》只是写于杭州,其创作缘起、作品内容都与杭州没有直接联系。而《五律·看山》《七绝·莫干山》《七绝·五云山》《七绝·观潮》,不仅写于杭州,也是作者对杭州山水的游历体验,表达了对杭州风物的浪漫情怀。

《五律·看山》《七绝·莫干山》两首诗,最早由《毛泽东的读书生活》(三联书店 1986 年版)所载林克《忆毛泽东学英语》一文披露。曾经担任过毛泽东国际问题秘书的林克回忆:"一九五九年十一月,他在杭州休息时,游兴很高,接连攀登了南高峰、北高峰、玉皇顶、莫干山等处。在攀登途中,他常常要停下来略作歇息,这时往往坐下来学习英语。在多次攀登北高峰之后,他曾诵诗一首(即《五律·看山》,略)。在攀登莫干山时,他口诵《七绝·莫干山》诗一首(略)。"《毛泽东诗词全编鉴赏》(中央文献出版社 2003 年版)写道:"1993 年为纪念毛泽东诞辰 100 周年,中共中央文献研究室编辑发表了毛泽东作于杭州的《五律·看山》等 4 首诗。在编辑过程中,曾走访林克,他回忆说:他陪毛泽东在 1955 年 4 月、6 月、11 月和 1959 年 11 月,曾 4 次去杭州,还一起爬过山。他又从 1956 年 11 月 26 日的日记中查到了抄录的《五律·看山》《七绝·莫干山》《七绝·五云山》3 首诗。于是,林克肯定地判断这 3 首诗作于 1955 年,并说他在《忆毛泽东学英语》文章中,对《五律·看山》（标题有误，即《七绝·莫干山》）等两首诗写作时间的回忆是不准确的。3 首诗写于 1955 年，但具体写作日期不详，因而《毛泽东年谱（1949—1976)》在'1955 年'最后一条笼统写道：'本年，作诗三首。'"

关于《七绝·观潮》，《毛泽东诗词全编鉴赏》写道："1993 年中央文献研究室拟在《党的文献》发表此诗，特地访问了林克，他凭回忆并查了自己的日记后告诉我们：1957 年 9 月 11 日，农历八月十八，是'潮神生日'，那天钱塘潮最为壮观，他曾陪毛泽东从杭州乘车去海宁七里庙观潮。毛泽东回来后不久就写了这首诗，写作时间可定为'一九五七年九月'。"1996 年中央文献出版社出版的《毛泽东诗词集》把《七绝·观潮》的写作时间标为"一九五七年九月"。而《毛泽东年谱（1949—1976)》则印证了林克的说法："(1957 年) 9 月 11 日，上午，从杭州乘车到海宁县七里庙，观赏钱塘江大潮。下午，在返回的路上，又游钱塘江。后，作《七绝·观潮》。"

《五律·看山》：名胜串诗景自新

1965 年 7 月 21 日，在致陈毅的信中，毛泽东写道："我对五言律，从来没有学习过，也没有发表过一首五言律……我偶尔写过几首七律，没有一首是我自己满意的。如同你会写自由诗一样，我则对于长短句的词学稍懂一点。"这是毛泽东的谦虚之辞，早在 20 世纪 40 年代，他就写过几首五言律诗，如写于 1943 年 3 月的《五律·挽戴安澜将军》和写于 1947 年的《五律·张冠道中》《五律·喜闻捷报》。杭州《诗四首》的第一首诗便是《五律·看山》：

> 三上北高峰，杭州一望空。
>
> 飞凤亭边树，桃花岭上风。
>
> 热来寻扇子，冷去对佳人。
>
> 一片飘飖下，欢迎有晚鹰。

　　"三上北高峰"，首句开门见山。"三上"，只是言其多，未必是实数。毛泽东多次登临，表明游兴之高，乐此不疲。"北高峰"，在杭州灵隐寺后，与南高峰相对峙，为西湖群山之一。"杭州一望空"，道出了毛泽东喜欢来此的原因。这个"空"字，绝非虚无之意。北宋柳永《望海潮·东南形胜》曾盛赞杭州："东南形胜，三吴都会，钱塘自古繁华。烟柳画桥，风帘翠幕，参差十万人家。云树绕堤沙，怒涛卷霜雪，天堑无涯。重湖叠清嘉，有三秋桂子，十里荷花。"北高峰上林木葱茏，绵延 20 余里。自北麓至峰顶，石磴数百级，修篁夹道，曲折三十六弯。登峰远眺，杭州风景一览无余，的确有心旷神怡之感，正如《指点江山》（中央文献出版社 2000 年版）中所写："毛泽东说：'爬山是全身运动，既能增强体质，又能观赏风景，还可以使人心胸开阔。只有站得高，才能看得远嘛！这是一举三得。'"

　　"飞凤亭边树，桃花岭上风。""飞凤亭"指北高峰东面、西湖北岸宝石山上的来凤亭。宝石山远望像一只凤凰，山顶的保俶塔则像凤凰头上的冠毛，亭之命名，取义于此。"宝石凤亭"被列为西湖十八景之一。"桃花岭"，指北高峰东面、西湖西北角岳飞墓后的栖霞岭。飞凤亭边的修竹嘉树青翠，桃花岭上的桃花盛开，翠林红花交相辉映。毛泽东由前者可能联想到了关于凤凰的传说。相传凤凰为百鸟之长，性行高洁，非梧桐不栖，非竹实不食，所以特别突出飞凤亭边的修竹嘉树。后者则可能是由桃花岭联想到唐代崔护"人面不知何处去，桃花依旧笑春风"之句，所以特意点出桃花岭上春风拂面。

　　"热来寻扇子，冷去对佳人。"作者曾有自注："诗中的'扇子'指扇子岭，'佳人'指美人峰。"考虑到平仄的需要，把"美人"改成了"佳人"。扇子岭、美人峰是北高峰附近的两处景点。此句是说夏日炎炎之时就去寻游扇子岭，秋凉时节就去观赏美人峰。此句以情带景，情景交融，"扇子"与"美人"语义双关，读来饶有情趣，巧妙地把季节和名胜联系起来。这种笔法，古时就有，如欧阳修《三桥诗》有云："何处偏宜望？清涟对女郎。"句中"清涟"指清涟阁，"女郎"指女郎台。

　　"一片飘飖下，欢迎有晚鹰"，"飘飖"同"飘摇"，飘荡、飞扬的样子，描绘鹰盘旋向下而飞。"晚鹰",可能是借喻灵鹫峰。灵鹫峰又叫飞来峰,在北高峰南,灵隐寺前。作者登北高峰,傍晚归来,经过灵隐寺前,飞来峰正好迎面。"下"是从高空而下,动感强烈,颇有气势。作者的联想丰富奇特,化静为动,把灵鹫峰写得活灵活现,使景物与人物互动,增添了游山之乐趣。

《七绝·莫干山》:游山归途抒游兴

《七绝·莫干山》是一首咏山的即兴之作,没多涉及莫干山的美景和登山过程本身,而是描绘登山游览后的愉悦心情和闲适心境。作品写法含蓄,诗句轻快,诗趣盎然,别出心裁。

> 翻身复进七人房,
> 回首峰峦入莽苍。
> 四十八盘才走过,
> 风驰又已到钱塘。

莫干山在浙江省德清县西北,离杭州 160 余里,相传是春秋时吴国莫邪、干将铸剑之处,并因此而得名,与庐山、鸡公山、北戴河齐名,为我国著名的避暑胜地之一,素有"清凉世界"美誉。这里山势巍峨,怪石峥嵘,云雾缭绕,在万绿丛中点缀着星罗棋布的亭台别墅和名胜古迹。但《七绝·莫干山》并没有提及这些内容。

"翻身复进七人房",首句由登车返程写起。"七人房",指作者使用的卧车,可坐七人,体现了幽默诙谐的风趣和轻松惬意的心情。徒步登山,观赏美景,心满意足,下得山来,找到自己乘坐的轿车,敏捷地钻进车子。"翻身复进",表现了行动的矫健和精力的充沛,畅游莫干山之后依然兴致勃勃,毫无倦意。

"回首峰峦入莽苍",表达作者对莫干山的依依不舍之情。下山途中,作者再回头看车窗外的青峰翠峦，因为车子渐行渐远，莫干山渐渐隐没在一片迷茫之中，点染出莫干山的雄浑旷远。"莽苍"，形容景色迷茫，如孟郊《古别曲》中所云"荒郊烟莽苍，旷野风凄切"。山景如何美，游山如何乐，可以想见，诗人沉浸在畅游莫干山的美感之中，余兴未尽，回味无穷，他将所见所感说到但不说开，给读者更多想象空间。

"四十八盘才走过，风驰又已到钱塘"写乘车下山的情景。"四十八盘"，极写山路的迂曲险峻，也突出了山势的巍峨峥嵘，颇似《七律·登庐山》"跃上葱茏四百旋"中的"四百旋"，一个是登上庐山的急迫心情，一个是离开莫干山的不舍心理。"才走过"，是说汽车刚才还在山间公路上蜿蜒前行。诗人在车上除见到山景之外，还写到山路。山路、山形、山色，是作者笔下莫干山形象的 3 个要点，都是"回首"之所见。"风驰"，写车速，极言速度之快。"钱塘"，古时指钱塘县，这里指杭州。之所以感觉这么快，是因为诗人上车后始终沉浸在赏景的回味与喜悦之中，一幕一幕在脑海中回放，不知不觉之间车子就已经到了杭州。

这首诗以山为题，但只有中间两句写山，而且写的是一片迷茫的远景。这首诗语句轻快，诗中所写的空间转换也快。这种写法古代诗歌中也有，如李白《早发白帝城》："朝辞白帝彩云间，千里江陵一日还。两岸猿声啼不住，轻舟已过万重山。"又如杜甫《闻官军收河南河北》："白日放歌须纵酒，青春作伴好还乡。即从巴峡穿巫峡，便下襄阳向洛阳。"

《七绝·五云山》：我见青山多妩媚

五云，原指黑、白、青、赤、黄 5 种颜色的云。古人常以云之色卜测收成，认为五云是天上的瑞云，五云出则天下祥瑞。五云山，在杭州西南，北临西湖，南临钱塘江，因有五彩之云萦绕山顶经时不散而得名。五云山是杭州比较偏远的一个景点，山上有寺庙，上下山有 50 里，从山脚到公路还要步行十几里。出身于偏僻山区、又长期在山区生活战斗的毛泽东自然不嫌偏远，甚至情有独钟，认为这里是杭州的最佳去处，并写下《七绝·五云山》，绘声绘色地描写了五云山的美景，表达自己的陶醉之情：

> 五云山上五云飞，
> 远接群峰近拂堤。
> 若问杭州何处好，
> 此中听得野莺啼。

"五云山上五云飞"，句式与李白《登金陵凤凰台》诗之首句"凤凰台上凤凰游"类似。起笔开门见山，直接写五云山的五云，点出五云山的显著特色。五云山高耸入云，山顶上彩云萦绕，随风飘飞。这是毛泽东眼前之景，为实景实写。这是登临览胜之作，按传统习惯，一般都会写所见所闻，以景寓情，或者直抒观感。

"远接群峰近拂堤"，写登高所见。"群峰"，指西湖西面和南面诸峰，如北高峰、南高峰、美人峰、灵峰山、月桂峰、白鹤峰等。"接"为连接，"拂"为轻轻擦过。诗人站在五云山上放眼望去，彩云连接着远处的群峰；俯瞰山下，彩云又飘拂过钱塘江堤。具体实写出云的动态、范围、气势，使人历历在目，如临其境。诗人用彩云把远方的群峰与近处的钱塘江堤连接起来，统一在一个画面之中，为读者展示出一幅充满动感又色彩斑斓的图画，十分传神。

"若问杭州何处好，此中听得野莺啼。"前一句是设问，后一句是自答，这是提示，也是过渡。诗人宕开一笔，用设问给人们造成一个悬念，激起人们探究的兴趣，起到突出加重末句，为末句蓄势的作用。唐代白居易《忆江南》三首其二有云："江南忆，最忆是杭州。""此中"，即五云山中。"野莺啼"，野外的黄莺啼叫。末句揭示答案，画龙点睛，在这里听呖呖悦耳的黄莺鸣啼才是最令人惬意的事。杭州西湖有"柳浪闻莺"著名景点，"莺啼"是江南也是杭州标志性的景观。人们常用"杂花生树，群莺乱飞"来描写江南的风光，唐代白居易的《钱塘湖春行》也用"几处早莺争暖树"来描写杭州西湖早春的景象。

然而，在游人如织、人声鼎沸的西湖边闻莺啼，与在偏远清幽的五云山山野闻莺啼是不可同日而语的。五云山山野莺啼，因为环境幽静，加上四周山峦的回应，更加清丽婉转，优美动听，在这里闻莺更有一种远离闹市回归自然的野趣。五云山绚丽多彩的景色与美妙动听的莺啼，构成一种有声有色、充满活泼生机的美好境界。

这首《七绝·五云山》是一处景点的特写，错落有致，不仅是对大自然的颂歌，也是诗人内心一首欢畅之曲。作者看到了明媚春光映衬下的五彩祥云，听到了黄莺婉转清脆的啼叫，一派自然清纯的江南春色展现在读者面前，可以看出作者当时何等轻松舒畅、怡然自得。《七绝·五云山》以口语入诗，一气呵成，平直晓畅。写景由高至低，由远及近，动静结合，诗境幽深，有如一幅色彩艳丽的山水画，引人入胜，意趣盎然。

《七绝·观潮》：千里波涛滚滚来

钱塘江在杭州市南面，是浙江省的第一大江，入海口呈喇叭形，江口阔大而江身狭窄。起潮时，海水从宽大的百公里海口涌入，受两旁渐狭的江岸约束，形成涌潮。涌潮又受江口拦门沙坎的阻拦，波涛后推前阻，涨成壁立江面的一道水岭。钱塘江涌潮自古蔚为壮观，早在汉唐已有观潮的习俗，成为杭州一大盛事，历代均有诗文佳作。南宋周密《武林旧事·观潮》记载："浙江之潮，天下之伟观也。自既望以至十八日为最盛。方其远出海门，仅如银线；既而渐近，则玉城雪岭，天际而来。大声如雷霆，震撼激射，吞天沃日，势极雄豪。"清代黄景仁《观潮行》曰："才见银山动地来，已将赤岸浮天外。"1957年9月11日，毛泽东从杭州来到海宁盐官镇郊的七里庙观潮。中午12时20分，潮水奔涌而来，借着风势，发出沉闷的隆隆巨响。毛泽东凝视大潮，拍手赞叹。观潮结束后，毛泽东兴致勃勃地写下气势磅礴、独树一帜的《七绝·观潮》：

千里波涛滚滚来，

雪花飞向钓鱼台。

人山纷赞阵容阔，

铁马从容杀敌回。

"千里波涛滚滚来"，起笔就紧扣观潮之"观"，具体描绘钱塘潮涌的情形，写海潮初涨的实景。"千里"，极写钱塘江口外海面的辽阔。"滚滚"，既形容海潮奔涌之状，又摹波涛隆隆之声。千里壮阔的波涛汹涌澎湃，滚滚翻腾而来，恰如唐代杜甫《登高》形容波涛："无边落木萧萧下，不尽长江滚滚来。"

"雪花飞向钓鱼台"，描写潮水浩大的气势。"雪花"，即浪花。北宋苏东坡《念奴娇·赤壁怀古》中有"乱石穿空，惊涛拍岸，卷起千堆雪"。毛泽东《七律·答友人》也有"洞庭波涌连天雪"之句。"钓鱼台"，即钓台，在钱塘江中段的富春江边，相传为东汉卢光隐居垂钓之处。海潮涌入钱塘江口逆江而上，涌积相推形成滔天巨浪，溅起雪白的浪花，好像要飞洒到钱塘江上游 600 里外的钓鱼台一样。此中景象本来就惊心动魄，加之诗人以如椽巨笔，把滚滚而来的海潮比作雪花翻飞，赋予自然景物以崇高的美感，又以夸张的手法状写潮来天际，潮去极远，磅礴气势令人惊叹。这样，就将钱塘涌潮写得波澜壮阔、雄伟迅猛，给人以身临其境之感。

"人山纷赞阵容阔"，意为观潮的人们对钱塘潮的浩荡气势赞叹不已。"人山"，表明观潮时人山人海的场面与江潮同样壮观，互相映衬。"纷赞"，生动地描绘了人们面对钱塘大潮指点评说的场景。"阵容阔"，江潮喧腾，像千军万马排列成的阵容，显示出钱塘潮的神奇魅力和人们观潮的惊心动魄，体现了人对大自然的主体地位和主体意识。

"铁马从容杀敌回"，形容回落的江潮波光闪耀，犹如身披铁甲的战马从容不迫地杀敌回来。"铁马"，披有铁甲的战马，形容雄师劲旅。南宋陆游《十一月四日风雨大作》中云："夜阑卧听风吹雨，铁马冰河入梦来。"毛泽东久经沙场、南征北战，炮火硝烟时常萦绕于怀。在长征途中所作的《十六字令三首》

咏山时，情不自禁地用大海波澜形容山势，用战场画面状写山景："山，倒海翻江卷巨澜。奔腾急，万马战犹酣。"面对钱塘大潮，曾经指挥千军万马的诗人，不免又似乎置身于金戈铁马的战场，就像看到了"横扫千军如卷席"的铁血雄师胜利归来，那样熟悉，那样感慨。这就不难理解，1965 年重上井冈山时，他在《念奴娇·井冈山》中慨叹："犹记当时烽火里，九死一生如昨。"

《七绝·观潮》属即兴之作，风格雄健。这首诗既见景又见人，不仅生动地描写了钱塘潮的浩大气势，而且写出了人们观潮的壮观场面。艺术表现上虚实结合，写了潮起潮落的全过程，既有眼前实景，又有极度夸张，相得益彰。这样的诗作，让人们真切领略到了毛泽东诗词深沉、深刻之外的清新自然、闲适飘逸。

《七律·洪都》

—

赏析

　　在长达半个多世纪的革命生涯中，毛泽东足迹遍布中国大江南北，到过很多省会城市，也在不少省会城市留下了诗词印迹。比如，他在武汉创作了《菩萨蛮·黄鹤楼》《水调歌头·游泳》，在杭州创作了《五律·看山》《满江红·和郭沫若同志》。毛泽东一生中写下了许多脍炙人口的诗词作品，但以省会城市名称为题的只有两首，即《沁园春·长沙》和《七律·洪都》。新中国成立后，毛泽东先后 26 次来到江西，多次到过南昌。《七律·洪都》写于 1965 年，是社会主义建设时期毛泽东以省会城市为题的唯一作品，是一首直抒胸臆、咏史明志、寓意深刻的诗篇。

《七律·洪都》句解

　　从 1965 年 11 月开始，毛泽东离京南下视察。12 月 24 日，毛泽东从杭州来到南昌。1966 年 1 月 5 日，毛泽东离开南昌前往武汉。中共中央文献研究室编写的《毛泽东年谱（1949—1976）》记载："12 月下旬作《七律·洪都》：'到得洪都又一年，祖生击楫至今传。闻鸡久听南天雨，立马曾挥北地鞭。鬓雪飞来成废料，彩云长在有新天。年年后浪推前浪，江草江花处处鲜。'"

　　洪都，旧南昌府的别称。南昌是历史文化名城，隋、唐置洪州，以南昌为治所，唐初曾在这里设大都督府，又为东南都会，因而得名。1362 年，朱元璋在这里置洪都府，次年改为南昌府。被毛泽东称为"英俊天才"的初唐诗人

　　王勃在《秋日登洪府滕王阁饯别序》（即《滕王阁序》）中称"豫章故郡，洪都新府"，赞美这里"物华天宝""人杰地灵"，还留下了"老当益壮，宁移白首之心；穷且益坚，不坠青云之志""落霞与孤鹜齐飞，秋水共长天一色"等千古名句。南昌又是重要的革命纪念地，1927年南昌起义打响了武装反抗国民党反动派的第一枪，诞生了由中国共产党领导的人民军队。

　　"到得洪都又一年，祖生击楫至今传。"1964年4月19日，毛泽东乘专列来到南昌，住了3天，听取江西省委第一书记杨尚奎等人关于农村深入开展社会主义教育运动等工作的情况汇报。"又一年"，是1965年再次到来。毛泽东在回忆行踪的思绪中起笔赋诗，首联点明题目之后，就引出"祖生击楫"的典故。祖生，即东晋名将祖逖（266—321年），范阳郡道县（今河北涞水县）人。304年，匈奴人刘渊在黄河流域建立汉国，中原大乱。祖逖率领亲族乡党数百家来投奔镇守建邺（今南京市）的晋元帝司马睿。313年，祖逖要求率兵北伐，被任命为奋威将军、豫州刺史，率宗族部曲百余家渡江北上，中流击楫，立誓说："祖逖不能清中原而复济者，有如大江！"一举收复了黄河以南地区。"击楫"，即敲打船桨，后用以形容有志报国的抱负和气概。"至今传"，祖逖报效国家的豪情壮志传颂至今。

　　"闻鸡久听南天雨，立马曾挥北地鞭。""闻鸡"，源自闻鸡起舞的典故。《晋书·祖逖传》："与司空刘琨俱为司州主簿，情好绸缪，共被同寝。中夜闻荒鸡鸣，蹴琨觉曰：'此非恶声也。'因起舞。"祖逖和刘琨胸怀大志，听到鸡鸣而起床舞剑，后以"闻鸡起舞"比喻有志之士奋起行动。文天祥《夜坐》："终有剑心在，闻鸡坐欲驰。"谭嗣同《和仙槎除夕感怀》："有约闻鸡同起舞，灯前转恨漏声迟。""久听南天雨"，即长时间闻听南方风风雨雨。陆游《十一月四日风雨大作》有"夜阑卧听风吹雨，铁马冰河入梦来"之句。立马挥鞭，形容一种威武的统帅雄姿。"北地鞭"，威震北方大地的战鞭，这是化用"祖生鞭"的典故。《晋书·刘琨传》："（琨）与范阳祖逖为友，闻逖被用，与亲故书曰：'吾枕戈待旦，志枭逆虏，常恐祖生先吾著鞭。'其意气相期如此。"后用来比喻从军报国、勇于进取。

"鬓雪飞来成废料，彩云长在有新天。""鬓雪"，形容头发苍白。唐代杜甫《寄杜位》："干戈况复尘随眼，鬓发还应雪满头。"唐代李益《立秋前一日览镜》："惟将两鬓雪，明日对秋风。"毛泽东自己的《贺新郎·读史》也有"一篇读罢头飞雪"这样的诗句。"废料"，指人因衰老而无用。"彩云"，古人曾用彩云比喻娇美多姿的年轻女子，多用于感叹好景不长。如李白《宫中行乐词》："只愁歌舞散，化作彩云飞。"冯梦龙的《喻世明言》第二十九卷写道："窗外日光弹指过，席前花影座间移……世间好物不坚牢，彩云易散琉璃脆。"本诗中"彩云长在有新天"，毛泽东反其意而用之，意为病树前头万木春，事业自有后来人。

"年年后浪推前浪，江草江花处处鲜。"江水奔流，前后相继，世事更迭，万象更新。"年年后浪推前浪"典出唐代刘禹锡《浪淘沙·其九》："流水淘沙不暂停，前波未灭后波生。"南宋释文珦《过苕溪》也有："祗看后浪催前浪，当悟新人换旧人。""江草江花处处鲜"，典出唐代杜甫《哀江头》："人生有情泪沾臆，江水江花岂终极！"又见唐代元稹《使东川·江花落》："江花何处最肠断，半落江流半在空。"毛泽东是彻底的唯物主义者，承认生老病死、新陈代谢的自然法则，但他并不因此悲观消沉，而是对未来充满乐观和信心。

《七律·洪都》题解

《七律·洪都》是在南昌写的，诗题不是南昌而是洪都，作品内容写得也比较含蓄，既不是描述在南昌的所见所闻，也不直接反映南昌的历史风物，而是联想和感慨。诗中没有提到与南昌有密切关系的"英俊天才"王勃及其《滕王阁序》，没有提及在中国革命史上有重大意义的南昌起义，也没有描写南昌所发生的沧桑巨变。在所有毛泽东诗词中，《七律·洪都》是一首令人颇为费解的作品，人们对其主题一直莫衷一是，仁者见仁，智者见智。

吴正裕在1994年12月27日《人民日报》海外版发表的《偏于豪放　不废婉约——读新发表的毛泽东诗词二首》中认为，《七律·洪都》是一首"述怀明志的政治诗"。徐涛编著的《毛泽东诗词全编》认为，《七律·洪都》是一首"有感而发的抒发情怀的诗作"。这两种说法大同小异，解得比较宽泛。"诗言志""诗言情"是中国古典诗词的优良传统，毛泽东的其他诗词作品当然也是如此。龙剑宇、胡国雄著的《毛泽东的诗词人生》认为，"《七律·洪都》是毛泽东又一首成功的咏史诗作，所咏的是南昌——古代的洪都曾发生过的史事"。尽管《七律·洪都》引用了一些典故，也涉及一些史实，充其量它们只是引发毛泽东进行联想和议论的线索和素材，但把这首诗界定为咏史诗显然不准确，它不像毛泽东的《贺新郎·读史》那样专门评点历史。良石、芦白欣主编的《毛泽东诗词书法赏析》认为："这首诗从内容上说，主要是两层意思：一是借祖逖击楫'曾挥北地鞭'抒发诗人的博大心胸，凌云壮志；二是歌颂新中国正在欣欣向荣，蒸蒸日上，'彩云长在有新天'，而且革命事业后继有人。"相比之下，这样的解读更为妥当一些。

《七律·洪都》写于 1965 年年底，之所以不易解读，源于人们对作品背景的不同理解。吴正裕在《彩云长在有新天——读〈七律·洪都〉》中指出："当时正值史无前例的'文化大革命'的前夕，诗人创作的这首述怀明志的政治诗，表现了他对党内、国内政治形势的审视和展望，反映了他晚年的政治意志和艺术想象。"萧永义著的《文图并说毛泽东诗词》认为："1965 年是毛泽东晚年政治生活中最为重要的年份之一。'文化大革命'已如箭在弦上不得不发。因之这首诗实可看做作者特定历史时代的述怀明志之作。"有的研究者说得更为直白，如张仲举编著的《毛泽东诗词全集译注》指出："作者 1965 年所写的四首诗词，除《念奴娇·鸟儿问答》是针对国际共产主义运动中以赫鲁晓夫为头目的现代修正主义者之外，《水调歌头·重上井冈山》《念奴娇·井冈山》和这首《七律·洪都》，都是针对国内的，都是发动'文化大革命'的前奏和信号弹。"这类解读，实际上就是将《七律·洪都》的主旨置于"文化大革命"背景中去演绎的，只是演绎的程度不同而已。

诚然，1965 年是"文化大革命"的前一年，问题是能不能将 1965 年所发生的一切都和"文化大革命"的发动相联系甚至画等号。1961 年至 1965 年，中共中央对国民经济实行"调整、巩固、充实、提高"的八字方针。在此期间，全国上下把主要精力都放在了恢复和发展生产力方面。到 1965 年年底，随着调整国民经济的任务全面完成，我国国民经济已从 20 世纪 50 年代末 60 年代初的困境中摆脱出来，开始步入正常发展的轨道。1964 年年底至 1965 年年初召开的三届全国人大一次会议上，周恩来不仅宣布因经济困难而被推迟 3 年多的第三个五年计划将于 1966 年开始实施，而且代表党中央向全国人民发出了实现"四个现代化"宏伟目标的号召。这首诗在这种大背景下写成，其基调是乐观的、高昂的。

"诗无达诂"是中国古代一种独特的开放式的文学读解原则，符合诗歌欣赏的普遍规律。1996 年 12 月 25 日《辽宁人才报》刊登了杨大勇撰写的《芦荻陪毛泽东读书的日子》。文章披露：1975 年 7 月的一天，芦荻给毛泽东读了李商隐的《锦瑟》。这是很难解的一首诗，有说是写情恋的，有说是追怀亡妻的，有说是为伤唐玄宗而作的，有说是诗人晚年回顾其坎坷人生的，有说是写一种叫"锦瑟"的乐器的。芦荻请教毛泽东怎么看。毛泽东说：不要做烦琐的钻牛角尖的研究，只要感觉文采非常美，徜徉迷离，给你一种美的享受就行了。这首诗为什么流传得这么久，自有它迷人的魅力。不要整天说它是悼亡还是托言，怎么说都可以，总之是寄托了作者内心的一种惆怅。

1976 年 2 月 12 日，毛泽东致信复旦大学中文系教授刘大杰时主张："李义山无题诗现在难下断语，暂时存疑可也。"由此看来，对《七律·洪都》也不要解得太死。诗词毕竟不是政论文章，不是形势分析，不必将其主旨说得太具体，能够体验到毛泽东在感慨抒怀、表达壮志豪情即可。

《七律·洪都》心解

1961 年 9 月，毛泽东在会见英国陆军元帅蒙哥马利时谈到了生死问题。他说："我现在只有一个五年计划，到七十三岁去见上帝，我的上帝是马克思。"毛泽东还向蒙哥马利提到了中国的一句民间谚语：我们中国人叫七十三、八十四，阎王不叫自己去。也就是说，人到了这么大的年纪，去见上帝是很自然的事。1965 年的毛泽东已 72 岁，临近 73 岁，人生七十古来稀，他已清楚地意识到自己年事已高。"鬓雪飞来成废料，彩云长在有新天"，究竟表达了毛泽东一种什么样的心境状态？只有领悟了其中的滋味，才能真正领略到《七律·洪都》的深意。

"闻鸡久听南天雨，立马曾挥北地鞭。"毛泽东想起古代豪杰的金戈铁马，势必会联想起自己的戎马倥偬、南征北战。正如 1965 年 5 月，毛泽东时隔 38 年后重上井冈山，当年的艰苦鏖战历历在目，事非经过不知难，他由衷感叹："犹记当时烽火里，九死一生如昨。""鬓雪飞来成废料"是毛泽东对自己年迈的一种自嘲、调侃与幽默，是他对自己年迈的一种挑战方式，是他晚年率真襟怀的一种袒露。人老了，全身大部分器官功能逐渐衰落，记忆力衰退，反应迟缓，对谁都是如此，这是不可抗拒的自然规律。

少年毛泽东离开韶山外出求学时，就立下了"埋骨何须桑梓地，人生无处不青山"的人生誓言。但毛泽东是彻底的辩证唯物主义者，他对生死观的理解很透彻，既是唯物的，又是辩证的。毛泽东有着"天若有情天亦老""踏遍青山人未老"的豪迈，更深知"人生易老天难老""一篇读罢头飞雪"的无情，他承认和正视人生易老、时光易逝，时常感慨"子在川上曰：逝者如斯夫""三十八年过去，弹指一挥间""弹指三十八年"。但他从不因此消极悲观，恰恰相反，他要求人们"莫叹韶华容易逝"，他的时间观念表现出强烈的"及时"意念，特别注重对"今"的把握。"今日向何方，直指武夷山下""装点此关山，今朝更好看""今日长缨在手，何时缚住苍龙""雄关漫道真如铁，而今迈步从头越""数风流人物，还看今朝""萧瑟秋风今又是，换了人间"。这些充满哲理而又不乏激情的诗句，不断激励人们好好抓住当前，以分秒必争的精神去从事伟大的斗争与实践。"多少事，从来急；天地转，光阴迫。一万年太久，只争朝夕。"毛泽东这样激励自己，也这样激励后人。

"鬓雪飞来成废料"似乎有一种老而无用的感伤，但紧接着的"彩云长在有新天"一句，陡然使诗情变得昂扬激越起来。梁启超在《少年中国说》中指出："老年人常思既往，少年人常思将来。惟思既往也，故生留恋心；惟思将来也，故生希望心。"用梁启超的这番话来揣度毛泽东的内心体验，可谓精准恰当、生动传神。这不免使人自然而然想起 1957 年 11 月 17 日毛泽东在莫斯科对中国留学生演讲时的精彩情形。据中共中央文献研究室编写的《毛泽东传》记载：毛泽东第一句话就亲切地说："同志们！我问你们好！"他右手轻轻一抬向前推动了一下说："世界是你们的！"接着又补充了一句说："也是我们的。但是归根结底是你们的。"稍停了一下，毛泽东自问自答地说："为什么说世界归根结底是你们的，而不是我们的呢？你们看，像我们这些人都老得不成个样子了嘛！"毛泽东还说道："我也有个五年计划：再工作五年；如果能再活十五年那我就心满意足了。如果能超额完成任务，那当然更好。可是还得估计到：天有不测风云，人有旦夕祸福，这也是自然辩证法。""你们青年人朝气蓬勃，正在兴旺时期，好像早晨八、九点钟的太阳。希望寄托在你们身上。"如此说来，"鬓雪飞来成废料"表达了毛泽东一种平和淡定的生命意识，而"彩云长在有新天"则充分表达了毛泽东的乐观豁达，他对青年人寄予了无限期望。

毛泽东一生致力于"改造中国与世界"。在毛泽东诗词的语境中，"新天"有着特殊而又丰富的蕴涵。旧中国积贫积弱，"地主重重压迫，农民个个同仇""军阀重开战""洒向人间都是怨""遍地哀鸿满城血"。"为有牺牲多壮志，敢教日月换新天"，毛泽东就是要彻底改变旧社会那个一片黑暗的"天"。于是，他把中国革命的胜利和新中国的诞生，诗意地表达成"天翻地覆慨而慷""一唱雄鸡天下白""试看天地翻覆""人间变了，似天渊翻覆"。"改造中国与世界"势必是漫长的过程，需要一代又一代人的不懈努力和奋斗。毛泽东既有"老骥伏枥、志在千里"的壮心不已，又有"长江后浪推前浪"的热切期盼，有了前赴后继的坚实基础，"江草江花处处鲜"就不仅仅是一种美好的现实，更是一种灿烂的未来。

《七律·洪都》写得含蓄深沉，南昌这座英雄的城市，激发了毛泽东对古代豪杰的联想和思索，引发了对自己辉煌人生的回忆与感慨，表达了对生命意识的深邃理解和美好前景的乐观展望。

毛泽东诗词的字斟句酌

　　杜甫《解闷十二首》诗云："陶冶性灵存底物，新诗改罢自长吟。"清代诗人袁枚《遣兴》写道："爱好由来落笔难，一诗千改始心安。"毛泽东对自己的诗词既当真，又较真，总是本着对艺术负责、对自己负责、对读者负责的态度，一改再改，精益求精。毛泽东诗词作品的数量并不算多，但仔细比较不难发现，其绝大多数作品都历经多次修改，从作品标题、个别措辞、整个诗句，到篇章结构，乃至标点符号，他都一再推敲。这才使得毛泽东诗词用词精准、对仗工整、韵味十足、意境高远，成为千古绝唱。

用心打磨：艺海无涯乐作舟

　　1958 年 3 月，毛泽东视察三峡，随行的梅白写了一首《夜登重庆枇杷山》。毛泽东帮他修改之后，说："诗要改，不但要请人改，而且主要靠自己改。放了一个时期，看了想了，再改，就有可能改得好一些。这就是所谓'推敲'的好处。"1963 年 11 月 24 日，他在会见外宾时说："有些诗不能用，要经过修改，写文章和写诗不经过修改是很少的。"

　　1956 年年底，中国作家协会筹办《诗刊》杂志，编辑部搜集到社会上流传的毛泽东的 8 首诗词，主编臧克家致信毛泽东："因为它们没有公开发表过，群众相互抄诵，以致文句上颇有出入。有的同志建议我们：要让这些诗流传，莫如请求作者允许，发表一个定稿。"毛泽东对此非常重视，对作品逐一进行校正，还另外提供了 10 首作品。1957 年 1 月 12 日，毛泽东回信说："既然你们以为可以刊载，又可为已经传抄的几首改正错字，那末，就照你们的意见办吧。"

1963 年 12 月，人民文学出版社出版《毛主席诗词》37 首，文物出版社则出版了线装本，两个版本的内容相同。毛泽东对这本诗集十分审慎，他给发表过的 27 首作品署明了写作日期；补上了一些词的题目，如将《浣溪沙》改成《浣溪沙·和柳亚子先生》；改动了少数题目，如将《游仙〈赠李淑一〉》改为《蝶恋花·答李淑一》；对部分诗词正文和附注作了订正；为一些和词附上了原作。"六三年版"是毛泽东亲自参与审订、编辑的毛泽东诗词版本。

据曾担任毛泽东保健护士长的吴旭君回忆：从 1963 年 3 月至 1973 年冬，毛泽东将全部诗稿看过数次，对有些诗词作过多次修改。修改都由吴旭君作记录，等到推敲好的句子定下来之后，毛泽东再亲笔写到手稿上，然后叫她把修改记录烧掉。1973 年冬天，他又叫吴旭君把全部诗词抄写一遍。毛泽东又作核对。如此反复，足见毛泽东对修改作品的严谨。

随意而为：无心插柳柳成荫

随着毛泽东诗词的陆续发表，毛泽东诗词手迹也不断公之于世。《念奴娇·昆仑》有 5 件手迹，《沁园春·长沙》有 6 件手迹，《沁园春·雪》有 10 件手迹。这些手迹蕴含着作品修改和流传过程的重要信息。毛泽东写完《七律·人民解放军占领南京》之后，将手稿扔进纸篓，是田家英将其捡回并留存的。1956 年 12 月 4 日，在致黄炎培的信中，毛泽东抄录了《水调歌头·游泳》，"以答先生历次赠诗的雅意"。1961 年毛泽东在将《虞美人·枕上》书赠给卫士张仙朋时说："这个由你保存。"1962 年 2 月，毛泽东把《卜算子·咏梅》抄赠刘思齐作为新婚贺礼。

毛泽东的诗词手迹是在不同时期、不同地点、不同心境状态下书写的。他并不是对照诗集一字一句照录，往往是凭记忆，凭印象。加上他书写时已时过境迁，文字感觉和内心情感都可能发生了微妙改变。毛泽东诗词作品字词句篇的丰富变化，有相当一部分呈现在手迹当中，未必都是刻意修改。

在《沁园春·长沙》中，将"层林尽染"写成"层峦尽染"，将"到中流击水"写成"向中流击水"；在《七律·长征》中，将"万水千山只等闲"写成"万水千山似等闲"，将"更喜岷山千里雪"写成"最喜岷山千里雪"；在《七律·和柳亚子先生》中，将"牢骚太盛防肠断"写成"牢愁太多防肠断"；等等。这些字词比较接近，诗句含义没有实质性变化。有时候，诗句的变化比较大。《贺新郎·别友》中的"人有病，天知否"一句，有的写成"曾不记：倚楼处"，有的写成"重感慨，泪如雨"。《满江红·和郭沫若同志》中的"四海翻腾云水怒，五洲震荡风雷激"一句，就有"革命精神翻四海，工农踊跃抽长戟""革命精神翻四海，工农踊跃挥长戟"两种写法。

专家润色：采得百花酿成蜜

毛泽东的诗词成就举世公认，但他很低调，与诗友平等交流，切磋诗艺。柳亚子、黄炎培等人每有新作，都会寄给毛泽东，毛泽东则以诗回赠，而回信中常有"录呈审正"这样的谦辞。1965 年 7 月 21 日，毛泽东在给陈毅的信中写道："我偶尔写过几首七律，没有一首是我自己满意的。如同你会写自由诗一样，我则对于长短句的词学稍懂一点。剑英善七律，董老善五律，你要学律诗，可向他们请教。"

1959 年 6 月底 7 月初，毛泽东写了《七律·到韶山》《七律·登庐山》。9月 7 日，他致信胡乔木说："诗两首，请你送给郭沫若同志一阅，看有什么毛病没有？加以笔削，是为至要。"郭沫若于 9 日、10 日致信胡乔木，反馈自己的意见建议。9 月 13 日，毛泽东再次写信给胡乔木："沫若同志两信都读，给了我启发。两诗又改了一点字句，请再送陈沫若一观，请他再予审改，以其意见告我为盼！"《七律·登庐山》中的"跃上葱茏四百旋"一句，原先是"欲上逶迤四百旋"，郭沫若认为"'欲上逶迤'四字，读起来似有踟蹰不进之感，拟易为'坦道蜿蜒'"。而"热风吹雨洒江天"一句，原先是"热风吹雨洒南天"。郭沫若"觉得和上句'冷眼向洋观世界'不大协谐。如改为'热情挥雨洒山川',似较鲜明"。后来的定稿,显然是参考了郭沫若的意见。

1962 年《人民文学》发表《词六首》之前,毛泽东将其寄给臧克家等人征求意见。1962 年 4 月 24 日,毛泽东致信臧克家:"你细心给我修改的几处,改得好,完全同意。还有什么可改之处没有,请费心斟酌,赐教为盼。"在1963 年版《毛主席诗词》出版之前,毛泽东委托田家英邀请朱德、邓小平、彭真等中央领导同志以及郭沫若、臧克家等诗人,召开征求意见座谈会。臧克家提了 23 条意见,毛泽东采纳了其中 13 条意见。

读者建议:听取溪流动地声

毛泽东不仅虚心听取名师大家的修改建议,而且对陌生读者的合理意见也非常重视。1952 年元旦,东北大学教授罗元贞看到新中国的可喜变化,给毛泽东写信表达感激之情,信中还建议将《七律·长征》"金沙浪拍云崖暖"中的"浪"改为"水"。1 月 9 日,毛泽东给他回信说:"1 月 1 日来信收到,感谢你的好意。"1958 年 12 月 21 日,毛泽东在文物出版社出版的《毛主席诗词十九首》书眉上批注道:"浪拍:改水拍。这是一位不相识的朋友建议如此改的。他说不要一篇内有两个浪字,是可以的。"

1957 年《诗刊》创刊号发表《菩萨蛮·黄鹤楼》时,"把酒酹滔滔"中的"酹"字写的是"酎"字。这显然是笔误,"酎"是名词,指经过两次或多次酿制的酒;"酹"是动词,指把酒洒在地上,表示祭奠和起誓。苏东坡《念奴娇·赤壁怀古》"一樽还酹江月"中的"酹"字即为此意。复旦大学一名学生、江苏省泰县(今泰州市姜堰区)一个小学校长、福建省南平县(今南平市)的读者陈治等人,分别致信毛泽东,指出"酎"应改为"酹"。毛泽东看完后,让中央办公厅秘书室给他们回信,告诉他们所提意见是对的。

毛泽东是中国人民无比敬仰的伟大领袖,普通读者发现毛泽东诗词存在瑕疵,能提出修改意见,甚至直言不讳地指出错别字,需要有学识,更需要有勇气。这种情况在中国古代社会是不可想象的，充分体现了毛泽东的博大胸襟和为民情怀。1957年3月12日在全国宣传工作会议上，毛泽东说："当着自己写文章的时候，不要老是想着'我多么高明'，而要采取和读者处于完全平等地位的态度。"他这样说，更这样做。这种态度使毛泽东能够从谏如流，认真听取读者建议。

第三辑

家国天下

从毛泽东诗词中感悟中国共产党人的初心

初心，本义是指做某件事最初的动机、原因、理想或愿望。"不忘初心，方得始终"，这是一句解读《华严经》箴言而得来的人生真理，在佛教中流传很广。

党的十八大以来，习近平总书记多次使用这个词，把它纳入到共产党人的话语体系，使其成为政治词汇。他将"不忘初心"变成中国共产党执政理念的一个重要提法，上升为习近平新时代中国特色社会主义思想中的一个重要理念，极大地丰富和拓展了它的蕴涵与意义。

2016年7月1日，在庆祝中国共产党成立95周年大会上的讲话中，习近平总书记把"不忘初心、继续前进"作为主题引领全文，并提出了8个方面的具体要求。党的十九大报告又把"不忘初心"作为大会的主题词，明确提出要在全党开展"不忘初心、牢记使命"主题教育。

什么是中国共产党人的初心？党的十九大报告明确指出："中国共产党人的初心和使命，就是为中国人民谋幸福，为中华民族谋复兴。这个初心和使命是激励中国共产党人不断前进的根本动力。"

初心和使命关系密切，无法割裂开来。初心，侧重的是动机、希望和理想，是内生动力；使命，强调的是任务、责任和担当，是赋予动力。初心是出发点，是目标导向的；使命是归宿点，是结果导向的。没有初心的激发，使命根本无法完成；而没有使命的驱使，初心必将迷失方向。

毛泽东是中国近代以来伟大的爱国者和民族英雄，是党的第一代中央领导集体的核心，是领导中国人民彻底改变自己命运和国家面貌的一代伟人。

　　毛泽东的初心和中国共产党人的初心，是天然地联系在一起的。毫无疑问，毛泽东的初心，就是毛泽东时代中国共产党人的初心。

　　毛泽东诗词是毛泽东的人生观、价值观的高度浓缩和艺术载体。今天，我从历史、实践、人民和品格这 4 个维度，通过分析毛泽东诗词来解读毛泽东的初心，进而更好地理解中国共产党人的初心。

一、从"学不成名誓不还"到"粪土当年万户侯"，毛泽东从一介书生转变成指点江山的热血青年

　　这是历史的维度。初心有一个不断萌发和形成的历史过程。毛泽东曾说："我小的时候也没有多大的志愿和抱负，也没有想干出多么大的事业来。"还说："我读了六年孔夫子的书，又读了七年资本主义的书，到一九一八年才读马列主义。"随着人生道路的不断探索，毛泽东救国救民的初心逐渐形成，最终成为坚定的马克思主义者和共产党人。

　　1906 年秋，13 岁的毛泽东在井湾里的私塾读书。他对传统私塾封闭刻板的教育模式非常不满，写下《井》诗，以表达扩大视野、个性自由的渴望：

> 天井四四方，周围是高墙。
>
> 清清见卵石，小鱼囿中央。
>
> 只喝井里水，永远养不长。

　　1910 年秋天，毛泽东离开韶山，去湘乡就读东山高等小学堂。临行前，毛泽东改写了一首诗《七绝·呈父亲》，表明"学不成名誓不还"的志向。

　　这时的毛泽东还是一介书生，和普通读书人一样渴望金榜题名。他借此向父亲表达一定好好读书、学有所成的决心，同时表达好男儿志在四方的人生追求。

　　1915 年 3 月，同窗挚友易昌陶病故。毛泽东挥笔写下情真意切的《五

古·挽易昌陶》，还写有一副挽联："胡虏多反复，千里度龙山，腥秽待涤，独令我来何济世；生死安足论，百年会有役，奇花初苗，特因君去尚非时。"

上联是说日本人觊觎我锦绣河山，而中国社会又极为黑暗肮脏，正期待我们去彻底洗涤，你却一死了之，叫我如何济世救民？下联是说国难当头，战争风云弥漫，你的生命之花还没有绽放，还没有报效国家，却撒手西去，死得真不是时候！这副挽联抒发了一个热血男儿的忧国忧民之志。

1915 年 5 月 7 日，袁世凯悍然接受丧权辱国的"二十一条"。湖南省立第一师范学校师生群情激愤，集资刊印了揭露日本侵华和袁世凯卖国罪行的书刊《明耻篇》。毛泽东在其封面上奋笔题写了《四言诗·〈明耻篇〉题志》。

青年毛泽东的志向是立奇志，交奇友，读奇书，创奇事，做一个奇男子。这时的毛泽东已经受到许多激进思想的熏陶，对中国的黑暗现实有了深刻认识，救国救民的使命感和责任感不断增强。

中国共产党成立后，青年毛泽东日渐成为政治家和职业革命家，忙忙碌碌、四处奔波。但他也有爱情婚姻，事业和家庭很难并驾齐驱。为了实现救国救民的初心和使命，他不得不把个人感情深藏于心。

1921 年，他写了一首独具婉约情调的《虞美人·枕上》，诗中写道："堆来枕上愁何状，江海翻波浪。夜长天色总难明，寂寞披衣起坐数寒星。"这首词写得情意绵绵。毛泽东和杨开慧是革命伴侣，他们聚少离多。夜深人静时，毛泽东也不免思绪万千、彻夜难眠。

1923 年 12 月，毛泽东赴广州参加国民党第一次全国代表大会。临行前，他给杨开慧写了《贺新郎·别友》，表达依依惜别之情。"过眼滔滔云共雾，算人间知己吾与汝""汽笛一声肠已断，从此天涯孤旅"，毛泽东与杨开慧志同道合，为了实现救国救民的初心，从个人情感中挣脱出来，毅然决然地踏上新的革命征程。

1925 年秋，毛泽东从长沙去广州主持农民运动讲习所之前，重游橘子洲头，写下豪情满怀的《沁园春·长沙》。这是青年毛泽东的代表作，反映了他写诗时的复杂心情，追溯了湖南省立第一师范那段激情燃烧的岁月。

正如习近平总书记在纪念毛泽东同志诞辰 120 周年座谈会上所说："年轻的毛泽东同志，'书生意气，挥斥方遒。指点江山，激扬文字'，既有'问苍茫大地，谁主沉浮'的仰天长问，又有'到中流击水，浪遏飞舟'的浩然壮气。"毛泽东已经是坚定的革命者，投身于救国救民的伟大事业。

二、从"问苍茫大地，谁主沉浮"到"天翻地覆慨而慷"，毛泽东从上下求索到彻底改变中国命运

这是实践的维度。中国共产党一经成立就义无反顾地肩负起实现中华民族伟大复兴的历史使命。在这一波澜壮阔的伟大实践中，毛泽东实现了他的初心，也成就了千秋伟业。

旧中国西方列强入侵，封建统治腐败，内忧外患，满目疮痍。"五月七日，民国奇耻""东海有岛夷，北山尽仇怨""地主重重压迫""遍地哀鸿满城血""重庆有官皆墨吏""千村薜荔人遗矢，万户萧疏鬼唱歌"。

为寻求"改造中国与世界"的正确道路，毛泽东上下求索。

在改造中国与世界的进程中，毛泽东经历了"问天""比天"到"翻天""换天"的心路历程。毛泽东诗词中有"天"字的诗句很多。诸如"万类霜天竞自由""人生易老天难老""极目楚天舒""天堑变通途"，等等。这些诗句中的"天"，要么指与地相对的无边苍穹，要么指自然界，其涵义与人们对"天"的一般解释没有什么区别。在毛泽东的思想观念中，"天"有着极强的政治色彩，反映着毛泽东的革命诉求。

一是问天。"怅寥廓，问苍茫大地，谁主沉浮"一句，尽管没有出现"天"字，但"寥廓"二字指的分明就是"天"，人们很自然地会联想到屈原的长诗《天问》。这是对于天地、自然和人世等一切事物的发问，表现出毛泽东对现实社会的强烈不满和大胆质疑以及他追求真理的探索精神。

二是比天。到 1936 年《沁园春·雪》中"欲与天公试比高"时，日本加

紧侵华，民族矛盾日益尖锐，中央红军已结束长征到达陕北，开始东征，奔赴抗日前线，毛泽东已经找到改造中国与世界的正确道路和具体方法。

在中国传统观念中，"天公"高高在上，神圣不可侵犯。而毛泽东却不信邪，要与"天公"分庭抗礼。"金猴奋起千钧棒，玉宇澄清万里埃。"正如毛泽东所说："我们就像孙悟空大闹天宫一样，我们丢掉了天条。"毛泽东信奉的理念是"造反有理"。

三是翻天。毛泽东"改造中国与世界"的最终目的，显然不是要与"天公"平起平坐，而是要推翻压在中国人民头上的三座大山，即帝国主义、封建主义、官僚资本主义。1949 年，中国人民解放军解放南京，中国革命胜局已定。"一唱雄鸡天下白，万方乐奏有于阗。"毛泽东由衷赞叹："天翻地覆慨而慷""人间变了，似天渊翻覆"。

四是换天。1959 年 6 月，毛泽东回到阔别 32 年的韶山时，感慨"为有牺牲多壮志，敢教日月换新天"。新中国成立已经 10 个年头，进入社会主义建设时期，已经换了新天。

解读毛泽东的初心，不能不提到《西江月·秋收起义》。它不属于毛泽东诗词的精品力作，但如果从中国革命史的角度去衡量，这首词无疑具有不可低估的特殊意义。"霹雳一声暴动"，穿长衫的毛泽东开始带兵打仗，成为用枪杆子改写中国历史的军事家。

"军叫工农革命，旗号镰刀斧头"，秋收起义创建了工农革命军第一军第一师，共产党人抛弃国民党的旗号，第一次亮出了自己的旗帜。当年曾有一副对联："斧头劈出新世界，镰刀割断旧乾坤。"工农阶级从此有了由自己的兄弟组成的、真正为老百姓打天下的子弟兵！

反动派对革命武装极尽污蔑之能事，斥之为"匪"为"寇"，而毛泽东把中国共产党领导的人民军队称之为"天兵"。在古人的心目中，"天兵"是天神之兵，而在毛泽东看来，"枪杆子里面出政权"，"天兵"是革命武装，是"改造中国与世界"的根本依托，是正义之师，是仁义之师。

秋收起义受挫后，毛泽东及时由进攻大城市转向农村进军，建立井冈山革命根据地，井冈山成为中国革命的摇篮。他专门为井冈山题写了《西江月·井冈山》《水调歌头·重上井冈山》《念奴娇·井冈山》。这一现象绝无仅有，足见井冈山在毛泽东内心深处的情结之深，分量之重。

三、从"唤起工农千百万"到"六亿神州尽舜尧"，毛泽东从重视民众到一切依靠人民一心为民

这是人民的维度。中国共产党始终代表中国最广大人民的根本利益，人民立场是中国共产党的根本政治立场。中国共产党人的初心，说到底就是对人民的赤子之心。

毛泽东是中国人民的伟大领袖。"人民"是毛泽东思想的重要范畴。始终为人民谋幸福，是支配毛泽东一生的灵魂，是激励毛泽东奋斗终生的不变初心。

毛泽东从根本上解决了"为谁扛枪，为谁打仗"的问题。"收拾金瓯一片，分田分地真忙""遍地哀鸿满城血，无非一念救苍生"，形象地说明了中国革命的目的在于拯救民族危亡，重整祖国河山，解除苍生苦难，增加人民福祉。毛泽东始终忧患着人民的忧患，欢乐着人民的欢乐。

"人民，只有人民，才是创造世界历史的动力。"毛泽东始终把人民群众看作真正的英雄。"中华儿女多奇志""六亿神州尽舜尧"，是毛泽东人民观的诗意表达。这就是为什么毛泽东在解释"俱往矣，数风流人物，还看今朝"时，明确说明"是指无产阶级"。

毛泽东强调兵民是胜利之本，战争之伟力存在于民众之中。他放手发动群众，"十万工农下吉安""百万工农齐踊跃""唤起工农千百万"。毛泽东坚信人民战争是克敌制胜的法宝，"军民团结如一人，试看天下谁能敌"。

毛泽东用如椽大笔塑造了人民军队的群体形象，热情讴歌他们的革命精神和光辉事业。他们是正义的化身，具有顽强的战斗意志。"不到长城非好汉""万水千山只等闲""万丈长缨要把鲲鹏缚""宜将剩勇追穷寇"。他们坚不可摧，势如破竹，能够征服一切敌人。"早已森严壁垒，更加众志成城""横扫

千军如卷席""席卷江西直捣湘和鄂""百万雄师过大江"。

新中国成立使中国人民站起来了，毛泽东"改造中国与世界"的初心没变，但具体任务已变成千方百计调动广大人民群众的积极性和创造性，通过经济建设来医治战争创伤，摆脱落后面貌，使中国人民尽快过上幸福美好的新生活。

新中国成立后，毛泽东诗词侧重反映社会主义建设的伟大成就，热情讴歌人民群众战天斗地的精神风貌。他欣赏"风樯动，龟蛇静，起宏图"的发展局面；赞扬"一桥飞架南北，天堑变通途"的建设成果；调动"天连五岭银锄落，地动三河铁臂摇"的冲天干劲；培养"不爱红装爱武装""拒腐蚀，永不沾"的一代新人；憧憬"喜看稻菽千重浪，遍地英雄下夕烟"的美好社会。

四、从"管却自家身与心"到"拒腐蚀，永不沾"，毛泽东从注重修身变成共产党人的精神丰碑

这是品格的维度。毛泽东诗词体现了中国共产党人的高尚精神和伟岸人格。不忘初心，就是要始终保持中国共产党人的政治本色和优秀品格。

1903 年，毛泽东在南岸私塾读书。有一天，他偷偷到南岸池塘玩水，被塾师邹春培发现，责令其对对子。上联是"濯足"，10 岁的毛泽东从容应答："修身"。

1918 年 4 月，新民学会成员罗章龙决定赴日本留学。毛泽东赋诗《七古·送纵宇一郎东行》为其饯行，其中写道：

> 丈夫何事足萦怀，要将宇宙看稊米。
>
> 沧海横流安足虑，世事纷纭从君理。
>
> 管却自家身与心，胸中日月常新美。
>
> 名世于今五百年，诸公碌碌皆余子。

新民学会汇聚了一群忧国忧民的热血青年，他们志存高远，砥砺品行。成

为中国共产党人之后，毛泽东的思想境界不断升华，成为他"改造中国与世界"的强大精神动力。

毛泽东的崇高品质内容丰富，这里提示几个要点：

第一，深厚的爱国情怀。

毛泽东所做的一切，都是为了他深深热爱的祖国和人民。毛泽东诗词是中华民族维护尊严、追求独立、寻求解放、谋求幸福的真实写照。

子曰："智者乐水，仁者乐山。"毛泽东"踏遍青山人未老""我自欲为江海客"。《西江月·井冈山》《念奴娇·昆仑》《清平乐·六盘山》等以山为题，《浪淘沙·北戴河》《七绝·观潮》等专门写水，含有山水的诗句不计其数。他笔下的山，仪态万千、瑰伟雄奇；他笔下的水，神奇曼妙、变幻无穷。"江山如画"，"江山如此多娇，引无数英雄竞折腰"，把爱国情怀表现得淋漓尽致。

第二，深沉的忧患意识。

中国革命前途光明，道路曲折。1927 年春，轰轰烈烈的大革命失败，中国大地一片白色恐怖，毛泽东吟成苍凉沉郁的《菩萨蛮·黄鹤楼》。诗中的"茫茫""沉沉""苍苍"笔调压抑，毛泽东内心也不免充满忧虑和苦闷，表达了"一时不知如何是好"的苍凉心情。

1934 年夏天，第五次反"围剿"严重受挫，毛泽东写下《清平乐·会昌》，说由于形势危急，准备长征，他的"心情又是郁闷的"。

1935 年 2 月写的《忆秦娥·娄山关》是长征途中的第一首作品，遵义会议扭转了毛泽东的人生境遇，但红军依然处于险境，这首作品显得极其苍凉凝重。

第三，勇敢的责任担当。

在长征途中，毛泽东写了《十六字令三首》，其三写道："山，刺破青天锷未残。天欲堕，赖以拄其间。"山，犹如长剑刺破青天，一旦天塌下来，山会一柱擎天。山，俨然就是中国共产党人的人格化身，当国家出现危亡，人民出现危难时，中国共产党人总是挺身而出，迎难而上，他们是民族的脊梁，是国家的栋梁，是人民的靠山。

第四，顽强的奋斗精神。

美国前总统尼克松在《领袖们》一书中写道："无论人们对毛有怎样的看法，谁也否认不了他是一位战斗到最后一息的战士。"早在长沙求学期间，青年毛泽东就在他的日记中写下了《四言诗·奋斗》。

他少年时代豪气冲天，青年时代踌躇满志，壮年时期执着豪迈，晚年时期壮心不已。1962年12月26日，毛泽东写了《七律·冬云》，"独有英雄驱虎豹，更无豪杰怕熊罴。梅花欢喜漫天雪，冻死苍蝇未足奇。"已经69岁的毛泽东依然是激情澎湃、斗志昂扬。

第五，积极的乐观心态。

在艰苦卓绝的斗争实践中，毛泽东总是斗志昂扬、积极乐观。"乌蒙磅礴走泥丸"，面对种种困难，毛泽东傲视万物，藐视敌人。"敌军围困万千重，我自岿然不动""暮色苍茫看劲松，乱云飞渡仍从容"，面对各种挑战，毛泽东气定神闲、从容不迫。"要向潇湘直进""直下龙岩上杭""直指武夷山下""不到长城非好汉"，面对崇高理想，毛泽东矢志不渝，百折不挠。

乐观心态和必胜信念激发出无穷力量，促使毛泽东勇往直前。他那句"当着天空中出现乌云的时候，我们就指出：这不过是暂时的现象，黑暗即将过去，曙光即在前头"，至今还在深刻地激励着我们。

第六，崇高的大同理想。

毛泽东放眼全球，胸怀天下。《念奴娇·昆仑》写于1935年10月，当时民族矛盾异常尖锐。毛泽东指出：这首词的主题思想是反对帝国主义。

毛泽东"抽剑"把昆仑山劈成三截，原稿为"一截遗欧，一截赠美，一截留中国"。毛泽东说："改一句：一截留中国，改为一截还东国。忘记了日本人是不对的。这样，英、美、日都涉及了。"他把日本帝国主义和日本人民区分开来，胸襟何其宽广博大！

"太平世界，环球同此凉热。"天下太平、世界大同是古往今来仁人志士梦寐以求的社会理想。毛泽东想象奇特，通过改造昆仑山来表达彻底消灭帝国主义，实现世界大同理想的坚强决心。这也是习近平总书记倡导构建人类命运共同体的思想源泉。

　　1963 年 8 月 1 日，毛泽东兴致勃勃地题写了《杂言诗·八连颂》，高度赞扬身居繁华都市，始终不忘初心、保持优良传统的南京路上好八连："为人民，几十年。拒腐蚀，永不沾……不怕压，不怕迫。不怕刀，不怕戟。不怕鬼，不怕魅。不怕帝，不怕贼。奇儿女，如松柏。上参天，傲霜雪。纪律好，如坚壁。军事好，如霹雳。政治好，称第一。思想好，能分析。"

　　毛泽东的崇高思想在《杂言诗·八连颂》当中体现得最直接、最全面、最生动。这首诗对人民军队在和平年代如何继续保持革命本色提出了明确要求，也为全体共产党员不断加强思想道德建设指明了具体方向。只有做到不忘初心、永不变色、牢记使命、一心为民，才能使我们党永葆青春，战无不胜。

　　使命呼唤担当，使命引领未来。我们要以毛泽东为榜样，不忘初心，牢记使命，为中国人民谋幸福，为中华民族谋复兴。

　　像毛泽东那样，"中华儿女多奇志"，与时俱进，把个人前途和祖国命运紧密联系在一起。

　　像毛泽东那样，"风卷红旗过大关"，积极探索，充分发挥主观能动性创造性地开展工作。

　　像毛泽东那样，"独有英雄驱虎豹"，勇于担当，不推诿不扯皮不塞责迎难而上敢为人先。

　　像毛泽东那样，"六亿神州尽舜尧"，为民造福，与广大人民群众打成一片同甘苦心连心。

　　像毛泽东那样，"踏遍青山人未老"，艰苦奋斗，始终做到精神饱满地尽职尽责攻坚克难。

　　像毛泽东那样，"风物长宜放眼量"，居安思危，要在党爱党在党言党在党忧党在党为党。

　　像毛泽东那样，"不到长城非好汉"，增强信心，把"四个自信"融会贯通成自觉意识和行动。

　　像毛泽东那样，"胸中日月常新美"，克己修身，做高尚纯粹脱离低级趣味有道德有益于人民的人。

毛泽东诗词中蕴含的忧患意识

中华民族饱经沧桑，曾有"生于忧患，死于安乐"的千年古训。古语云："君子安而不忘危，存而不忘亡，治而不忘乱，是以身安而国家可保也。"一代伟人毛泽东自幼怀有忧国忧民之心，具有强烈的忧患意识，这是毛泽东爱国情怀和奋斗精神的不竭动力。这种忧患意识不仅体现在毛泽东的政治理论著作中，也深深地寓含在他寄情抒怀的诗词里。尽管毛泽东诗词就总体而言气势磅礴、纵横捭阖，充满激情和豪迈，但也有着苍凉沉郁、忧时感怀的特点，饱含着深沉的忧患，从而使他的诗词更彰显出思想的深邃和理性的光辉。

忧旧社会之黑暗：长夜难明赤县天

毛泽东生于 1893 年，那时正是中国封建社会末期。近代中国，封建社会已极端腐朽，西方列强欺凌中国，中华民族面临亡国灭种的深重危机。进入私塾读书后，毛泽东读了《盛世危言》《支那分割之命运》等书，开始朦胧地意识到国家贫穷落后。1910 年秋，毛泽东前去就读湘乡县立东山高等小学堂。

1915 年 5 月 7 日，袁世凯悍然接受丧权辱国的"二十一条"，湖南省立第一师范的师生集资刊印《明耻篇》，毛泽东愤然题诗言志。此间，同窗好友易昌陶不幸病故，在《五古·挽易昌陶》中，面对"东海有岛夷，北山尽仇怨"，毛泽东忧愤地写道："我怀郁如焚，放歌倚列嶂。"毛泽东借悼亡以消心中块垒，怒斥日本人觊觎我大好河山，诗情沉痛悲婉，但又透发着一股阳刚之气、报国豪情。

1918 年 4 月，罗章龙准备去日本留学，毛泽东写了《七古·送纵宇一郎东行》。诗中写道："名世于今五百年，诸公碌碌皆馀子。"意思是说著名人物 500 年出一个，而现在的达官显贵都是些碌碌平庸之辈。学生时代的毛泽东"书生意气，挥斥方遒。指点江山，激扬文字，粪土当年万户侯"，充满着革命豪情与报国之志。"为有牺牲多壮志，敢教日月换新天"，历史使命感促使毛泽东义无反顾地投身到为中国人民求解放的斗争洪流中去。

忧国家民族之前途：问苍茫大地，谁主沉浮

选择并信仰马克思主义之后，毛泽东矢志不渝地探索救国救民之策。1925 年秋，毛泽东独立橘子洲头，在无限怅惘中，他从内心深处发出"问苍茫大地，谁主沉浮？"这一气壮山河的诘问。中国的命运究竟该由哪一个阶级来主宰？中国革命的道路究竟应该怎么走？

1927 年春，轰轰烈烈的大革命失败，毛泽东倾情吟成《菩萨蛮·黄鹤楼》。"茫茫九派流中国，沉沉一线穿南北。烟雨莽苍苍，龟蛇锁大江。"毛泽东迅速摆脱"心情苍凉，一时不知如何是好"的精神状态，"把酒酹滔滔，心潮逐浪高"。一个"酹"字，既是对革命英烈的深情祭奠，又是革命到底的慷慨壮行。"秋收时节暮云愁，霹雳一声暴动"，毛泽东毅然发动秋收起义，走上了武装斗争的革命道路。

秋收起义失利后，毛泽东引兵井冈。他的军旅诗词尽情抒发革命战争狂飙突进的心情舒快状态："黄洋界上炮声隆，报道敌军宵遁""红旗跃过汀江，直下龙岩上杭""齐声唤，前头捉了张辉瓒""横扫千军如卷席""百万雄师过大江"。然而，毛泽东的诗情之中，却始终有着挥之不去的忧愁和忧患。一方面是敌强我弱的态势，"敌军围困万千重""二十万军重入赣，风烟滚滚来天半"；另一方面是战争环境艰苦卓绝，"赣江风雪迷漫处""路隘林深苔滑"。特别是党内"左"倾教条主义的错误，使中国革命艰难曲折，毛泽东本人也几度身陷逆境。特别是 1934 年，根据地形势危急，红军准备长征，第五次反"围剿"

损兵失地，"一寸山河一寸血"，毛泽东怎能不为根据地危局而痛苦忧伤？这种忧患之情在《菩萨蛮·大柏地》《清平乐·会昌》中得到了深刻体现。

1935年1月，遵义会议召开，毛泽东走出逆境，重掌兵权。2月，他率领红军二渡赤水，重打娄山关，再占遵义，写下《忆秦娥·娄山关》。按理说此时的毛泽东应该踌躇满志、神清气爽，然而这首词却写得凝重沉郁：西风凛冽，寒霜满地，晓月孤悬，雁叫凄厉，马蹄声碎，军号低回。不见欢声，没有笑语，气氛肃穆悲壮，尽显战斗的凶险和紧张。毛泽东所忧所虑的，绝非个人的起落沉浮，而是红军仍然处于蒋介石数十万军队的围追堵截之中，远未摆脱险境。

忧民生之多艰：洒向人间都是怨

"国际悲歌歌一曲，狂飙为我从天落。"20世纪40年代在延安时，史沫特莱曾问：为什么听中国人唱《国际歌》，和欧洲人不同，中国人唱得悲哀一些？毛泽东说：我们的社会经历是受压迫，所以喜欢古典文学中悲怆的东西。旧中国社会黑暗，民生多艰。"地主重重压迫，农民个个同仇""洒向人间都是怨"，可谓是"国家也坏到了极点，人类也苦到了极点，社会也黑暗到了极点"。

"收拾金瓯一片，分田分地真忙""遍地哀鸿满城血，无非一念救苍生"，毛泽东富有诗意和哲理地诠释了中国革命战争的政治理想和神圣使命。"一念"表明革命者的坚定执着、义无反顾；而"真忙"则把土地革命的火热场面写得活灵活现。中国革命为了人民，也必须依靠人民，"军叫工农革命""十万工农下吉安""百万工农齐踊跃""唤起工农千百万"。

毛泽东关乎民生疾苦的诗句，大都见于战争与革命题材的作品之中，但《七律二首·送瘟神》从人间万象中抒发对苦难中国、苦难民生的一种忧虑与悲悯，这在毛泽东诗词作品中是颇为独特的。作品触及人民生计、触及卫生防疫这件大事。"绿水青山枉自多，华佗无奈小虫何！千村薜荔人遗矢，万户萧疏鬼唱歌。"气氛悲哀，感情抑郁，语气令人哽咽。血吸虫病曾经长期在我国南方横行肆虐，许多村庄失去人烟，大片良田变成荒野。其夺走的生命超过近百年战争中死去的人数，患疾的人数以千万计。1955 年，毛泽东发出号召："一定要消灭血吸虫病！" 1958 年 6 月 30 日，《人民日报》发表《第一面红旗》，报道江西省余江县消灭血吸虫病的可喜成果。"天连五岭银锄落，地动三河铁臂摇。借问瘟君欲何往，纸船明烛照天烧。" 新中国劳动人民在党的领导下，改天换地，征服自然，创造新生活。悲欢都在忧患里，忧患自见悲欢情。毛泽东忧患着人民的忧患，欢乐着人民的欢乐。

1959 年 6 月，毛泽东回到阔别 32 年的韶山，当时农村的生产形势存在诸多问题。"民以食为天"，老百姓的吃饭问题始终让毛泽东牵肠挂肚。毛泽东请乡亲们吃了一餐饭，可饭桌上狼吞虎咽、杯盘狼藉、残羹不剩的情景，使他内心隐隐作痛。"喜看稻菽千重浪"，更多的是诗人浪漫的想象。

忧世界之不宁：高天滚滚寒流急

1912 年秋天，毛泽东在省立湖南省图书馆，第一次看到《世界坤舆大地图》。世界如此之大，给他以强烈的心灵震撼。从此毛泽东的眼界变得更加开阔，志向变得更加高远。

1935 年 10 月写的《念奴娇·昆仑》最能体现毛泽东的世界情怀。巍巍昆仑雪峰耸立，夏日冰雪消融，造成水患祸害人间，毛泽东顺势诘问："千秋功罪，谁人曾与评说？" 毛泽东对昆仑山之雪危害的关注，本质上是对中华民族和全人类命运的忧患。他要剑劈昆仑，将其裁为三截，"一截遗欧，一截赠美，一截还东国"。毛泽东以博大的胸襟把日本帝国主义和日本人民区分开，呼唤"太平世界，环球同此凉热"，更是突现了中国共产党人彻底消灭帝国主义，实现世界大同理想的坚定信念和决心。

"一从大地起风雷，便有精生白骨堆。" 第二次世界大战结束后，"小小寰球，有几个苍蝇碰壁"，国际社会出现了"大动荡、大分化、大改组"的局面，美苏争霸，西方势力敌视中国，中苏关系不断恶化。20 世纪 50 年代末，毛泽东一连写了多首《七律·读报》，反映中国面临的国际局势"已是悬崖百丈冰"："反苏忆昔闹群蛙，今日欣看大反华""西海如今出圣人，涂脂抹粉上豪门""敢向邻居试螳臂，只缘自己是狂蜂"。面对"高天滚滚寒流急"的严峻挑战，毛泽东气定神闲，"冷眼向洋看世界""乱云飞渡仍从容""梅花欢喜漫天雪"。他蔑视各种国际反动势力，将其视为"蚂蚁""蚍蜉""苍蝇""蓬间雀"。他坚决反帝反霸反修，坚定支持世界各国人民的正义事业。"独有英雄驱虎豹，更无豪杰怕熊罴""四海翻腾云水怒，五洲震荡风雷激。要扫除一切害人虫，全无敌"。

忧本色之蜕变：拒腐蚀而永不沾

1949 年，人民解放军以排山倒海之势占领南京后，毛泽东异常冷静和理性，他担忧革命队伍中会滋生因胜而骄的懈怠情绪，更担心除恶未尽、给敌人以喘息之机。他号召"宜将剩勇追穷寇，不可沽名学霸王"，誓将革命进行到底，这才有了中华人民共和国的成立与长治久安。

新中国成立，"天翻地覆慨而慷""一唱雄鸡天下白""萧瑟秋风今又是，换了人间"。毛泽东深知革命成功后的路程更长，工作更艰巨。"春风杨柳万千条，六亿神州尽舜尧"，毛泽东坚信中国人民一定能"迅速地荡涤反动政府留下来的污泥浊水，治好战争的创伤"。他积极营造"风樯动，龟蛇静，起宏图"的发展局面，充分调动"天连五岭银锄落，地动三河铁臂摇"的建设热情，努力实现"我欲因之梦寥廓，芙蓉国里尽朝晖"的社会理想。

西方敌对势力从未罢手，他们把"和平演变"的幻想寄托在中国共产党第三代、第四代身上。毛泽东对此阴谋高度警惕，十分注重培养"不爱红装爱武装"的一代新人。1949 年上海解放之初，有人断言：上海是个大染缸，共产党红着进来，将黑着出去，抵挡不了糖衣炮弹的攻击。1963 年 8 月 1 日，毛泽东唯一一次为一支基层连队热情赋诗《杂言诗·八连颂》。"好八连，天下传。为什么？意志坚。为人民，几十年。拒腐蚀，永不沾。""不怕压，不怕迫。不怕刀，不怕戟。不怕鬼，不怕魅。不怕帝，不怕贼。""南京路上好八连"的事迹，使毛泽东感到了莫大的欣慰和鼓舞。这首诗是对好八连的热情礼赞，更是对人民军队的殷切希望。其中很多内容，如"拒腐蚀，永不沾"至今仍有重要的警示作用。

从毛泽东诗词中汲取斗争精神和智慧

党的十八大以来，习近平总书记就"进行具有许多新的历史特点的伟大斗争"问题，从战略和全局高度提出了一系列重要论述，强调要发扬斗争精神，不断增强斗争本领。敢于斗争、善于斗争是中国共产党人的政治品格和制胜法宝。在漫长的革命生涯中，毛泽东凭借着对现实斗争的深刻认识和灵活驾驭，在中国大地上"导演了一幕幕惊心动魄、波澜壮阔的历史大剧"，彻底改变了中国命运和世界格局。

毛泽东的诗词创作灵感源于其丰富的斗争生活。毛泽东诗词描绘了波澜壮阔的抗争与搏击，抒发了汹涌澎湃的激情与心潮，展现了气吞山河的气魄和力量，是中国革命和建设事业的宏伟史诗，是毛泽东辉煌人生和心路历程的真实写照。毛泽东诗词是毛泽东斗争思想的诗意表达，是解读毛泽东斗争精神的独特文本。

毛泽东斗争精神的深刻蕴涵

毛泽东的一生是光辉的一生，也是战斗的一生。他处在一个必须斗争并不断激发斗争精神的时代。1940 年 1 月，毛泽东在《新民主主义论》中指出："我们共产党人，多年以来，不但为中国的政治革命和经济革命而奋斗，而且为中国的文化革命而奋斗；一切这些的目的，在于建设一个中华民族的新社会和新国家。在这个新社会和新国家中，不但有新政治、新经济，而且有新文化。"这段话阐明了毛泽东斗争实践的主要内容和直接目的。毛泽东顺应历史潮流，领导中国共产党，团结带领全国人民，完成了新民主主义革命，建立了中华人民共和国；完成了社会主义革命，确立了社会主义基本制度；探索社会主义道路，开展了社会主义建设。

伟大实践磨砺了毛泽东的钢铁意志，锻造了他的卓越才华，塑造了他的文化性格，成就了他的千秋伟业，也孕育了他的斗争精神。"与天奋斗，其乐无穷！与地奋斗，其乐无穷！与人奋斗，其乐无穷！"这首《四言诗·奋斗》是毛泽东1917至1918年间写于日记中的人生箴言。后来，它又有了另一个版本："与天斗，其乐无穷；与地斗，其乐无穷；与人斗，其乐无穷。"两首诗一字之差，"奋斗"和"斗"都有为达到某种目的而打拼搏击、竞争求胜之意，但内涵实质和方式方法不尽相同。

毛泽东的斗争精神交织在"奋斗"和"斗"之中，既有水火不容，又有求同存异；既有急风暴雨，也有春风化雨。"奋斗"侧重吃苦耐劳、克勤克俭，可以单独进行，可以并肩携手，诸如"独立寒秋""重比翼，和云翥""携来百侣曾游""唤起工农千百万，同心干""更加众志成城""军民团结如一人"。"斗"强调激烈对抗、势不两立，无法单方进行，纷争难以调和。因为矛盾多种多样，"斗"的表现也千差万别，有敌我之分，有内外之别，有文武之道，有刚柔之术，不一而足。毛泽东"与天""与地""与人"不懈"奋斗"和"斗"的伟大历程精彩绝伦、气象万千。但就总体而言，正如毛泽东诗词的总体风格是"偏于豪放，不废婉约"一样，毛泽东的斗争精神以"斗"为主色调。

毛泽东的斗争精神蕴意丰富、博大精深，经历了时代风云的洗礼与实践探索的考验，成为毛泽东思想的重要组成部分，对推动中国社会变革与进步具有不可磨灭的指导意义。

毛泽东斗争精神的丰富实践

1921年年初，毛泽东把新民学会的宗旨由"革新学术，砥砺品行，改良人心风俗"调整为"改造中国与世界"。这是一场广泛而深刻的社会革命，任重而道远。后来，毛泽东将其诗化成"为有牺牲多壮志，敢教日月换新天"的豪迈誓言，并成为他的毕生追求。

毛泽东诗词中有很多诗句带有"天"字，如"人生易老天难老""离天三尺三""天高云淡"，这里的"天"，指与"地"相对的无边苍穹或者自然界。"长夜难明赤县天"，中国社会长期黑暗；"欲与天公试比高""刺破青天锷未残"，毛泽东毅然与"天公"比试较量，"天"具有浓厚政治意味。新中国的成立，迎来"一唱雄鸡天下白""天翻地覆慨而慷"。毛泽东的斗争实践既洋溢着蟠天际地的宏大气魄，也凸显了有的放矢的精准风格。细细品读毛泽东诗词，可以领略到毛泽东斗争实践的丰富多彩。

抵御西方列强。1915 年 5 月 9 日，袁世凯悍然接受丧权辱国的"二十一条"。毛泽东为此愤然题诗言志。"东海有岛夷，北山尽仇怨"，毛泽东怒斥日本对华虎视眈眈，沙俄大肆侵占中国疆土。1937 年清明节前夕，毛泽东撰写四言诗《祭黄帝陵文》，痛陈"强邻蔑德""琉台不守""人执笞绳，我为奴辱""匈奴未灭，何以家为"的民族危亡形势，表明共产党人"万里崎岖，为国效命"北上抗日的坚定意志，表达"还我河山，卫我国权"的坚强决心，堪称是中华民族誓死抗日的"出师表"。新中国成立后，毛泽东"冷眼向洋看世界"，为了保家卫国，"妙香山上战旗妍"，毅然抗美援朝。

推翻黑暗社会。近代中国积贫积弱，反动势力群魔乱舞，劳苦大众水深火热。"万户侯"怙恶不悛，"地主重重压迫"，阶级矛盾异常尖锐。"军阀重开战""洒向人间都是怨"，军阀混战，民怨沸腾。"遍地哀鸿满城血，无非一念救苍生"，毛泽东义无反顾地投于中国革命。几经探索之后，毛泽东在湘赣边界"霹雳一声暴动"。"收拾金瓯一片，分田分地真忙"，农民问题是中国革命的根本问题，而实现"耕者有其田"又是解决中国问题的根本之策。"太平世界，环球同此凉热"，解放全人类，实现天下大同，是中国共产党人的远大目标。

消灭反动武装。"犹记当时烽火里，九死一生如昨。"毛泽东指出，"枪杆子里面出政权"。"军叫工农革命，旗号镰刀斧头"，毛泽东从秋收起义开始带兵打仗。"天兵怒气冲霄汉",毛泽东点燃武装割据的星星之火。"敌军围困万千重""二十万军重入赣,风烟滚滚来天半",面对强敌,毛泽东气定神闲:"我自岿然不动""雄关漫道真如铁""红军不怕远征难"。他运筹帷幄、用兵如神:"黄洋界上炮声隆,报道敌军宵遁""齐声唤,前头捉了张辉瓒""席卷江西直捣湘和鄂""横扫千军如卷席""百万雄师过大江"。毛泽东最终历练成为用枪杆子改写中国历史的军事统帅和兵法大家。

征服恶劣环境。毛泽东在为《忆秦娥·娄山关》写的批注中坦言:"万里长征,千回百折,顺利少于困难不知有多少倍。"战争年代,毛泽东不仅要迎战反动武装的疯狂进攻,还要应对恶劣自然条件的严峻挑战,比如,"路隘林深苔滑""赣江风雪迷漫处""雾满龙冈千嶂暗""西风烈""大渡桥横铁索寒""山高路远坑深"。然而,毛泽东所领导的人民军队"雪里行军情更迫""万水千山只等闲""大军纵横驰奔"。昆仑山冰峰覆盖,"夏日消融,江河横溢",导致"人或为鱼鳖",毛泽东斥责昆仑"不要这高,不要这多雪",果敢"倚天抽宝剑,把汝裁为三截"。即便在和平时期,毛泽东依然热衷于挑战自然,到"大雨落幽燕,白浪滔天"的北戴河搏击海潮,到"风吹浪打"的万里长江迎风斗浪。

荡涤邪魔恶煞。毛泽东爱憎分明,立场坚定。"今日长缨在手,何时缚住苍龙?""苍龙"是凶神恶煞,虽远必诛。毛泽东曾以一身"虎气"自喻,可一旦猛兽危及人类时,则又欲除之而后快,诸如"勇夺虎罴威""独有英雄驱虎豹,更无豪杰怕熊罴"。"梅花欢喜漫天雪,冻死苍蝇未足奇""小小寰球,有几个苍蝇碰壁""蚂蚁缘槐夸大国,蚍蜉撼树谈何易",对于"苍蝇""蚂蚁""蚍蜉"之类,毛泽东"要扫除一切害人虫,全无敌"。旧社会血吸虫病导致"千村薜荔人遗矢,万户萧疏鬼唱歌","华佗无奈小虫何";而新中国在党的领导下,"六亿神州尽舜尧",高唱"纸船明烛照天烧"的"送瘟神"凯歌。《论语·述而》有云,"子不语怪力乱神"。然而,"一从大地起风雷,便有精生白骨堆","妖为鬼蜮必成灾"。毛泽东不怕鬼、不信邪,"金猴奋起千钧棒,玉宇澄清万里埃"。

　　直面逆境人生。遵义会议之前，毛泽东受到"左"倾错误路线的一再打击，饱经坎坷。尽管他有"人生易老天难老"的无奈，也有"谁持彩练当空舞"的慨叹，但他极力压制内心郁闷，高扬"踏遍青山人未老"的豪迈激情，舒展"寥廓江天万里霜"的豁达胸襟，讴歌"今朝更好看""风景这边独好"的锦绣河山。特别是他一扫"自古逢秋悲寂寥"的低迷哀婉，盛赞"一年一度秋风劲，不似春光。胜似春光"的壮美秋景，生动展示了愈挫愈勇、百折不挠的伟人风范。

　　割舍个人私情。"无情未必真豪杰"。毛泽东专门为杨开慧写过情深意长的《虞美人·枕上》《贺新郎·别友》《蝶恋花·答李淑一》。毛泽东与杨开慧聚少离多，他不免有"堆来枕上愁何状"的绵绵情思，有"对此不抛眼泪也无由"的伤感苦涩，有"挥手从兹去。更那堪凄然相向"的离愁别绪。毛泽东以天下为己任，"汽笛一声肠已断，从此天涯孤旅"，决然从个人愁苦中挣脱出来，"凭割断愁丝恨缕"，全身心投入到革命斗争的洪流中去。"要似昆仑崩绝壁，又恰像台风扫寰宇"，原句为"我自欲为江海客，更不为昵昵儿女语"，改动之后更加凸显毛泽东一心报国的英雄气概。

　　剔除错误思想。"管却自家身与心，胸中日月常新美。"毛泽东一生注重修身，保持襟怀清新纯净。他希望好友罗章龙不要妄自菲薄，"无端散出一天愁"，鼓励他"丈夫何事足萦怀，要将宇宙看稊米"。毛泽东要求新时代的女青年要有志气，"不爱红装爱武装"。他号召"全军民，要自立""拒腐蚀，永不沾"，做到"奇儿女，如松柏"，始终艰苦奋斗，永葆本色。

　　批判错误史观。毛泽东嗜书不倦，但他有独立判断，从不盲从盲信，读史书尤其如此。他的评点"推翻历史三千载"，发人之所未发，言人之所未言。"名世于今五百年，诸公碌碌皆馀子"，所谓500年出现一次的著名人物，不过是些碌碌平庸之辈。"五帝三皇神圣事，骗了无涯过客"，这是对以帝王将相为中心的英雄史观的大胆嘲讽。"惜秦皇汉武，略输文采；唐宗宋祖，稍逊风骚。一代天骄，成吉思汗，只识弯弓射大雕。"《沁园春·雪》的主题是"反封建主义，批判二千年封建主义的一个反动侧面"。历代都把"东临碣石有遗篇"的曹操歪曲成乱世奸雄，毛泽东却对他赞赏有加，极力主张为他翻案。"盗跖庄蹻流誉后，更陈王奋起挥黄钺"，毛泽东把这些历史上一向被诬蔑为"盗""匪""逆"的奴隶和农民起义领袖，推崇为推动历史进步的"风流人物"。

扭转靡弱诗风。中国古典诗词曾经辉煌，但近代以后逐渐走向僵化，充斥陈词滥调，盛行无病呻吟。五四前后新诗革命应运而生，但有些诗人主张全盘欧化，彻底抛弃了古典诗词的优良传统。《周易·系辞下》云："穷则变，变则通，通则久。"被柳亚子誉为"才华信美多娇，看千古词人共折腰"的毛泽东，从内容到形式，从语言到意境，从题材到风格，对古典诗词革故鼎新，创作了具有鲜明时代特征和浓郁中国气派的不朽诗篇。毛泽东谈及《浪淘沙·北戴河》的创作缘由时说："李煜写的《浪淘沙》都属于缠绵婉约一类，我就以这个词牌反其道行之，写了一首奔放豪迈的。"历代咏梅诗作不计其数，毛泽东的《卜算子·咏梅》是"读陆游咏梅词，反其意而用之"的绝妙佳作。陆游词中的梅花孤寂冷艳、顾影自怜、凄凉愁苦，而毛泽东的梅花"俏也不争春，只把春来报"，格调超凡脱俗，令人耳目一新。

毛泽东斗争精神的显著特征

毛泽东的斗争精神创造了无数人间奇迹，他的光辉功绩已经载入中华民族发展史册。毛泽东的斗争精神也呈现出无与伦比的鲜明特征，万古不灭，光耀千秋。

一心为民。1917年，毛泽东在湖南省内游学期间，到安化劝学所拜访所长夏默庵。性格孤傲的老先生出了个上联："绿杨枝上鸟声声，春到也，春去也。"毛泽东从容应答："清水池中蛙句句，为公乎？为私乎？"下联立意高远，弄得老学究羞愧难当。一心为公，一心为民，始终是毛泽东鲜明的政治品格和价值取向，也是他无穷斗争力量的不竭之源。

依靠人民。"毛主席用兵真如神"，而其兵法思想的精髓是"兵民是胜利之本"，人民一旦觉醒并投身革命，必将成为牢不可破的铜墙铁壁。"军叫工农革命""十万工农下吉安""百万工农齐踊跃""唤起工农千百万"，刻画了人民军队蓬勃发展的历史进程。"早已森严壁垒，更加众志成城""军民团结如一人，试看天下谁能敌"，诠释了人民战争所向披靡的根本原因。

舍身忘我。毛泽东诗词中多次出现"我"字。在"不到长城非好汉""宜将剩勇追穷寇""中华儿女多奇志"等诗句中，毛泽东已然超越"小我"，融入"大我"，达到"忘我"之境。

敢打必胜。敢于斗争、敢于胜利，是毛泽东斗争精神的鲜亮标识。敢于斗争不是盲目斗争，更不是草率行事，而是建立在科学判断、慎重分析的基础之上。毛泽东善于灵活运用马克思主义的立场观点方法，深刻把握历史发展的逻辑和规律，审时度势，见微知著，透过现象看本质，进而制订正确的斗争策略和方法，做到战略上藐视敌人、战术上重视敌人，牢牢掌握斗争的主动权，因而总能成竹在胸、胜券在握。毛泽东是典型的湖南人，充满了"霸蛮"之气，从来都是"不怕压，不怕迫。不怕刀，不怕戟。不怕鬼，不怕魅。不怕帝，不怕贼"，踏平坎坷成大道，斗罢艰险又出发。

坚定执着。"要向潇湘直进""直下龙岩上杭""直指武夷山下"，一个"直"字，尽显毛泽东战斗意志的执着与坚定。"红旗跃过汀江""风展红旗如画""风卷红旗过大关""不周山下红旗乱""红旗漫卷西风""壁上红旗飘落照""红旗卷起农奴戟"，频繁出现的"红旗"意象，突出了毛泽东的政治信仰，表明了毛泽东的鲜明立场，展现了毛泽东的钢铁意志，宣示了毛泽东的崇高理想。

刚柔并济。毛泽东出生于山水相依的韶山冲，是山之骄子，也是水之宠儿。水至善至柔，微则无声、巨则汹涌的特性，给予他澎湃的激情和斗志，赋予他敏锐的才思和智慧。毛泽东的斗争领域纵横交错、点多面广：有"炮声隆隆"的军事对抗，有"分田分地"的经济斗争，有"冷眼向洋"的外交风云，有"反意用之"的文化革新。斗争方式文武兼备、刚柔并济：有口诛笔伐的"激扬文字"，有"勇追穷寇"的无情打击，有"管却身心"的思想改造，有"牢骚肠断"的婉言相劝。

自信乐观。自信乐观始终是贯穿毛泽东一生的心理状态、行为方式和精神力量。毛泽东有天赋优势的独特个性，有谦虚谨慎的宽广胸怀，又得到传统文化的丰富滋养，受到湖湘文化的直接熏陶，经受时代潮流的反复磨砺。他以一个旧世界改造者和新世界创造者的姿态扎根于现实生活，审视观照一切，在斗争实践中总结经验、吸取教训、锤炼自我。所有这一切，使得毛泽东在敌强我弱的中国革命事业中，在纷繁复杂的斗争实践中，能够拥有炉火纯青的战略思维和驾轻就熟的斗争艺术，做到如鱼得水、游刃有余。

从诗词中感悟毛泽东的伟人家风

　　毛泽东的家庭，有着 5000 多年中国传统文化和 20 世纪时代浪潮共同熏染的斑斓底色，有着革命领袖家庭的神秘韵味和独特风采，也有着和普通家庭一样的酸甜苦辣、悲欢离合。

　　毛泽东的家风，体现在他与父母、与妻子、与子女等各种关系上，体现他在处理公与私、家与国、严与爱、亲与疏等各种问题上，体现在他的谈话、书信、题词、诗词等语言文字材料上，内容博大精深。全面了解毛泽东的家风，有助于深入理解毛泽东的人生历程和心路历程。

对待父母：严父慈母恩难忘

　　1959 年 6 月 25 日下午，毛泽东回到阔别 32 年的韶山。在旧居，他久久凝望着父母照片，对随行人员说："这是我的父亲、母亲。我父亲得的伤寒病，我母亲颈上生了一个包，穿了一个眼。只因为是那个时候……如果是现在，他们都不会死的。"

　　毛泽东受母亲文七妹的影响很大。他曾说："我母亲有好的方面，这对我的影响是很大的。她待人忠厚、和善、贤良。她勤劳节俭，做饭、拾柴、割草、缝补、洗衣服，什么活都得做。"他还说："我小的时候，我的妈妈就常常教育我'夹紧尾巴作人'。这句话很对，现在我就时常对同志们讲。"

　　毛泽东自幼孝敬母亲。1918 年，文七妹得了淋巴腺炎。8 月初，毛泽东匆匆回乡探望在外婆家养病的母亲，很快又回到长沙做前往北京的准备工作。临行前，毛泽东给舅舅文玉瑞和文玉钦写了一封家书，表达不能跟前服侍尽孝的酸楚。他专门请人开了药方，可对药方是否奏效忐忑不安。

1919 年春，毛泽东在长沙修业小学任历史教员。弟弟毛泽民和毛泽覃护送母亲到长沙看病。毛泽东再忙也尽力抽时间陪护母亲，还特意带母亲去照了一张合影。这是文七妹一生中唯一一次照相。这张照片是毛泽东家人最早的一张照片，也是毛泽东三兄弟唯一的一张合影。

1919 年 10 月 5 日，文七妹不幸病逝。噩耗传来，毛泽东立即赶回韶山。他跪守在慈母灵前，挥泪写下了一生中最长的一首诗《四言诗·祭母文》。这是一篇念颂母亲的绝唱！一篇感天动地的美文！毛泽东将自己的痛苦、悲伤、思念、惆怅、悔恨、感恩之情表达得淋漓尽致。

毛泽东有时顶撞父亲，很多人就以为毛泽东不喜欢父亲，这种看法很肤浅。毛顺生是一个地地道道的农民，勤劳节俭，精明能干。毛顺生性格刚烈，脾气暴躁，比较专制，但绝不是一个不明事理的人。他有时反对毛泽东看书，其实只是反对毛泽东看那些他觉得没有用的闲书。他希望毛泽东子承父业，如果没有父亲的支持，毛泽东怎么可能有机会读 6 年私塾？至于外出求学，就更无从谈起。

毛泽东反对父亲发家致富的一些做法，不喜欢他的专制行为，甚至公开顶撞父亲，但毛泽东对父亲的尊敬和孝顺是很深沉的。他从父亲持家立业中，深深体会到农民的艰辛。父亲的严格要求，使毛泽东学会吃苦耐劳，这让他终身受益。

对待开慧：算人间知己吾和汝

毛泽东有过 4 次婚姻经历。1906 年，父母为毛泽东包办了一门亲事，女方姓罗，两个人没在一起生活，几年后她因病去世了。毛泽东与贺子珍是患难夫妻，风风雨雨走过 10 年，但毛泽东没有为她写过诗。1961 年 9 月 9 日，毛泽东为江青写了一首《七绝·为李进同志题所摄庐山仙人洞照》："暮色苍茫看劲松，乱云飞渡仍从容。天生一个仙人洞，无限风光在险峰。"但这首诗不涉及夫妻感情问题。而毛泽东为杨开慧写过 3 首词，很显然，他对杨开慧感情最深。

毛泽东和杨开慧志同道合，感情深厚，1920 年冬结婚。婚后不久，毛泽东为杨开慧填了第一首词《虞美人·枕上》："堆来枕上愁何状，江海翻波浪。夜长天色总难明，寂寞披衣起坐数寒星。晓来百念都灰尽，剩有离人影。一钩残月向西流，对此不抛眼泪也无由。"毛泽东忙于事业，东奔西走，夫妻聚少离多。但夜深人静时，毛泽东也不免思念妻子。上阕以一个"愁"字入手，表达思念之深切；下阕以一个"泪"字收笔，写出思念之苦涩。这是毛泽东诗词中唯一一首纯粹属于婉约格调的作品。毛泽东把夫妻分别的愁苦和寂寞写得淋漓尽致，感人肺腑。

结婚后，杨开慧要操持家务、照顾母亲、抚养孩子，同时她还是中国共产党第二个女党员，身兼秘书、机要、文印、联络、总务等革命工作。但她毕竟是一个感情细腻的女人，渴望得到丈夫的关爱，而毛泽东则认为儿女情长会削弱革命意志，希望杨开慧不要过分依赖他，于是抄写了元稹的《菟丝》给杨开慧。诗中一句写道："人生莫依倚，依倚事不成。"毛泽东此举的效果很不好，杨开慧很委屈，感觉伤了自尊，夫妻闹起了小别扭。

1923 年年底，毛泽东奉中央通知，要前往广州参加国民党第一次全国代表大会。临行前，他满怀深情写了《贺新郎·别友》。"挥手从兹去。更那堪凄然相向，苦情重诉。眼角眉梢都似恨，热泪欲零还住。"全词围绕着一个"别"字展开，充满了离情别绪，依依不舍。"知误会前番书语"一句，指毛泽东抄赠元稹的《菟丝》那件事，毛泽东很坦诚地进行了自我检讨，夫妻矛盾很快就烟消云散。"算人间知己吾和汝"，这是毛泽东对杨开慧的深沉抚慰。

"汽笛一声肠已断，从此天涯孤旅"，历史使命感促使毛泽东从个人的情感中挣脱出来，义无反顾地投身到革命斗争的洪流中去。"眼角眉梢都似恨""凭割断愁丝恨缕"，用了两个"恨"字，爱之深，恨之切。全词始发于情，而终归于理，刚健中含柔情，婉约中寓豪放，使儿女情长得到升华。

毛泽东领导的武装斗争风起云涌，国民党反动派恼羞成怒。湖南省政府主席何键开始疯狂报复，一是去挖毛泽东的祖坟；二是捉拿毛泽东的妻子杨开慧。1930年11月14日，杨开慧壮烈牺牲。毛泽东得知这一消息，肝肠寸断，给她的亲属写信说："开慧之死，百身莫赎。"

1959年6月27日，毛泽东在长沙亲切接见了李淑一，他对在座的湖南省党政领导同志说："她就是李淑一，是开慧的好朋友。前年，她把悼念柳直荀的词寄给我，我就写了《蝶恋花·答李淑一》这首词和她，完全是照她的意思和的。"

"我失骄杨君失柳"，一个"失"字，表明了亲人的损失、爱情的损失、友谊的损失、革命的损失，包含着深切的怀念和痛悼的深情。词的下阕描写嫦娥给烈士忠魂献舞及人间传来革命胜利消息时的情景。两位忠魂和神仙们喜极而泣。章士钊曾经请教毛泽东，"骄杨"两个字怎么理解？毛泽东说："女子革命而丧其元，焉得不骄？"意思是说，杨开慧为革命而牺牲，值得骄傲，值得敬仰。

1963年9月1日，毛岸青和邵华请求毛泽东抄写《蝶恋花·答李淑一》给他们留念，毛泽东提笔写成"我失杨花君失柳"。两人提醒毛泽东："不是'骄杨'吗？"毛泽东沉思片刻，答道："称'杨花'也很贴切。"称"骄杨"，是共和国领袖对一个革命烈士的颂扬，这是于公而言；"杨花"属于夫妻之间的昵称，这是丈夫对妻子的爱恋。毛岸青、邵华感慨道："称'骄杨'表达了爸爸对妈妈的赞美。称'杨花'，又表达出爸爸对妈妈的亲近之情。"

对待子女：舐犊未必不豪杰

毛泽东曾有10个孩子，其中杨开慧生了3个男孩，贺子珍生了三男三女，江青生了一个女儿，但只有毛岸英、毛岸青、李敏、李讷长大成人。毛泽东多次承受失去子女的打击与痛苦，他也难免对子女们产生亏欠心理，想方设法给予他们更多的父爱以求弥补。他操心孩子们的健康和生活，关注他们的学习与工作，更关心他们的成长与进步。毛泽东对子女要求很严格，强调"吃苦、求知、进步、向上"。这里只讲毛泽东用诗词教育子女的一些事例。

1. 丧子低吟枯树赋

1930年，毛岸英、毛岸青和杨开慧一起被反动军阀何键投进监狱。母亲牺牲后，毛岸英、毛岸青、毛岸龙三兄弟被送到上海，毛泽民把他们交给大同幼稚园抚养。1931年5月，小岸龙不幸夭折。1932年，上海地下党遭到破坏，大同幼稚园被迫解散，毛岸英兄弟流落街头，苦不堪言。1936年夏，党组织找到毛岸英兄弟，辗转把他们送到了苏联。1938年，毛泽东才和他们建立了通信联系。

在1941年1月31日的信中，毛泽东这样写道："岸英要我写诗，我一点诗兴也没有，因此写不出。"延安时期，毛泽东的生活相对稳定，心态相对平和，写了很多理论文章，但诗兴不浓，作品也很少。写诗要有激情，毛泽东从来不会为写诗而写诗，即便是儿子有要求，他也没有答应。

1950年11月25日，毛岸英在朝鲜战场壮烈牺牲，年仅28岁。毛泽东得知噩耗时，声音沙哑地一声长叹："唉，谁叫他是毛泽东的儿子呢？"他强忍悲痛，凝望着窗外已经萧条的树枝，低吟起南北朝庾信的《枯树赋》："昔年种柳，依依汉南。今看摇落，凄怆江潭。树犹如此，人何以堪。"

1960年11月25日下午，毛泽东走出菊香书屋。在一株高大的松树下，他以极其低沉的声音，突然唱出了京剧《李陵碑》中杨继业的几句唱词："金乌坠玉兔升黄昏时候，盼娇儿不由人珠泪双流；七郎儿回雁门搬兵求救，为什么此一去不见回头……"毛泽东声音哽咽，再也唱不下去。这一天是毛岸英牺牲10周年的纪念日。人世间的痛苦莫过于此！

2. 待思齐情同父女

毛岸英牺牲后，毛泽东把悲痛压在心底，不忍心告诉儿媳刘思齐，一瞒就是3年！这对毛泽东而言，简直就是一种折磨。直到1953年，毛泽东才把实情告诉刘思齐。毛泽东深情地对她说:"今后,你就是我的大女儿。"从此,毛泽东称她为"思齐儿",特别关心她的学习和生活,不断鼓励她振作精神。

1954 年,刘思齐高中毕业,毛泽东送她去苏联莫斯科大学数力系深造。刘思齐一个人在异国他乡,很孤独,经常生病,加上由文科改学理科,她感到非常吃力。1957 年暑假期间,刘思齐写信给毛泽东,提出了转学国内的想法,毛泽东当即回信表示赞同。

1957 年 10 月,刘思齐转入北京大学俄语系学习。

1959 年,刘思齐大病一场,毛泽东于 8 月 6 日给她写信,称呼用的是:"娃"。信中抄录了唐代李白《庐山谣寄卢侍御虚舟》的诗句:"登高壮观天地间,大江茫茫去不还。黄云万里动风色,白波九道流雪山。"毛泽东写道:"这是李白的几句诗。你愁闷时可以看点古典文学,可起消愁破闷的作用。"

1960 年 1 月 15 日,毛泽东在给思齐的信中写道:"要立雄心壮志,注意政治、理论。要争一口气,为死者,为父亲,为人民,也为那些轻视、仇视的人们争这一口气。"

刘思齐一直难以从失去毛岸英的痛苦中走出来,毛泽东对此非常焦虑,多次劝她找个合适男友再成个家。在毛泽东的反复劝说下,直到 1962 年 2 月,刘思齐才和杨茂之结婚,改名刘松林。毛泽东对此深感欣慰,把新作《卜算子·咏梅》抄给他们作为贺礼。毛泽东是想告诫他们:生活之中充满艰辛坎坷,要像梅花那样不畏严寒,始终保持乐观向上的精神状态,积极地面对一切生活磨难。

3. 岸青惊梦掀波澜

毛岸青 7 岁时,母亲杨开慧牺牲。在上海流浪期间,因遭到特务巡捕的毒打,两耳失聪,留下了脑震荡的病根。1947 年,毛岸青同贺子珍一起从苏联回到哈尔滨。不久,毛泽东把毛岸青接到身边。新中国成立初期,毛岸青在中宣部马列主义著作编译所从事翻译工作。

1950 年,毛岸英牺牲,毛岸青经受不了这一打击,旧病复发。毛泽东将他送到苏联治疗，毛岸青孤身一人，十分郁闷。1955年，毛泽东同意他回国，让他在大连疗养。

1957年夏，毛泽东去大连，见毛岸青的病情大有好转，很是高兴。谈话中，毛岸青忽然讲起他做的一个梦："爸爸，你说怪不怪，几十年没有梦见妈妈了。昨夜她来了，笑眯眯地跟我说：'孩子，我不能给你爸爸抄文章了，你要好好练字啊！'"说着说着，毛岸青泪流满面。毛泽东神情凄然，沉默了很久，递给毛岸青一张信纸，说："岸青，这是我不久前写的一首词，你看看。"那首词就是《蝶恋花·答李淑一》，读着那情真意切的诗句，毛岸青失声痛哭。毛泽东的脸庞痉挛着，他强忍泪水，一根接一根地抽烟，他的痛苦有谁知？

4. 推荐情诗励邵华

邵华是刘思齐的妹妹，在她和毛岸青结婚之前，毛泽东就认识了她，对她也很关心。1959年，邵华考进北京大学中文系文史专业，博览群书的毛泽东经常和她谈史论诗。

在谈到曹操父子时，毛泽东问邵华："你喜欢曹操，还是曹丕、曹植？"邵华爽快地说："我喜欢曹植的诗，尤其喜欢他的七步诗。你看他哥哥曹丕逼得他没有办法了，七步之内要作不出诗来就要杀他，但他作出来了，而且这么才华横溢。"毛泽东听后笑着说："我和你不一样，我喜欢曹操的诗。曹操的诗词，直抒胸臆，豁达潇洒，应当学习。比如他的《龟虽寿》《短歌行》《观沧海》等篇章，更是脍炙人口。"说着，毛泽东还把其中的一些词句写了下来。

王勃是初唐四杰之一，毛泽东对他评价很高，喜欢王勃的《送杜少府之任蜀州》，特别欣赏"海内存知己，天涯若比邻"这句诗。有一次，他发现邵华等人也很喜欢王勃的《滕王阁序》，就挥笔写下了"落霞与孤鹜齐飞，秋水共长天一色"这一名句。邵华双手接过来，满心欢喜。如今，毛泽东的这幅手书已被镌刻在江西滕王阁的立柱上。

在谈论宋代诗词时，毛泽东问邵华："你喜欢谁的作品？"邵华说："陆游。"毛泽东问："为什么？"邵华说："陆游的诗词充满着热血沸腾的爱国主义激情，具有雄浑豪放的战斗风格，常常表现出'一身报国有万死'的牺牲精神。"毛泽东很是赞同，又问她："你喜欢他的哪几首呢？"邵华列举了《书愤》《示儿》《夜游宫》等。毛泽东听后兴致勃发，挥笔写下了《夜游宫》这首词，邵华真是如获至宝。

1960年，邵华和毛岸青在大连结婚，1962年他们到北京生活，邵华回到北京大学读书。由于缺课太多，学习跟不上，她情绪十分低落。再加上毛岸青身体不好，受不了一点刺激，可小夫妻之间又难免出现摩擦。毛泽东是过来人，很理解她的心情。

1962年6月3日，他给邵华写信，劝她："要好生养病，立志奔前程，女儿气要少些，加一点男儿气，为社会做一番事业，企予望之。《上邪》一篇，要多读。"《上邪》是汉乐府《饶歌》中的一首情诗："我欲与君相知，长命无绝衰。山无陵，江水为竭，冬雷震震，夏雨雪，天地合，乃敢与君绝！"邵华读懂了毛泽东的良苦用心，性格慢慢变得开朗起来，对毛岸青也更加关心体贴照顾。

5. 鼓励李敏学曹操

1936年冬，贺子珍生下了第5个孩子。邓颖超到窑洞探望。她抱起这个又瘦又小的孩子，说："真是个小娇娇啊！主席，快给孩子起个名字吧！"毛泽东听后风趣地说："颖超啊，孩子的名字，你已经给取了。《西京杂记》中不是有这样的话：'文君姣好，眉色如望远山，脸际常如芙蓉'，'姣姣'是个好字眼，就叫你刚才叫的'姣姣'吧！"后来大家又习惯把她叫成"娇娇"。

1937年8月，贺子珍负气离开延安去了苏联。1940年，毛泽东托人把4岁的娇娇送到贺子珍身边。1947年夏天，她们回到哈尔滨。1949年北平解放后，娇娇回到毛泽东身边。毛泽东非常关心女儿的学习，教她读古诗文，还亲自写字帖让她练字。

娇娇要读中学时，毛泽东决定给她取个学名。他从《论语·里仁》"君子欲讷于言而敏于行"中取了"敏"字，又因当年撤离延安时曾化名"李德胜"，于是给她取名"李敏"。

1954年暑假，毛泽东让江青带李敏、李讷去北戴河度假。毛泽东写信给李敏她们，说："北戴河、秦皇岛、山海关一带是曹孟德（操）到过的地方。他不仅是政治家，也是诗人。他的碣石诗是有名的，妈妈那里有古诗选本，可请妈妈教你们读。"

不久，毛泽东来到北戴河，带着李敏她们下海游泳。畅游之余，他写下了大气磅礴的《浪淘沙·北戴河》。李敏后来回忆道："爸爸提及曹操，提及《观沧海》，除了想提高我的中文水平外，还是希望我能从诗中受到启发，受到熏陶，受到教益。"

6．致信李讷论婉约

李讷，1940年8月3日生于延安，是江青唯一的女儿。名字取自《论语·里仁》："君子欲讷于言而敏于行。"李讷性格内向，从小爱读书，话语不多，倒是名副其实。1940年，毛泽东把李敏送到苏联陪伴贺子珍后，身边只有李讷一个孩子。毛泽东总是抽空带她散步，教她识字，给她讲故事，称她"大娃娃"，李讷则叫毛泽东"小爸爸"。一老一少，其乐融融。到北京后，李讷进入育英小学读书，后来她就读于北京师范大学附属女子中学。

1957年8月1日，毛泽东忙完之后，睡不着觉，吟诵起范仲淹的《苏幕遮》《渔家傲》两首词。他有感而发，给家人写信谈论宋词特点："词有婉约、豪放两派，各有兴会，应当兼读。读婉约派久了，厌倦了，要改读豪放派。豪放派读久了，又厌倦了，应当改读婉约派。我的兴趣偏于豪放，不废婉约。婉约派中有许多意境苍凉而又优美的词……婉约派中的一味儿女情长，豪放派的一味铜琶铁板，读久了，都令人厌倦的……睡不着，哼范词，写了这些。江青看后，给李讷看一看。"这时李讷还是中学生，他想要李讷把握宋词的总体风格，在豪放婉约之间可以侧重，但不可以偏废。

李讷小时候打针时有一截针头断在肉里，一直没有取出来。1958年1月，李讷突发急性阑尾炎。医生决定两个手术一起做。阑尾炎手术很顺利，但是取出断针的手术很费劲，术后伤口感染，李讷高烧不退。

1958 年 2 月 3 日，毛泽东给李讷写了一封长信，鼓励她顽强战胜病魔："害病严重时，心旌摇摇，悲观袭来，信心动荡。这是意志不坚决，我也常常如此。病情好转，心情也好转，世界观又改观了，豁然开朗。意志可以克服病情。一定要锻炼意志。你以为如何？"毛泽东还抄录了唐代诗人王昌龄《从军行》的诗句来勉励她："为你的事，我此刻尚未睡，现在我想睡了，心情舒畅了。诗一首：青海长云暗雪山，孤城遥望玉门关。黄沙百战穿金甲，不斩楼兰誓不还。这里有意志。知道吗？"

1959 年，李讷考上北京大学历史系。在她上大学之前，毛泽东自编了一本"教材"。李讷回忆说："父亲先让我们读《水浒传》，因为《水浒传》好读，故事也比较引人入胜。然后读《红楼梦》《三国演义》和诗词。"毛泽东还将自己选编的诗词打印成册，装订了好几本，每个孩子一本。

1963 年年初，李讷给父亲写信，剖析自己的思想状况，还谈到读《庄子·秋水》的感想。庄子在《秋水》篇中叙述了一个妄自尊大的河伯的故事，李讷读后触动很大。毛泽东立即给她回信，写道："刚发一信，就接到了你的信。喜慰无极。你痛苦、忧伤，是极好事，从此你就有希望了。痛苦、忧伤，表示你认真想事，争上游、鼓干劲，一定可以转到翘尾巴、自以为是、孤僻、看不起人的反面去，主动权就到了你的手里了……读了秋水篇，好，你不会再做河伯了，为你祝贺！"

以上我只是列举了毛泽东良好家风的一些具体事例，我们的确能从中得到很多启发和教育。党的十八大以来，习近平总书记在多个场合强调家风建设的重要性。比如，2016 年 12 月 12 日，在会见第一届全国文明家庭代表时，习近平总书记指出："广大家庭都要重言传、重身教，教知识、育品德，身体力行、耳濡目染，帮助孩子扣好人生的第一粒扣子，迈好人生的第一个台阶。"我们每个人都要像毛泽东那样，重视家风建设，建设美好家庭，共创幸福生活。

毛泽东诗词中的小我大我无我

　　王国维在《人间词话》中论"境界"时，专列"有我之境"与"无我之境"两个审美范畴。"有我之境，以我观物，故万物皆著我之色彩；无我之境，以物观物，故不知何者为我，何者为物。"这一区分，自提出以来就备受理论界推崇。毛泽东诗词意境高远，蕴涵丰富，艺术性地表达了毛泽东的心路历程、伟岸人格和光辉思想。毛泽东诗词因为"有我"，显得自然真切；因为"无我"，彰显伟岸崇高。毛泽东锤炼"小我"，强化"大我"，追求"无我"。毛泽东诗词所创造的"有我之境""无我之境"，是一种炉火纯青的艺术手法，也是一种回味无穷的审美境界，更是一种光耀千秋的精神风范。

小我：我返自崖君去矣

　　1936 年 7 月，埃德加·斯诺进入陕北苏区采访。毛泽东多次与他彻夜长谈，这是他唯一一次对外披露个人成长历程。1937 年 10 月，埃德加·斯诺的《红星照耀中国》由伦敦戈兰茨公司出版。书中《一个共产党员的由来》成为人们研究毛泽东生平的珍贵史料，后来风行全国、版本众多的《毛泽东自传》即由此演化而来。但埃德加·斯诺笔录的"自传"，只反映了毛泽东从诞生到长征的前半生经历，显然不完整。

　　毛泽东笔耕不辍，从早年到晚年一直写诗填词，他一生中的奋斗足迹和人生体验，在其诗词中或多或少都有所反映。正因为如此，毛泽东诗词具有鲜明的"自传"色彩，人们可以将其作为毛泽东的个人履历和心灵独白来解读和品味。"呜呼吾母，遽然而死""我怀郁如焚""君行吾为发浩歌""我返自崖君去矣""算人间知己吾和汝""我自欲为江海客"，这些诗句中的"我"或"吾"，是生活中的"小我"，是一个本真的毛泽东。作者眼光向内，写"我"的事，发"我"的感，抒"我"的情。这种笔触更多地出现于毛泽东早期作品中，即便不出现"我"字，但内容都是以"我"为中心，如"思君君不来""管却自家身与心""寂寞披衣起坐数寒星""挥手从兹去""携来百侣曾游"。这些"我"或隐或现，原原本本，是敬重慈母的孝子，是志同道合的友人，是情意绵绵的丈夫，是四海为家的旅者，是风华正茂的书生。

晚年毛泽东也写过类似诗词，比如，20 世纪 50 年代创作的《五律·看山》《七绝·莫干山》《七绝·五云山》《七绝·观潮》，可算是纯粹模山范水的山水诗。毛泽东忙里偷闲，置身于自然怀抱，寄情于山水之间，他政暇赋诗，无关乎重要事件，不涉及严肃主题，轻松而惬意，平实而真切。需要特别说明的是，此类作品无论是艺术性还是思想性，都算不上毛泽东诗词中的精品力作。

大我：狂飙为我从天落

早在青年时代，毛泽东就"身无分文，心忧天下"。随着斗争实践的不断发展，毛泽东从一个呼唤革命的热血青年到投身革命熔炉，不断成长为革命领袖，人生舞台日益壮阔，视野胸襟更加广博。毛泽东诗词的题材和内容不再局限于小我的经历和感受，而是描绘中国革命的风起云涌，讴歌人民战争的磅礴气势，更加贴近现实，更加紧跟时代。"我自岿然不动""狂飙为我从天落""而今我谓昆仑""唯我彭大将军""我失骄杨君失柳"，这些"我"已摆脱了利己主义的羁绊，实现了从"小我"向"大我"的提升，不再单纯指作者本人，既是自我，也是我们；既是个体，也是群体。以"我自岿然不动"为例，这既表现了毛泽东从容应对"敌军围困万千重"的大将风度，也显示了英勇红军坚不可摧的钢铁意志，展示了人民群众同仇敌忾的顽强精神。

埃德加·斯诺在《红星照耀中国》中写道："毛泽东的叙述，已经开始脱离'个人历史'的范畴，有点不着痕迹地升华为一个伟大运动的事业了，虽然他在这个运动中处于支配地位，但是你看不清他作为个人的存在。所叙述的不再是'我'而是'我们'了；不再是毛泽东，而是红军了；不再是个人经历的主观印象，而是一个关心人类集体命运的盛衰的旁观者的客观史料记载了。"毛泽东当然不是中国革命战争的"旁观者"，他是参与者、见证者，更是指挥者、领导者。

毛泽东诗词的作品内容不是他个人的奋斗史或征战史。他不是着眼于描述个体英雄形象，而是致力于塑造革命军民的英雄群像。他们具有崇高的革命理想，昂扬的战斗意志，刚毅的英雄性格。毛泽东的军旅诗词中所渲染的军事行动，如黄洋界保卫战、反"围剿"战役、万里长征、解放南京等，都不是单兵作战，不是个体行为，而是革命武装的统一行动，人民群众的协同配合。"早已森严壁垒，更加众志成城""红旗跃过汀江，直下龙岩上杭""漫天皆白，雪里行军情更迫""万丈长缨要把鲲鹏缚""席卷江西直捣湘和鄂"，这些英雄群像顶天立地、光辉灿烂，具有扭转乾坤的无穷力量。

无我：为有牺牲多壮志

1910 年秋天，毛泽东外出求学，他改写一首诗留给父亲，表达一心向学的志向。然而，残酷现实促使他放弃追求自我实现的个人梦想，毅然投身于"改造中国与世界"的宏图大业。"凭割断愁丝恨缕""从此天涯孤旅"，他割舍个人私情，成为义无反顾的职业革命家。"问苍茫大地，谁主沉浮？"为寻求救国之策，他上下求索。"把酒酹滔滔，心潮逐浪高"，大革命失败后，他痛定思痛，奋起抗争。"黄洋界上炮声隆，报道敌军宵遁"，他在井冈山点燃工农武装割据的星星之火。"战地黄花分外香"，他忍辱负重，坦然面对个人逆境。"犹记当时烽火里，九死一生如昨"，他不畏艰难险阻，南征北战。"虎踞龙盘今胜昔，天翻地覆慨而慷"，他统率人民军队摧枯拉朽，彻底砸烂了旧世界。"风樯动，龟蛇静，起宏图"，他领导中国人民奋发图强，建设新中国。

"借问瘟君欲何往,纸船明烛照天烧",得知江西省余江县消灭血吸虫的喜讯,他"浮想联翩,夜不能寐"。"为有牺牲多壮志,敢教日月换新天",为中国人民的解放事业和幸福生活,他"与天奋斗""与地奋斗""与人奋斗",殚精竭虑,生命不息,奋斗不止。

清代沈德潜《说诗晬语》有云:"有第一等襟抱,第一等学识,斯有第一等真诗。"《十六字令三首》其三写道:"山,刺破青天锷未残。天欲堕,赖以拄其间。"高耸挺拔的山峰像利剑刺破青天,自身锋芒完好如初;如若天塌下来,山峰一柱擎天。天地之间山为峰,山高人为峰。这首诗描绘山的巍峨峭立,彰显的是毛泽东对人生价值的深邃思考以及担负起天下兴亡的使命担当。壁立千仞,无欲则刚。在漫长的革命生涯中,毛泽东不断磨砺"小我",融入"大我",达到了无私"无我"的精神境界。隋代王通《中说·魏相》曰:"无私,然后能至公。至公,然后以天下为心矣,道可行矣。"毛泽东心中只有人民,一切为了人民,"遍地哀鸿满城血,无非一念救苍生"。顶天立地,敢作敢当。"不怕压,不怕迫。不怕刀,不怕戟。不怕鬼,不怕魅。不怕帝,不怕贼",他励精图治,始终维护人民利益和民族尊严。《十六字令三首》其三区区16字,但蕴涵丰富,是中国共产党人崇高品质的真实写照,是毛泽东伟岸人格的诗意礼赞。这是毛泽东诗词感人肺腑、历久弥新的根本原因。

诗人毛泽东的井冈情结

　　罗霄山脉中段的井冈山，原本名不见经传，自从 20 世纪 20 年代末毛泽东在此建立农村革命根据地之后，井冈山才声名鹊起。毛泽东在井冈山战斗、生活仅一年零三个月，但他对井冈山情有独钟，先后为其赋词《西江月·井冈山》《水调歌头·重上井冈山》和《念奴娇·井冈山》。3 首词均以"井冈山"为题，又都提到"黄洋界"："黄洋界上炮声隆""过了黄洋界，险处不须看""黄洋界上，车子飞如跃"。诗如其人，诗言心志。反复以地名入诗并为题，这一现象在毛泽东诗词创作中绝无仅有。毛泽东一而再，再而三地吟咏井冈山，足见井冈山在毛泽东心中的分量之重、感悟之深、情结之浓。

黄洋界上炮声隆

　　1927 年 9 月 9 日，毛泽东领导发动湘赣边界秋收起义。10 月，他率领起义部队来到井冈山，开始创建第一个农村革命根据地并进行艰苦斗争。1928 年 4 月，朱德率南昌起义保留下来的部队和湘南起义农军陆续转移到井冈山地区，与毛泽东领导的部队胜利会师。随后，两支军队合编为中国工农革命军第四军（后改称中国工农红军第四军，简称"红四军"）。

　　井冈山革命根据地的建立，引起国民党反动派的仇视与恐慌。湘赣敌军先后对井冈山发动 4 次"进剿"，都被红军挫败。1928 年 7 月中旬，湘赣敌军对井冈山根据地发动第一次"会剿"，红四军分两路反击。湖南省委代表杜修经等人，附和红二十九团中一些人欲回家乡的情绪，引导红二十八、红二十九团向湘南冒进，结果使红四军主力和井冈山根据地受到很大损失，史称"八月失败"。当时毛泽东正在永新指挥红三十一团阻击敌人。他闻讯后命第一营迅速撤回井冈山，和红三十二团留守，他亲率红三十一团第三营到湘南迎回红二十八团。

1928 年 8 月下旬，就在红二十八团还在湘南、毛泽东率部前往桂东迎还红四军大队之际，湘赣敌军对井冈山根据地发动第二次"会剿"。8 月 30 日上午，敌军 4 个团开始进攻黄洋界哨口。红军守军不足一营，凭借山险，利用竹钉阵、滚木石、竹篱笆、壕沟等，打退了敌人的多次进攻。下午 4 点左右，敌人又开始进攻。红军战士将在湘南缴获的一门迫击炮从茨坪军械所搬上了黄洋界。只有 3 发炮弹，前两发因受潮没有打响，第三发正好击中敌人冲锋密集区。敌军指挥官以为红军主力已经杀回井冈山，吓得连夜逃之夭夭。

毛泽东从桂东迎还红四军大队，9 月 26 日回到井冈山，详细了解黄洋界保卫战的胜利经过后，欣然赋词《西江月·井冈山》。

这首词描写黄洋界保卫战，为何以"井冈山"为题呢？在中国革命战争史上，就战役规模、持续时间、激烈程度、战略战术而言，此役并不出类拔萃，但毛泽东对其格外高看一眼。正如毛泽东在《井冈山的斗争》中所说："我守军不足一营，凭险抵抗，将敌击溃，保存了这个根据地。"它不是简单的退敌之功，而是守住了井冈山，保卫了根据地。

大革命失败前后，毛泽东多次提出"上山"思想。1927 年 6 月，毛泽东提出，山区的人上山，滨湖的人上船，拿起枪杆子进行斗争，武装保卫革命。7 月 4 日，在中共中央政治局常委扩大会议上，毛泽东主张农军"上山"，认为"上山可造成军事势力的基础"。八七会议后，中央临时政治局分工之前，主持中共中央工作的瞿秋白，向毛泽东征求是否同意去上海党中央机关工作的意见。毛泽东表示，不愿去大城市住高楼大厦，更愿到农村去，上山结交绿林朋友。秋收起义失利后，毛泽东毅然决定带兵上井冈山，实现他决意"上山"的宏图大略。

黄洋界之战保卫了井冈山根据地，捍卫了毛泽东"上山"理论的实践成果，这是他词赞此役的根本原因。

重上井冈反复吟

井冈山的特殊地位是由中国革命所赋予的。1959 年 3 月 5 日，谢觉哉初到井冈山时，诗赞井冈山："祝贺你以前是中国的第一山，今后永远是中国的第一山。"1962 年 3 月 5 日，朱德重回井冈山时，挥毫题写"天下第一山"。

1965 年 5 月 21 日，毛泽东从湖南长沙出发，途经茶陵、永新、宁冈，22 日晚上到达茨坪，入住井冈山宾馆。29 日，毛泽东下山。其间，他广泛地了解了井冈山地区水利、公路建设和人民生活等情况，分别亲切会见了当年的老红军、烈士家属以及当地的机关干部和群众，回顾了当年根据地革命斗争的波澜壮阔的历史。看到井冈山生机勃勃的新貌，毛泽东抚今追昔，豪情满怀，挥笔写下《水调歌头·重上井冈山》和《念奴娇·井冈山》：

水调歌头·重上井冈山

久有凌云志，重上井冈山。千里来寻故地，旧貌变新颜。到处莺歌燕舞，更有潺潺流水，高路入云端。过了黄洋界，险处不须看。

风雷动，旌旗奋，是人寰。三十八年过去，弹指一挥间。可上九天揽月，可下五洋捉鳖，谈笑凯歌还。世上无难事，只要肯登攀。

念奴娇·井冈山

参天万木，千百里，飞上南天奇岳。故地重来何所见，多了楼台亭阁。五井碑前，黄洋界上，车子飞如跃。江山如画，古代曾云海绿。

弹指三十八年，人间变了，似天渊翻覆。犹记当时烽火里，九死一生如昨。独有豪情，天际悬明月，风雷磅礴。一声鸡唱，万怪烟消云落。

这两首作品是毛泽东重上井冈山时的感怀之作，但究竟孰先孰后，引发了学者颇多揣测。龙剑宇、胡国强所著的《毛泽东的诗词人生》一书中认为，《水调歌头·重上井冈山》在先，《念奴娇·井冈山》在后。陈晋所著的《文人毛泽东》一书中认为《念奴娇·井冈山》在先，《水调歌头·重上井冈山》在后。在臧克家主编的《毛泽东诗词鉴赏》中，吴嘉认为两首作品同时产生。而蔡清富、黄辉映所著的《毛泽东诗词大观》和周振甫所著的《毛泽东诗词鉴赏》中的说法则比较含糊，认为两首作品不分先后。但是有一点可以肯定，两首作品应当是在毛泽东重上井冈山期间酝酿而成的，都抒发了他对井冈山的一片深情，至于下山之后又反复修改则是另外一回事了。

　　人们的普遍观点是，《水调歌头·重上井冈山》最早发表于《诗刊》1976年1月号，《念奴娇·井冈山》最早发表于人民文学出版社1986年9月版《毛泽东诗词选》。然而，北华航天工业学院的宋苍松有了新的说法。他长期致力于毛泽东诗词版本的收藏，其中不乏国外的很多版本。据他考证，美国《中国季刊》杂志1968年4—6月号上，刊登了陈志让（Jerome Chen）翻译的《水调歌头·重上井冈山》，并附有中文。在注释中，陈志让说明了这首词的来源和出处。当年，一个日本代表团在井冈山茨坪的一个敬老院得到《水调歌头·重上井冈山》内容，后辗转到日本东京大学教授竹内实手中。竹内实是日本著名毛泽东研究专家，曾著有《毛泽东的诗词与人生》一书。他将该词发表在1967年1月19日的《朝日新闻》上。那期《中国季刊》出版不久，英国东部出版有限公司出版了这首词的单行本《重上井冈山：一首未发表的毛泽东诗词》。1969年，法国巴黎伊埃尔内出版社出版由伊·布罗索莱翻译评注的《毛泽东诗词大全》一书，收录毛泽东诗词38首，首次将《水调歌头·重上井冈山》收入其中。随后，欧美多个毛泽东诗词译本都收录了该词。换言之，《水调歌头·重上井冈山》在国内公开发表之前，已经在欧美国家广为传播。

　　"久有凌云志"，毛泽东胸怀的"凌云志"究竟是什么内容？《后汉书·冯衍传》说冯衍自谓"常有凌云之志"。臧克家曾指出，"毛主席的《水调歌头·重上井冈山》，是以'久有凌云志'起首的"，"这'凌云志'使我们联系到'秋收暴动'、第一杆红旗插上这革命的山头；使人们联想到在三座大山压顶、黑夜如磐的反动统治之下，坚信'星星之火，可以燎原'的革命壮志"。毛泽东伟大的历史功绩之一，就是将马克思列宁主义基本原理同中国具体实际相结合，探索出了具有中国特色的革命成功之路，即井冈山道路。毛泽东建立农村革命根据地之后，井冈山成为革命的山，英雄的山，胜利的山。没有井冈山斗争的探索实践，就没有马克思主义中国化的伟大开篇，就没有中国革命的崭新局面。没有井冈山斗争的烽火连天，就没有中国共产党武装夺取政权之路的峰回路转。没有井冈山革命武装的"激流归大海"，就没有人民军队的由小到大，由弱到强。"久有凌云志，重上井冈山"，是毛泽东对井冈山魂牵梦萦的直接体现。

故地重来何所见

就字面而言，毛泽东的《水调歌头·重上井冈山》《念奴娇·井冈山》出语平易，时间、地点、内容、意境、情感、格调、结构甚至用词，均有许多贴近或类似之处。如"千里来寻故地"与"故地重来"；"旧貌换新颜"与"多了楼台亭阁""人间变了，似天渊地覆"；"高路入云端"与"飞上南天奇岳"；"风雷动"与"风雷磅礴"；"三十八年过去，弹指一挥间"与"弹指三十八年"；"可上九天揽月，可下五洋捉鳖"与"独有豪情"；"谈笑凯歌还"与"一声鸡唱，万怪烟消云落"。但二者比较起来，《水调歌头·重上井冈山》更有思想深度，更富有哲理旨趣。而从毛泽东生前同意将其公开发表来判断，他本人显然对这首词也更为中意。

两首词作都反映了毛泽东慨叹时间飞逝、往事如昨。从当年在井冈山创建革命根据地到故地重游，已经 38 个年头，对有限的人生而言何其漫长，而对无涯的历史而言又何其短暂。"风雷动，旌旗奋""犹记当时烽火里，九死一生如昨"。井冈山对毛泽东人生的意义、对中国革命的意义不会因为时间的飞逝而消逝，反而是犹在眼前，挥之不去。这就不难理解毛泽东重上井冈山时在黄洋界会驻足 45 分钟之久。

　　在黄洋界哨口，72 岁的毛泽东甩掉跟随的人群，大步走向峰峦崖边，神色凝重地伫立眺望，追忆往事。这里已经没有了炮火硝烟，没有了刀光剑影，没有了强势对手，只剩下一望无际的山林和田野，还有心灵世界一望无际的比较和缅怀。黄洋界上的堑壕已逐渐被历史的风尘淹没，那春雷一样的炮声和殊死搏斗的喊杀声融进了群山。只有过来人才可以体会，战斗是多么惨烈，革命是何等艰难！

　　两首词作都表达了毛泽东对井冈山的思念之深、归心之切。"千里来寻故地""千百里，飞上南天奇岳"，虽生活在千里之外，却割舍不下念念不忘的那份牵挂。纵然远隔千山万水，也阻挡不了故地重游的兴致。1965 年 5 月 25 日，毛泽东对陪同人员深情地说："我早想回井冈山看看，一别就是三十多年。为了创建这块革命根据地，不少革命先烈牺牲了自己的生命，牺牲时都只有二十几岁呀！没有过去在井冈山艰难的奋斗，就不可能有今天。"

　　两首词作都体现了毛泽东对井冈山巨变的欢欣鼓舞。当年的井冈山斗争环境险恶，生活条件艰苦，而如今却是"旧貌变新颜""到处莺歌燕舞，更有潺潺流水，高路入云端""多了楼台亭阁""江山如画"。这一切都为读者艺术地呈现了新社会的山水画图。当年的流血牺牲，当年的不懈探索，已经换来了社会主义建设事业的蒸蒸日上，井冈山是新中国辉煌成就的一个缩影。恰恰是这种巨变，使"千里来寻故地"的"寻"字显得更具回味余地，使"旧貌变新颜"的"变"字更具有称心如意的意味。

　　历史不会随风而去，滚滚向前的时代也不会凭空而来。38 年的光阴，没有减弱毛泽东的井冈情结；半个多世纪的岁月，丝毫没有妨碍读者对毛泽东井冈山词作的反复诵读与品味。毛泽东 1965 年重上井冈山时，没有庞大的随行人员，一切都是那么平常和从容。只是在毛泽东离开井冈山的那天，为一睹领袖的风采，群众从四面八方闻讯赶来，使井冈山空前热闹了一番。最后，毛泽东在井冈山人民热烈的欢呼声和经久不息的掌声中离开了井冈山。那激动人心的场面，至今仍让井冈山人民难以忘怀。

诗人毛泽东的庐山情思

　　庐山位于江西北部，耸立于鄱阳湖、长江之滨，又名匡山、匡庐，相传因殷周间有匡姓兄弟七人结庐隐居而得名。庐山以雄、奇、险、秀闻名于世，素有"匡庐奇秀甲天下"之誉，历代文人骚客吟咏不绝。毛泽东先后于1959年、1961年和1970年4次登上庐山，并欣然赋诗《七律·登庐山》和《七绝·为李进同志题所摄庐山仙人洞照》，抒发深厚情怀和独特感触。毛泽东的两首庐山诗，曾被赋予过多的政治意味，充满神秘色彩。今天，我们揭示两首诗的来龙去脉，不仅能摆脱无限拔高的窠臼，真正回归诗词艺术审美，也有助于人们更理性地看待庐山的历史风云。

跃上葱茏抒诗情

　　关于毛泽东1959年第一次登上庐山的具体日期，有6月29日、6月30日和7月1日3种说法。《毛泽东年谱（1949—1976）》记载："7月1日晨，在九江下船登岸，乘汽车上庐山，住180别墅（美庐）。"另外，中共中央文献研究室编写出版的《毛泽东传》记载："六月三十日下午，毛泽东一行乘船离开武昌，到达庐山脚下的九江已经是晚上十一点半了。第二天（七月一日）一大早，乘车上了庐山。"这两本书是依据档案材料编写的，因此，毛泽东7月1日登上庐山的说法，更值得采信。

　　《毛泽东年谱（1949—1976）》记述：7月1日，"作《七律·登庐山》：'一山飞峙大江边，跃上葱茏四百旋。冷眼向洋看世界，热风吹雨洒江天。云横九派浮黄鹤，浪下三吴起白烟。陶令不知何处去，桃花源里可耕田？'"《七律·登庐山》描绘了毛泽东立于庐山之巅，极目四方，看到了一个雄奇壮阔的世界，抒发登上庐山的所见所感。这首诗最早发表于人民文学出版社 1963 年 12 月出版的《毛主席诗词》。

首联"一山飞峙大江边，跃上葱茏四百旋"，写庐山的雄伟壮丽以及登山的情景。庐山山势高峻，巍然凌空拔地而起，恰似天外飞临长江边。乘车盘旋而上，飞驰在青翠浓茂的崇山峻岭之间。"四百旋"是指要沿着庐山盘山公路行驶近四百圈，显示出庐山的高耸。

颔联"冷眼向洋看世界，热风吹雨洒江天"，写登高远望，环视天下，眼前所见和心中所感浑然一体。毛泽东用冷静的眼光面向重洋观察世界，一阵热风吹起疾风骤雨，洒向寥廓的江天。他是用"冷眼"来看，颇似元代杨显之《潇湘雨》杂剧中的"常将冷眼观螃蟹，看你横行得几时"，既冷静冷峻，又轻蔑鄙视。之后，他的视线由远而近，看到普降喜雨，一派生机盎然。盛夏风雨美景的描绘，使人不免心生"风景这边独好"的慨叹。

颈联"云横九派浮黄鹤，浪下三吴起白烟"，继续写登高远眺，所不同的是展开驰骋想象的翅膀，沿着大江上下游远眺。1959 年 12 月 29 日，毛泽东在致庐山疗养院护士钟学坤的信中写道："九派，湘、鄂、赣三省的九条大河。究竟哪九条，其说不一，不必深究。三吴，古称苏州为东吴，常州为中吴，湖州为西吴。"作者西望长江上游，远及有黄鹤楼名胜的武汉三镇。"黄鹤"，唐代崔颢有名句"黄鹤一去不复返，白云千载空悠悠"，因此武汉被称为"白云黄鹤的地方"。白云笼罩，水天相接，武汉三镇仿佛飘浮其上。作者继而东眺长江下游，浪涛滚滚，一泻直下三吴，一片迷迷茫茫水雾，气象雄奇。

尾联"陶令不知何处去，桃花源里可耕田"，作者把思绪收回到庐山，洞察古今之变。东晋诗人陶渊明曾做过 80 多天的彭泽县令，因"不为五斗米折腰"而弃官归隐，在家乡浔阳柴桑"躬耕自资"。彭泽和柴桑都在庐山附近，毛泽东很自然地联想到陶渊明和他的《桃花源记》。1964 年，毛泽东对《毛主席诗词》英译者解释："陶渊明设想了一个名为桃花源的理想世界，没有租税，没有压迫。"

1959 年 9 月 7 日，毛泽东致信胡乔木："诗两首（即《七律·到韶山》《七律·登庐山》——作者注），请你送给郭沫若同志一阅，看有什么毛病没有？加以笔削，是为至要。"郭沫若于 9 日、10 日致信胡乔木，反馈自己的意见建议。9 月 13 日，毛泽东再次致信胡乔木："沫若同志两信都读，给了我启发。两诗又改了一点字句，请再送陈沫若一观，请他再予审改，以其意见告我为盼！"后来，毛泽东吸收郭沫若等人的意见建议，对《七律·登庐山》多处进行了修改。他将"欲上逶迤四百盘"改成"跃上葱茏四百旋"；将"冷眼望洋观世界"改成"冷眼向洋看世界"；将"热风飞雨洒南天""热肤挥汗洒江天"改成"热风吹雨洒江天"；将"陶潜不受元嘉禄，只为当年不向前"改成"陶令不知何处去，桃花源里可耕田"。经过完善之后，《七律·登庐山》一诗对仗更加工整，语意更加精准，诗意更加隽永。

拨开迷雾还本真

1959 年 7 月 2 日至 8 月 1 日和 8 月 2 日至 16 日，毛泽东在庐山主持召开中共中央政治局扩大会议和中共八届八中全会，合称"庐山会议"。

《七律·登庐山》一诗曾被过度解读。王国维《人间词话》云："以我观物，故物皆着我之色彩。"毛泽东是诗人政治家、政治家诗人，他的作品带有鲜明的政治色彩，必然会反映出他的思想意识和政治主张。在当时的背景下，"跃上葱茏""热风吹雨"明显存在对过渡时期总路线、"大跃进"、人民公社这"三面红旗"的赞许。但如果将每个词、每个意象都和政治术语挂钩，难免会陷于生拉硬扯。

1963 年 12 月 5 日，郭沫若在《满江红·读毛主席诗词》中写道："经纶外，诗词余事，泰山北斗。"诗词创作毕竟只是毛泽东政治生涯的"余事"，他政暇赋诗，展示了"器大声闳、志高意远"的领袖风采，也体现出他以诗抒怀的本真和以诗自娱的情趣。遗憾的是，郭沫若在解读毛泽东诗词时，往往也忽视了诗词"余事"这一特点，把诗词作品和政论文章画等号了。

1964 年 2 月 2 日，《人民日报》刊登了郭沫若的《"桃花源里可耕田"——读毛主席新发表的诗词七律〈登庐山〉》。他解释"一山飞峙大江边"："这使你庐山飞跃起来了，不仅使你有了生命，而且使你能够飞……这就是大跃进精神的诗的表现呵。"他解释"跃上葱茏四百旋"："这就是你庐山身上自有历史以来所没有过的一项重大变化，也就是大跃进的一项形象化。"他解释"热风吹雨洒江天"："这儿的风和雨，在我看来，不单指自然界的风和雨……但有更现实的眼前风光，则是大跃进的气氛，共产主义的风格，使劳动英雄们在田园中，在工地上，银锄连天，铁臂撼地，'挥汗成雨'。这样便把自然界和精神界扣合了起来，表现出了大跃进的气势。"郭沫若的解读影响深远，至今仍有不少人未能完全摆脱政治解释的窠臼。

据李锐所著《庐山会议实录》记述："《登庐山》还有小序：'1959 年 6 月 29 日登庐山，望鄱阳湖、扬子江，千峦竞秀，万壑争流，红日方升，成诗八句。'"湖南省委第一书记周小舟看过此诗后，建议删去小序，毛泽东采纳了他的建议。迄今为止，几乎所有有关毛泽东诗词的书籍在解析《七律·登庐山》时，都引用了这段话作为佐证。李锐回忆毛泽东的登山日期与中共中央文献研究室编写出版的《毛泽东年谱（1949—1976）》和《毛泽东传》颇有出入，但至少可以证明这首诗就是一首即景抒怀的山水诗。

上山之前，毛泽东听取了江西省省长邵式平介绍庐山公路的建设情况，说到盘山公路全程 24 公里，有 396 道弯。上山时，毛泽东让警卫员准备了 4 盒火柴，每盒整整 100 根，每转过一道弯，就丢一根火柴。车子抵达庐山牯岭街时，4 盒火柴正好丢完。途中毛泽东抽烟用了 4 根火柴，正好 396 道弯。"跃上葱茏四百旋"中的这个细节，不外乎说明毛泽东有几分较真，更有几分童趣。《毛泽东年谱（1949—1976）》记载：1959 年 7 月 1 日，"上午，同林克读英语。其间谈到李白的诗《庐山谣寄卢侍御虚舟》和苏轼的诗《题西林壁》"。可以想象，写诗的时候，毛泽东的心境比较平和。

庐山会议的原定议题是进一步总结 1958 年以来社会主义建设工作中的经

验教训，统一全党对形势的认识，调整部分计划指标，以实现 1959 年的"继续跃进"。会议之初，毛泽东把国内形势概括为"成绩伟大，问题不少，前途光明"，他还提出读书、当前形势、今后任务等 19 个问题要大家座谈讨论。会议前期，毛泽东细心研读《庐山志》和《庐山续志稿》，了解当地的历史沿革和风土人情，把《楚辞》搬出来精心研究；和周小舟、梅白等人讨论《七律·到韶山》《七律·登庐山》的修改；游览花径、仙人洞等景点；到庐山水库游泳，甚至专程下九江去游长江。参会人员的心情也都比较放松，领导们在议政之外，便是看戏、游山、吟诗。会议中虽有不同意见，但并无火药味，反倒有点"神仙会"的意味。

7 月 14 日，彭德怀给毛泽东写了一封信，陈述他对 1958 年以来"左"倾错误及其经验教训的意见。7 月 16 日，毛泽东以《彭德怀同志的意见书》这样一个标题，批示印发与会者参考。黄克诚、张闻天、周小舟等人支持彭德怀的意见。7 月 23 日，毛泽东指责此信表现了"资产阶级的动摇性"，是向党进攻。此后，会议发生转向，"神仙会"变成了批判会。正如《关于建国以来党的若干历史问题的决议》所指出的："庐山会议后期，毛泽东同志错误地发动了对彭德怀同志的批判，进而在全党错误地开展了'反右倾'斗争。八届八中全会关于所谓'彭德怀、黄克诚、张闻天、周小舟反党集团'的决议是完全错误的。"

会后不久，《诗刊》杂志向毛泽东索要诗稿。9 月 1 日，毛泽东致信臧克家、徐迟："信收到。近日写了两首七律，录上呈政。如以为可，可上《诗刊》。"信中强调两首诗是为反击"右倾机会主义猖狂进攻"，措辞犀利，火气十足，这已经超出谈诗论词的范畴。此前的 1958 年 12 月 21 日，毛泽东在文物出版社 1958 年 9 月刻印的大字本《毛主席诗词十九首》的书眉上对《沁园春·雪》批注道："雪：反封建主义，批判二千年封建主义的一个反动侧面。文采、风骚、大雕，只能如是，须知这是写诗呵！难道可以谩骂这一些人们吗？别的解释是错的。"以此类比，《七律·到韶山》《七律·登庐山》也只是因景因情的即兴之作，后来被当成批判的"武器"，是对创作者意图的曲解，这一情形在毛泽东有关诗词的言论中绝无仅有。

有感而发题照诗

1961 年 8 月 23 日至 9 月 16 日，毛泽东在庐山主持召开中共中央工作会议。会议旨在纠正 1959 年庐山会议以来重新泛滥起来的"左"倾错误，贯彻党的八届九中全会制定的"调整、巩固、充实、提高"八字方针，重点研究解决工业和高等教育等方面的调整问题。上山之前，毛泽东对秘书田家英说："这次要开一个心情舒畅的会。"毛泽东的心情也比较轻松，有闲游览庐山含鄱口、仙人洞等名胜。9 月 9 日，他赋诗一首《七绝·为李进同志题所摄庐山仙人洞照》："暮色苍茫看劲松，乱云飞渡仍从容。天生一个仙人洞，无限风光在险峰。"

该诗首次发表在人民文学出版社 1963 年 12 月出版的《毛主席诗词》。1964 年 1 月 4 日，《人民日报》第一版刊载了这首"题照诗"。4 月 11 日，《人民日报》发表郭沫若的《"无限风光在险峰"——读毛主席〈七绝·为李进同志题所摄庐山仙人洞照〉》，并刊登了李进的"庐山仙人洞照"。

毛泽东曾创作过两首"题照诗"：一首是《七绝·为李进同志题所摄庐山仙人洞照》，另一首是写于 1961 年 2 月的《七绝·为女民兵题照》。所谓"题照诗"，是为照片题写的诗作，类似于题画诗。题画诗多为"以诗论画"或"论画诗"，诗与画是姊妹艺术，有"诗是无形画，画是无声诗"之说。这首七绝因"庐山仙人洞照"而起，有必要弄清楚照片所拍摄到的景物。

郭沫若曾出于考古学家的癖好，多方考证仙人洞，不仅考出其方位、形貌和景物构成，还考得"仙人"之来历。考证完了，郭沫若不得不承认："主席的诗，和所谓仙人洞本身，看来并没有多么大的直接关联。主席是在为'庐山仙人洞照'题诗，而不是为仙人洞题诗。"

后来，郭沫若找李进要到了照片。他描述道："照片的左下部所显出的是白鹿升仙台上的御碑亭，岩身浓黑。御碑亭之外，高处低处都有葱茏的树木。

照片的上部是苍劲的松枝，是近景，可能是罩覆在摄影者的头上的。其余大部分空白是一片云海，在白色的曲折的云涛之中有几团黑色的稠云。像海中的洲岛。我估计：摄影者可能是站在石松上照的。石松离御碑亭与仙人洞都不很远，介在二者之间。那是交伸出一个平坦的大岩石，石身上刻有'纵览云飞'四个字，石面上刻有'豁然贯通'四字。石旁有一株松树。这也是庐山上适于纵目远眺的一个名胜地点。"

"暮色苍茫看劲松"，在傍晚时分昏暗迷茫的景色中，遒劲的青松挺拔于山崖之间。"暮色苍茫"颇似《卜算子·咏梅》中的"已是悬崖百丈冰"和《七律·冬云》中的"高天滚滚寒流急"，表明形势非常严峻。"劲松"象征着不畏强暴的正面形象，如同"独有英雄驱虎豹，更无豪杰怕熊罴"的"英雄""豪杰"。从孔子称赞"岁寒，然后知松柏之后凋也"以来，中国人对劲松一直十分推崇。

"乱云飞渡仍从容"，究竟是"松从容"还是"云从容"？郭沫若解释："是指一片云海中的波涛汹涌，而劲挺的松枝却泰然自若，从容不迫。"据吴正裕主编的《毛泽东诗词全编鉴赏》"考辨"介绍：

《毛主席诗词》出版后，翻译出版英译本时，英译者对此也提出疑问，请求毛泽东作了解释。1964年1月27日，毛泽东当面向袁水拍等提问者明确回答："是云从容，不是松从容。"可是，过了10年，袁水拍对此问题又产生了疑虑，担心自己上次未听清楚毛泽东的回答。1974年10月27日，袁水拍给江青写信，问："是松从容还是云从容？"江青在袁水拍来信上批道："我忘了是云从容还是松从容，请主席告我。"第二天，毛泽东的秘书张玉凤给江青写了一张便条："关于'乱云飞渡仍从容'一句，主席说'是指云从容，他喜欢乱云'。"毛泽东的这次回答，不仅表明了诗句是描写乱云飞渡时本身那种从容舒缓的形态，而且反映了诗人观看乱云飞渡的一种豁达的心态。

"天生一个仙人洞"，仙人洞系悬崖绝壁上的天然石洞，洞深约10米，可容上百人，相传为吕洞宾求仙学道之处。但照片上看不见仙人洞，只是洞外的风景。

"无限风光在险峰",在险峻的山峰中,有无数绚丽壮景。正如北宋王安石《游褒禅山记》云:"夫夷以近,则游者众;险以远,则至者少。而世之奇伟、瑰怪、非常之观,常在于险远,而人之所罕至焉,故非有志者不能至也。"

这首七绝明白晓畅,如果结合时代背景,更能把握其内在的政治寓意。如郭沫若所说:"当时美帝国主义和国际反动派的反华大合唱,正在甚嚣尘上,国内又连年遭到特大的自然灾害。"加上当时党在一些问题上的失误,造成了暂时困难。毛泽东心情复杂,不免心生某种忧愤而又苍凉悲壮之感。他想通过诗笔,直抒胸臆,以坚定全党全民攻坚克难的信心,表达出一种乐观自信的情怀。

这首七绝不同寻常之处,在于仙人洞照中的神秘人物。后来毛泽东的这首"题照诗"被大力宣传时,人们才知道诗题中的"李进"就是江青。江青乳名"李进孩",后改名"李云鹤""蓝苹""江青"。1951 年 7 月底,《人民日报》连载《武训历史调查记》,署名"武训历史调查团","前言"里列举了调查团 13 名成员,"李进"赫然在目,这是江青首次以"李进"之名公开亮相。毛泽东的这首"题照诗",只是对照片取景有感而发的即兴之作,而江青将其当成了自己粉墨登场的政治资本。后来,她毫不扭捏地以"劲松"自居,制作了许多"仙人洞照"广为散发。比如,1972 年,美国年轻女作家维特克夫人访问江青时,江青模仿"毛体字"将毛泽东诗抄写在照片背后送给维特克夫人,还送了一张她拍摄的庐山"汉阳峰"照片,背面有题诗:"江上有奇峰,锁在云雾中。寻常看不见,偶尔露峥嵘。"落款"江青摄,诗赠维特克夫人。一九七二年八月十二日"。

如今,笼罩在庐山的重重历史迷雾已然散去,人们可以真正领略毛泽东庐山诗的审美意蕴。

从毛泽东诗词中感悟长征

长征是中国革命历史上的重大事件，是中国共产党人和英勇红军的伟大壮举，是人类军事史上的光辉奇迹，是一部气吞山河的英雄史诗，是一座永不磨灭的巍峨丰碑。本文拟通过赏析毛泽东在长征时期创作的诗词作品，来领略毛泽东的伟岸人格与非凡气度，感悟长征的历史意义与精神价值。

一、毛泽东在长征时期的诗词创作

毛泽东同志是伟大的革命家、政治家、思想家、军事家、战略家，同时他还是一个独领风骚的伟大诗人。他的一生波澜壮阔，在缔造新中国、建设新中国的历史进程中，创作了许多气吞山河的宏伟史诗。

毛泽东自幼酷爱诗词，一生都在进行诗词研究和创作。但有 3 个历史时期，他的诗词作品相对集中一些，创作热情更加高涨一些。这 3 个时期分别是井冈山斗争和中央苏区时期，长征时期，20 世纪 50 年代末"大跃进"至"文化大革命"之前的历史时期。

这 3 个历史阶段，既有战争年代，又有和平时期，但也存在某些共性特点：要么他所处的环境险恶，所承受的心理压力巨大，要么他个人身处逆境、遭遇坎坷。越是处在这样的状况，越能激发出一个人的创作激情。

长征时期血雨腥风，红军处境艰险，毛泽东也是九死一生。然而，这恰恰刺激了毛泽东的创作欲望。

美国学者保罗·安格尔在《革命的领袖，浪漫的诗人》一文中也这样描述："毛泽东曾多次遭遇到生命的危险。在长征中，他有三次差一点死去。他常常能在战斗发生后就写出一首诗来。其中有几首诗是关于长征的，作于那变幻莫测凶险异常的征途中。可以肯定，那时没有什么人的头脑里会想到诗歌。"

1963 年，毛泽东会见法国前总理富尔时，曾颇有感慨地说："我的确曾经写诗，那时我过着戎马生活，骑在马背上有了时间，就可以思索，推敲诗的押韵。马背上的生活真有意思。"战争环境不仅培养了毛泽东的军事才能，也成就了毛泽东的军旅诗词。

毛泽东在长征时期一共创作了 8 首诗词，分别是《忆秦娥·娄山关》《十六字令三首》《七律·长征》《念奴娇·昆仑》《清平乐·六盘山》《六言诗·给彭德怀同志》。

需要特别说明的是，我这里所说的长征，是指毛泽东本人所经历的长征，也就是中央红军的长征，时间是 1934 年 10 月至 1935 年 10 月。而完整的长征是红一、红二、红四方面军和红二十五军共同进行的长征，时间是 1934 年 10 月至 1936 年 10 月。

有人把《沁园春·雪》也算作毛泽东长征时期的作品，我不赞同这种观点，因为这首词是 1936 年 2 月写的，当时中央红军的长征已经结束，准备开始东征了。

二、毛泽东长征时期的心境状态

1965 年 8 月 5 日，毛泽东在会见印度尼西亚共产党主席艾地率领的代表团时指出："现在全世界都说二万五千里长征伟大，你们相信吗？我是相信，又不相信。那是因为犯错误，不得不跑，跑的结果，三十万人只剩二万五千人。"

在中央苏区时期，博古等人不断排斥毛泽东的正确领导，顽固推行王明的"左"倾错误路线，导致第五次反"围剿"失败，几乎把中央苏区断送殆尽。毛泽东一直受到排挤和打压，处于人生的逆境状态。早在长征出发之前，毛泽东就已经陷入深深的焦虑、不安和痛苦之中。

1934 年夏天，毛泽东填写了《清平乐·会昌》一词。"东方欲晓，莫道君行早。踏遍青山人未老，风景这边独好。会昌城外高峰，颠连直接东溟。战士指看南粤，更加郁郁葱葱。"

这是毛泽东在中央苏区写的最后一首词，实际上他是在向中央苏区告别。尽管这首词也表现了高度的乐观、坚韧和从容，但是字里行间也表露出无法掩饰的忧愁和愤懑。

唐代诗人唐彦谦《道中逢故人》一诗有这样一句："愁牵白发三千丈，踏入青山几万重。"毛泽东极力克制，不在别人面前流露自己的情绪，努力把忧愁埋藏在心底，这是难能可贵的。正如清代沈德潜所云："转作旷达，弥见沉痛矣。"

长征开始之后，博古、李德又采取转移中的逃跑主义和搬家式的行动，致使中央红军遭受更加惨重的损失。毛泽东的精神状态雪上加霜，可谓是郁闷和痛苦达到了极点。

1935 年 2 月，毛泽东创作了《忆秦娥·娄山关》。"西风烈，长空雁叫霜晨月。霜晨月，马蹄声碎，喇叭声咽。"西风凛冽，大雁嘶鸣，霜花遍地，残月高悬，这俨然是黎明前的黑暗。山路崎岖，马蹄声细碎杂乱，军号声时断时续、时强时弱，战斗的气氛异常紧张。

遵义会议之后，毛泽东重新执掌兵权，这时又攻克娄山关，打了个大胜仗。按说此时的毛泽东应该心情舒畅，但是他写的这首作品，却显得极其苍凉凝重。因为此时红军依然处于困境，国民党军队穷追不舍。攻克娄山关的胜利并没有从根本上扭转红军的被动局面，还远远无法扫除毛泽东内心深处的纠结和郁闷。心情沉郁是因为毛泽东对红军和中国革命的前途命运怀着一种深沉的忧患意识。

按照 1958 年 9 月文物出版社刊印的大字本《毛主席诗词十九首》的编排顺序，毛泽东所说的"以下诸篇"，是指《十六字令三首》《七律·长征》《念奴娇·昆仑》《清平乐·六盘山》等。

诗人毛泽东在长征时期的心境状态，可以用《忆秦娥·娄山关》作为分水岭。在它之前，毛泽东的心情基本上是沉郁的；在它之后，毛泽东的情绪不断好转，逐渐告别郁闷，变得越来越舒快。

由于蒋介石政权内部分崩离析、各怀鬼胎，国民党的军事行动从来就做不到战略协同，而重新指挥红军的毛泽东运筹帷幄、用兵如神，使红军得以绝处逢生。在克服种种艰难险阻之后，红军最终把长征演绎成人类历史长河中的宏伟史诗。长征这一历史事件本身就充满传奇色彩，让人觉得不可思议而又意味深长。

"红军不怕远征难，万水千山只等闲"，"更喜岷山千里雪，三军过后尽开颜"，"不到长城非好汉，屈指行程二万"，"山高路远坑深，大军纵横驰奔"。通过这样一些诗句，红军战士不畏艰险、不怕牺牲、勇于胜利的光辉形象跃然纸上。从"不怕"到"更喜"，红军战士的高大形象显得更加活灵活现，更加栩栩如生。

1935 年 10 月，红军翻越了六盘山，长征胜利在望，毛泽东创作了《清平乐·六盘山》。第一句是"天高云淡，望断南飞雁"。毛泽东立于六盘山顶峰，久久凝望着大雁飞向南方，直到它们在视野中完全消失。这句词蕴涵丰富，耐人寻味。

自古以来，大雁传书，常常引起人们的思乡之情和羁旅伤感。毛泽东这深情一"望"，一定是思绪万千，百感交集：这是对长征艰难困苦的回味，是对一路上壮烈牺牲的红军战士的缅怀，是对中央革命根据地老百姓的牵挂，是对仍然在南方坚持游击战争的战友们的担忧，也是对没有参加长征的弟弟毛泽覃的思念……也许还有很多很多，我们难以揣测。

三、毛泽东长征诗词的主要内容

毛泽东长征时期的诗词作品，每一首都有特定的时间地点和创作缘起，都有各自的具体内容。这里难以对每一首作品逐字逐句地分析和解读，主要从共性方面去梳理它们的主要内容。

1. 雄关漫道真如铁

2012 年 11 月 29 日，习近平总书记在国家博物馆参观《复兴之路》展览时，畅谈实现中国梦。他用《忆秦娥·娄山关》中的"雄关漫道真如铁"来形容中华民族的昨天，形容中国革命的艰难曲折。

长征是中国革命道路探索遭遇重大挫折之后的凤凰涅槃，是中国革命漫漫征途的重大转折，是中国共产党人奋斗历程中的沉重一页，也是中国革命史上的辉煌篇章。当然，我们不能要求诗词作品像纪实文学、像电影或电视连续剧那样全景式地呈现长征的整个过程或者各种细节。

毛泽东以真实的感受、开阔的视野、浪漫的情怀、深厚的功力谱写了光辉灿烂的长征诗篇。这些作品生动形象地反映和再现了长征波澜壮阔的斗争生活，如攻打娄山关，巧渡金沙江，飞夺泸定桥，战胜千里雪，翻越六盘山，切尾巴战斗等。

毛泽东的这些诗词的确是英勇红军在中国共产党领导下从苦难走向辉煌的真实写照，是众志成城、不怕牺牲、前赴后继、勇往直前、百折不挠、众志成城的长征精神的高度浓缩，为我们深入理解长征和长征精神提供了鲜活教材。

2. 踏遍青山人未老

毛泽东来自山区，与山有不解之缘。他有不少作品以山为题，写山的诗句则更是不胜枚举。在长征诗词中，毛泽东描绘最多的也是山，如娄山关、五岭、乌蒙山、岷山、昆仑山、六盘山等。

毛泽东以山记史，以山言志，以山造境。山的深沉，山的坚韧，山的博大，与他的诗词浑然一体。最典型的就是《十六字令三首》，他把山写得瑰伟雄奇，绚丽璀璨，流动回旋。

《十六字令三首》其一："山，快马加鞭未下鞍。惊回首，离天三尺三。"毛泽东用夸张手法突出山的高度，反衬红军飞越高山的英雄形象。在这里，山是客观的，是审美的对象，更是征服的对象。

《十六字令三首》其二："山，倒海翻江卷巨澜，奔腾急，万马战犹酣。"毛泽东化静为动，强调山的宏大。他把群山比作汹涌澎湃的巨浪和奔腾厮杀的战马，宛如滚滚向前的革命洪流。在这里，山是主观的，是主体的形象，是审美的联想。

《十六字令三首》其三："山，刺破青天锷未残。天欲堕，赖以拄其间。"山把天捅破了而自身完好无损，天塌下来有山顶着。山，无私无畏、无坚不摧，真可谓是壁立千仞，无欲则刚。山，顶天立地，勇于担当，俨然就是救国救民的红军队伍的化身。在这里，山既是客体，又是主体，是主观与客观的统一体。

还有一个现象值得注意，毛泽东诗词中多次出现红旗这个意象。比如，"旗号镰刀斧头""红旗越过汀江"。红旗是革命的象征，既代表红军，代表红色政权，又代表中国革命道路。毛泽东南征北战，红旗就像他的生命。

而毛泽东又常常把山与红旗联系在一起。比如，"山下旌旗在望""山下山下，风展红旗如画""不周山下红旗乱""头上高山，风卷红旗过大关"，等等。

"山＋红旗"意象是毛泽东长期革命生涯的真实写照。毛泽东为了追求知识走出韶山，为了思索救国救民真理而登临岳麓山，为了探索适合中国国情的革命道路而带兵上了井冈山。毛泽东的人生道路是从山里走出来的，具有中国特色的革命之路是在山里寻求到并延伸出来的。

长征时期的《清平乐·六盘山》中也有"山＋红旗"这个意象，"六盘山上高峰，红旗漫卷西风"。中国革命的红旗，从井冈山一路打到中央苏区，又打到六盘山上，不但没有倒，反而更加鲜艳夺目。在六盘山上迎风招展的红旗，昭示着万里长征的革命性质，也是红军战士革命意志的艺术再现。

3. 坚定执着诗言志

"诗言志"是毛泽东的一贯主张，也是他的创作指南。诗词不仅生动记录了毛泽东一生的奋斗足迹，也形象地寄寓了他领导中国人民救亡图存、励精图治的价值取向与使命担当，深刻展示了中国共产党人的目标追求和理想境界。

长征想达到的直接目的，不外乎两个：一个是彻底摆脱国民党反动派的军事"围剿"；另一个是迅速北上奔赴抗日前线。毛泽东长征诗词中，有两句诗恰如其分地表现了长征的这两个目的。

第一句是《清平乐·六盘山》中的"今日长缨在手，何时缚住苍龙？"苍龙，本义是指凶神恶煞。毛泽东1958年在《毛主席诗词十九首》的批注中，对苍龙的具体含义专门进行了说明："苍龙：蒋介石，不是日本人。因为当前全副精神要对付的是蒋不是日。"

很显然，抵抗蒋介石是万里长征的当务之急。不打破国民党的军事"围剿"，红军自身难保，其他一切都无从谈起。"今日长缨在手，何时缚住苍龙？"是实现伟大理想的具体行动，直接抒发了英勇红军一定要战胜敌人的坚强决心。

第二句是《念奴娇·昆仑》中的"太平世界，环球同此凉热"。昆仑山常年积雪。夏天冰雪融化，会导致水灾，危害中国。于是毛泽东决心倚天抽剑把它劈为3段。然后，"一截遗欧，一截赠美，一截还东国"。

当时，日本帝国主义正在大举侵略中国，而毛泽东在"分配"昆仑山时却还能想到要照顾日本人民，这是何等的博大胸襟！"太平世界，环球同此凉热。"天下太平和世界大同，是古往今来多少仁人志士的共同追求，当然也是中国共产党人始终坚持的崇高理想。但是，只要还存在帝国主义的侵略战争，这一理想就不可能实现。

《念奴娇·昆仑》的寓意十分深刻。毛泽东想改造昆仑山，其实质就是要打倒帝国主义。这首词的主旨广阔而且重大，堪称旷世罕见，塑造了一个立足中华、放眼世界、胸怀全人类，比昆仑山更加伟岸的光辉形象。

4. 红军不怕远征难

1936年10月，毛泽东在接受埃德加·斯诺访谈时，曾经深有感触地说："红军经历了无数艰难险阻，横渡中国最长、最深、最湍急的江河，越过一些最高、最险的山口，通过凶猛的土著居民的地区，跋涉荒无人烟的大草地，经受严寒酷暑、风霜雨雪，遭到全中国白军半数的敌人的追击下——红军通过了所有这一切天然障碍物……"

"红军不怕远征难，万水千山只等闲"，攻坚克难是毛泽东长征诗词中的一个重要内容。"西风烈""山，离天三尺三""金沙水拍云崖暖，大渡桥横铁索寒""更喜岷山千里雪""六盘上山高峰""山高路远坑深"。长征路上的每一座山、每一条河都是一个"鬼门关"，都是对红军的严峻考验。

毛泽东勇于面对一切挑战，他傲视万物，藐视一切艰难险阻。"雄关漫道真如铁，而今迈步从头越"，别以为娄山关"一夫当关、万夫莫开"，英勇红军一跃而过。"五岭逶迤腾细浪"，横亘于南方数省之间的五岭山脉连绵起伏，在毛泽东看来只不过是小溪流中翻滚的几朵浪花，简直是不足挂齿。

"乌蒙磅礴走泥丸"，山势险峻、高耸入云的乌蒙山，毛泽东也根本不把它当成一回事，充其量也就是在红军脚下滚动的小泥团而已，实在微不足道。"不到长城非好汉，屈指行程二万"，红军到达六盘山，吃尽了苦头，可毛泽东屈指一算也只有二万里行程，实在很不过瘾，感觉意犹未尽。

5. 英雄群像真伟岸

古往今来，以诗歌形式记载英雄业绩、表现英雄行为、歌颂英雄品质、塑造英雄形象的作品不计其数。但是这些作品往往侧重表达个人之志，抒发个人情怀，所讴歌的对象要么是以个体形式存在的英雄人物，要么是由个体英雄形象组成的集合。而毛泽东的长征诗词却自成体系、独树一帜。

毛泽东诗词所表现的内容不是他个人的奋斗史或征战史，所塑造的形象也绝不是他本人的自画像。他不是着眼于描述个体英雄形象，而是致力于塑造红军英雄的群体形象。他们具有崇高的革命理想，共同的奋斗目标，昂扬的战斗意志，刚毅的英雄性格。这一英雄形象顶天立地、光辉灿烂，具有排山倒海的无穷力量。

除《六言诗·给彭德怀同志》专门颂扬彭大将军之外，其他作品的主人公都没有具体所指。长征诗词所描写的任何军事行动，如攻打娄山关，巧渡金沙江，强渡大渡河，翻越大雪山等，都不是个人行为，而是红军的统一行动。

四、毛泽东长征诗词的艺术魅力

白居易说过："文章合为时而著，歌诗合为事而作。"毛泽东的长征诗词艺术地描绘了红军长征的战斗历程，热情洋溢地赞扬了红军不畏艰险、英勇顽强的革命精神，蕴含着中国共产党人的万般豪情壮志，它是中国革命的壮烈史诗，也是中国诗歌宝库中的璀璨明珠。

毛泽东的长征诗词新颖别致、气势磅礴、寓意深刻、意境高远，描绘出了前人和同时代其他诗人不曾创作的锦绣中华新图画，塑造出了文学史上未曾出现过的英雄人物新形象。毛泽东的长征诗词不仅形象地记录了中央红军所走过的漫漫征程，而且还以诗人独有的浪漫情怀和卓越的艺术才华，热情讴歌了崇高之美、自然之美、人格之美，使这些诗作达到了诗人的心路历程和革命的曲折发展相统一，革命的现实主义与革命的浪漫主义相统一，清醒地认识困难和磅礴的英雄气概相统一，通俗的诗词语言与深邃的哲理思想相统一，战争画卷的纪实与历史规律的把握相统一，个人情感的起伏与红军命运的悲欢相统一，英雄主义的人格与崇高理想的追求相统一，因而具有永恒的艺术魅力。

毛泽东诗词中的炮火硝烟

一代伟人毛泽东"掌上千秋史，胸中百万兵"。《念奴娇·井冈山》中的"犹记当时烽火里，九死一生如昨"，是对枪林弹雨的无限感慨，也是对南征北战的深情眷恋。毛泽东戎马倥偬，身经百战，越是战事紧急，越是惊心动魄，越能激发他的勃勃诗兴。毛泽东把诗情融入战争，使战争充满诗意，"在马背上哼成"气势恢宏的军旅诗词，堪称中国革命的史诗华章，浓情满溢，运思深沉，雄健奔放。

敌军围困万千重

"霹雳一声暴动"后，毛泽东毅然引兵井冈。他步入戎马生涯，历练成为用枪杆子改写中国近代历史的军事统帅。他告别"书生意气"，诗词不再单纯摹景抒情，而是转入纪实，讴歌战争。"鼓角""炮声""开战""战地""行军""枪林""鏖战""弹洞"等军事用语频繁出现。

反动派把革命武装污蔑为"共匪""赤匪"，"六月天兵征腐恶""天兵怒气冲霄汉"，毛泽东旗帜鲜明地称其为"天兵"，亦即仁义之师、正义之师。毛泽东的武装斗争搞得风生水起，蒋介石先是一省之兵的"进剿"，再是两省之兵的"会剿"，最后是中央军和各省地方部队的合力"围剿"。毛泽东在《中国革命战争的战略问题》中写道："十年以来，从游击战争开始的一天起，任何一个独立的红色游击队或红军的周围，任何一个革命根据地的周围，经常遇到的是敌人的'围剿'。敌人把红军看作异物，一出现就想把它捕获。""敌军围困万千重""二十万军重入赣，风烟滚滚来天半"，而毛泽东从容沉稳，"我自岿然不动"。"黄洋界上炮声隆，报道敌军宵遁"，充满了击退敌军的轻松幽默。"齐声唤，前头捉了张辉瓒"，彰显了粉碎"围剿"的智慧韬略。"万丈长缨要把鲲鹏缚""今日长缨在手，何时缚住苍龙"，表达了将革命进行到底的坚强决心。

唤起工农千百万

革命战争的目的是什么呢？"地主重重压迫，农民个个同仇""军阀重开战""洒向人间都是怨"，民不聊生，山河破碎，民怨沸腾。"收拾金瓯一片，分田分地真忙"，革命武装要重整河山，实现"耕者有其田"。"遍地哀鸿满城血，无非一念救苍生"，共产党人要解救万民于水火。"太平世界，环球同此凉热"，彻底消灭剥削压迫，实现天下大同，这是中国革命的终极目标。

中国革命战争的总体态势是敌强我弱，力量之悬殊，条件之险恶，斗争之复杂，规模之宏大，超乎常人想象。"星星之火，可以燎原"，毛泽东笃信"兵民是胜利之本"。"十万工农下吉安""百万工农齐踊跃""唤起工农千百万"，惟妙惟肖地展示了唤起民众、壮大队伍的历史进程。《古代兵略·天地》云："得其人，即枯木朽株皆可以为敌难。""枯木朽株齐努力"的"枯木朽株"本义指残枝败叶，引申意义则是生活在社会底层的劳苦大众。"军民团结如一人，试看天下谁能敌。"这是"毛主席用兵真如神"的深厚基础，也是人民军队"天翻地覆慨而慷"的根本保障。

红军不怕远征难

毛泽东曾自谦地说，军旅之事，未之学也，我不是个武人，文人只能运用笔杆子，不能动枪。毛泽东不断借鉴传统兵法，可谓是古代兵家智慧的集大成者，其存乎于心和运用之妙堪称典范。比如，湖湘文化大家王船山（王夫之）

的军事思想就给了毛泽东诸多启迪。王船山亲历过农民战争的狂风暴雨，认为农民起义军的作战特点是"走"，"败亦走，胜亦走""进必有所获，退以全其军"。毛泽东将其发展成机动灵活的游击战和运动战。"打得赢就打，打不赢就走"，是他的一句至理名言。

毛泽东诗词中反映部队行军、运动的诗句随处可见。"匡庐一带不停留，要向潇湘直进""直下龙岩上杭""直指武夷山下""七百里驱十五日"。在"走"的过程中，会遇到各种艰难险阻，如"赣江风雪迷漫处""雾满龙岗千嶂暗""大渡桥横铁索寒""西风烈，长空雁叫霜晨月""山高路远坑深"。但"红军不怕远征难，万水千山只等闲"，他们"雪里行军情更迫""雄关漫道真如铁""乌蒙磅礴走泥丸""不到长城非好汉""大军纵横驰奔"。特别是"宁化、清流、归化，路隘林深苔滑"一句，既化抽象地名为具体形象，又使景物描写有了具体位置，恰如电影蒙太奇一闪而过，充分显示了部队行军之急，征程之难，进军之险。

人民军队历史上最有名的"走"就是长征。这一"走"，走出了四渡赤水的"得意之作"，走出了摆脱围追堵截的非凡壮举，也走出了中国革命的崭新局面。毛泽东把"走"与"打"的关系驾驭得炉火纯青，在"走"中避敌锋芒，在"打"中击敌弱点，创造了一个个"席卷江西直捣湘和鄂""横扫千军如卷席"的军事斗争传奇。待到"钟山风雨起苍黄"而一举占领南京之后，毛泽东号召"宜将剩勇追穷寇"，国民党残敌已成为被围追堵截的"落水狗"了。

战地黄花分外香

1949年12月，在前往苏联访问的火车上，毛泽东和苏联汉学家尼·费德林谈创作体会时说："当一个人处于极度考验，身心交瘁之时，当他不知道自己还能活几个小时，甚至几分钟的时候，居然还有诗兴来表达这样严峻的现实……当时处在生死存亡的关头，我倒写了几首歪诗，尽管写得不好，却是一片真诚的。"

　　因为"真诚"，所以真实。毛泽东的军旅诗词从创作的缘起，描述的对象，到表达的思想内容，都客观反映了从秋收起义到解放南京波澜壮阔的革命历程，艺术性地勾画了革命战争的历史长卷，也生动记录了他跌宕起伏的军旅生涯。每首作品都表现出卓越的写实功力，可以说是小型叙事诗。

　　因为"真诚"，才有真情。毛泽东的军旅诗词不仅是战争纪实，也是感怀之作，更是心路历程的真实写照。正如他在《〈词六首〉引言》中所述，这些词"是在一九二九——一九三一年在马背上哼成的。文采不佳，却反映了那个时期革命人民群众和革命战士们的心情舒快状态"。这种"舒快"源于黄洋界保卫战的"更加众志成城"，源于粉碎"围剿"而致使"有人泣"的喜人局面，源于"风卷红旗过大关"的磅礴气势，源于"凯歌奏边城"的捷报频传，源于"虎踞龙盘今胜昔"的"人间正道"。

　　由于多次错误路线的影响，毛泽东一再受到排挤，中国革命也充满曲折。但毛泽东信仰执着，性格刚毅，乐观豁达。《采桑子·重阳》《菩萨蛮·大柏地》《清平乐·会昌》抒发了毛泽东面对逆境人生的内心郁闷与人格超越。这里有"寥廓江天万里霜"的旷达豪情；有"装点此关山，今朝更好看"的高昂爽朗；有"踏遍青山人未老"的钢铁意志。

毛泽东诗词中的战友情怀

　　1921 年 7 月，伟大的中国共产党成立。在 20 世纪前期的中国舞台上，毛泽东和他的战友们经过艰苦卓绝的奋斗建立了新中国，成就了千秋伟业，同时他们也结下了深厚的战友情谊。毛泽东诗词中留下了他们奋斗的记忆，也留给我们一笔宝贵的财富。

诗词首现颂战友

　　毛泽东的战友不计其数，但进入毛泽东诗词作品的为数不多。我侧重分析毛泽东为战友写的诗作，并介绍毛泽东为战友写的挽联、赠联，从中体会毛泽东对亲密战友的真心倚重、高度赞赏、充分信任和无限追思。

　　黄公略，生于 1898 年，湖南湘乡人。他从小爱读兵书，17 岁投奔湘军。1927 年 1 月，黄公略考入黄埔军校第三期高级班。他在革命处于低潮时毅然加入了中国共产党，12 月参加了广州起义。

　　1928 年 7 月，黄公略同彭德怀、滕代远领导平江起义，任中国工农红军第五军第 2 纵队纵队长。同年 11 月，彭德怀、滕代远率红五军主力赴井冈山后，他率部留在平江、浏阳一带开展游击战争，创建湘鄂赣苏区。1929 年 8 月，彭德怀率部返回湘鄂赣边区；9 月，红军支队重新合编为红五军，黄公略任副军长。1930 年 1 月，成立红六军时，黄公略任军长。

　　1930 年 5 月，蒋介石与冯玉祥、阎锡山、李宗仁在中原地区发生军阀混战，又称"中原大战"。红军利用这个时机，巩固并扩大了革命根据地。在 6

月 11 日召开的中央政治局会议上，通过了李立三起草的《新的革命高潮与一省或几省的首先胜利》的错误决议，决定攻打南昌、武汉、长沙等中心城市，意欲"会师武汉，饮马长江"，并强令毛泽东率红军攻打南昌。6 月底，毛泽东率领红一军团主力从福建汀州向江西进军。7 月下旬，进攻南昌的红一军到达樟树镇后，毛泽东等判断攻打南昌实在冒险，便在附近休整筹款，发动群众。毛泽东以十分复杂的心情写下了《蝶恋花·从汀州向长沙》：

六月天兵征腐恶，万丈长缨要把鲲鹏缚。赣水那边红一角，偏师借重黄公略。

百万工农齐踊跃，席卷江西直捣湘和鄂。国际悲歌歌一曲，狂飙为我从天落。

词的上阕，毛泽东高度赞扬了向江西进军的广大红军指战员团结一致，誓把反动派彻底消灭的战斗决心和必胜信念。但是，要取得革命胜利，最根本的要靠正确的路线。黄公略已经开辟了赣西南革命根据地，为红军这次进军江西提供了有利条件。

词的下阕，写的是当时江西等地的一派大好革命形势，并预示着革命必将在广大农村获得更大发展。革命斗争烈火不仅燃遍了江西全省，而且正以锐不可当之势向湖南、湖北发展。《国际歌》是无产阶级革命的象征，这歌声震天撼地，犹如从天而降的风暴，掀起了滚滚革命浪潮。

"偏师借重黄公略"，黄公略是第一个被写进毛泽东诗词的红色将领。红六军因为与湘鄂西的红六军番号相同，改称红三军。根据中央指示，将红四军、红十二军和红三军合编为红一军团。3 个军整编时，黄公略所部并未开到汀州集中，一直在赣西南一带活动，故词中说"赣水那边红一角"。毛泽东、朱德率红一军团主力从闽西向江西进军时，红三军就成了主力的侧翼部队和配合力量，因而成了"偏师"。"红一角"既渲染了赣西南如火如荼的革命斗争，又写出了黄公略及其部队的声威，充分肯定了他们的卓越贡献。而"借重"二字，则表达了对黄公略的器重和赞誉。

第一次反"围剿"时，黄公略指挥红三军将张辉瓒部队引诱至群山环抱、中间是狭长山谷的永丰县龙冈一带，趁着弥天大雾，全歼敌军 9000 余人，张辉瓒束手就擒。这便是毛泽东在《渔家傲·反第一次大"围剿"》中所描绘的"雾满龙冈千嶂暗，齐声唤，前头捉了张辉瓒"。第二次反"围剿"时，敌军从江西吉安向东延伸到福建建宁，修筑了坚固的碉堡，号称"八百里防线"。毛泽东指挥红军主力隐蔽到富田东固附近的白云山区。1931 年 5 月 15 日，敌军分 3 路窜向东固，正好钻进红军布下的"口袋"。5 月 16 日，黄公略指挥红三军突然从白云山上猛攻下来，枪炮声、喊杀声震天动地，首战就歼灭敌军两个师。这便是毛泽东在《渔家傲·反第二次大"围剿"》中所写的"枪林逼，飞将军自重霄入"。毛泽东借汉代名将李广来称赞黄公略及其部队，黄公略因此赢得了"飞将军"的美誉。

1931 年 9 月 15 日，在第三次反"围剿"结束后，黄公略率部转移，突遭敌机空袭，不幸中弹牺牲，年仅 33 岁。出师未捷身先死，长使英雄泪满襟。1931 年 9 月 16 日下午，毛泽东亲自主持了黄公略的追悼会。他强忍悲痛，挥毫疾书，写了一副挽联："广州暴动不死，平江暴动不死，而今竟牺牲，堪恨大祸从天落；革命战争有功，游击战争有功，毕生何奋勇，好教后世继君来。"

挽联高度概括了黄公略轰轰烈烈的革命历程，表达了对失去爱将痛心疾首的惋惜之情，鼓励后来者继承先烈遗志，将革命进行到底。

豪情万丈赞将军

毛泽东率领秋收起义部队上井冈山后，彭德怀在给黄公略的诗中写道："惟有润芝工农军，跃上井冈旗帜新。我欲以之为榜样，或依湖泊或山区。"1928 年 12 月，彭德怀率领平江起义的红五军上井冈山，与毛泽东、朱德率领的红军会师。从此，彭德怀成为毛泽东最真诚、最可靠、最倚重的战将之一。

1935 年 10 月 19 日，中国工农红军陕甘支队到达陕北吴起镇。吴起镇是陕北根据地的门户。20日，宁夏军阀马鸿逵、马鸿宾的骑兵尾随而来，企图阻止中央红军与陕北红军的会师。为了不把敌人带进陕北根据地，毛泽东、周恩来、叶剑英、林彪等当晚召开会议，决定给马家军以迎头痛击。

20日，彭德怀赶到吴起镇来见毛泽东，研讨敌情，部署战斗。事后，彭德怀连夜赶回前线。10月21日清晨，彭德怀指挥部队在吴起镇附近的大峁梁打响了"切尾巴"战斗，歼灭敌军1个骑兵团，击溃了3个团，打了中央红军到达陕北后的第一个大胜仗，这也是中央红军长征中的最后一仗，使红军会师和开辟新局面有了相对安全的条件和保证。

毛泽东获悉此捷报后，抑制不住内心喜悦，当即赋诗一首《六言诗·给彭德怀同志》：

> 山高路远坑深，大军纵横驰奔。
> 谁敢横刀立马？唯我彭大将军！

战斗结束后，彭德怀来到毛泽东住处，看到桌子上放着这首诗。彭德怀当即拿起笔来，将"彭大将军"改为"英勇红军"，然后将诗稿放回原处。这一改动，不仅文从字顺，更显出他的谦逊胸怀。可惜这首诗的原稿至今不知所终。

"山高路远坑深，大军纵横驰奔"，前句写景，后句记事；动静结合，景事交融。陕北高原地区，沟壑纵横，坑坑洼洼。诗句反映了彭德怀利用有利地形，指挥红军急速进军和英勇奋战的场景，既表现了红军灵活机动地打击敌军的威力和气势，也刻画了溃散的敌骑兵东逃西窜的狼狈状况。

"谁敢横刀立马？唯我彭大将军！"一声诘问，雷霆万钧。人们常用"横刀立马"来描绘猛将的英勇顽强、从容淡定，而彭德怀正是这样一个金戈铁马、叱咤风云的战将。这两句直接赞扬彭德怀亲临前线指挥的大将风度和击溃马家军的赫赫战功。"唯我彭大将军"6个字，简洁明快，充满着自豪、骄傲和欣慰。

　　1947 年 8 月中旬，彭德怀指挥沙家店战役，一举歼灭了胡宗南的整编第三十六师师部及两个旅，取得歼敌 6000 余人的重大战果，成为我西北野战军转入内线反攻的转折点。在一次军事会议上，毛泽东再次即席挥毫书写了这首诗，最后一句依然是"唯我彭大将军"。

国有疑难可问谁

　　1963 年 12 月 16 日，共和国元帅罗荣桓在北京逝世。这天，毛泽东正在中南海颐年堂开会。噩耗传来，毛泽东带头起立默哀。他说："罗荣桓同志是一九○二年生的。这个同志原则性很强，表里如一，对党忠诚，对党的团结起了很大的作用。他对同志有意见，背后少说，当面多说，不背地议论人，一生始终如一。一个人几十年如一日不容易。"

　　罗荣桓是湖南衡山人，五四时期在长沙参加过毛泽东等人领导的学生运动。他是毛泽东主编的《湘江评论》的热心读者，也参加过毛泽东领导的"驱张运动"。

　　罗荣桓被毛泽东称为一辈子共事的人。在十大元帅之中，只有罗荣桓曾随毛泽东参加秋收起义，一起进军井冈山，他也是唯一一个政工出身的元帅。罗荣桓在关键时刻总是支持毛泽东，拥护毛泽东，罗荣桓逝世前的最后一句话是："我革命这么多年，选定了一条，就是要跟着毛主席走。"

　　罗荣桓逝世后，毛泽东一连几天夜不能寐，满怀深情写下《七律·吊罗荣桓同志》，充分肯定罗荣桓的丰功伟绩，赞颂罗荣桓的崇高品格，表达对罗荣桓逝世的无比痛惜和无限哀思：

> 记得当年草上飞，红军队里每相违。
> 长征不是难堪日，战锦方为大问题。
> 斥鷃每闻欺大鸟，昆鸡长笑老鹰非。
> 君今不幸离人世，国有疑难可问谁？

"记得当年草上飞"，典出北宋陶谷《五代乱离记》，说唐末农民起义军首领黄巢失败后，于洛阳落发为僧，并曾绘像题诗为："记得当年草上飞，铁衣著尽著僧衣。天津桥上无人识，独倚栏干看落晖。"毛泽东用古诗成句来比喻红军行军打仗行动迅速。"草上飞"传神地突出了红军采用游击战和运动战，忽东忽西，纵横驰骋，机动灵活地打击敌人。

"红军队里每相违"，红军时期，特别是中央苏区时期，由于受"左"倾错误思想的影响，毛泽东多次遭到排挤和打击，他的正确主张往往不被采纳。这里不是说毛、罗之间有什么意见分歧，恰恰相反，他们两人之间相互理解、心心相印，罗荣桓总是坚定地支持毛泽东的正确思想和主张。

"长征不是难堪日"，长征途中红军经历了无数艰难困苦，但也都挺过来了。罗荣桓这位军队政治工作的能手，为鼓舞战士战胜困难发挥了巨大作用。毛泽东常常能听见罗荣桓用沙哑的嗓音唱湖南花鼓戏给战士们鼓舞士气。

"战锦方为大问题"，辽沈战役中，毛泽东明确指示东北野战军必须先攻打锦州，而林彪则一直在打锦州还是打长春之间犹豫不决。时任东北野战军政委的罗荣桓坚决贯彻毛泽东的战略部署，最终说服林彪攻打锦州。锦州战役是决胜之举，罗荣桓在关键时刻起了重要作用，保证了毛泽东和党中央战略决策的贯彻和实施。

"斥鹨每闻欺大鸟，昆鸡长笑老鹰非。"这两句诗运用了两个寓言故事。斥即鹌鹑，是蓬间雀，飞不过几丈高。《庄子·逍遥游》说，斥笑话大鹏鸟飞得太高，认为自己在蓬蒿中飞翔，也是飞得最好的了。后者借用了俄国克雷洛夫寓言《鹰和鸡》，说本来跳得不高的昆鸡，居然也讥笑暂时飞得不高的老鹰，认为鹰和自己飞得一样低。鹰回答说："鹰有时可能比鸡飞得低，但鸡永远不能飞得像鹰那么高。"毛泽东把罗荣桓比作鲲鹏和雄鹰，高度赞扬罗荣桓为人谦逊、忠诚老实、胸怀全局、襟怀坦荡，也是在斥责那些目光短浅、自鸣得意、叽叽喳喳、拨弄是非的小人。

"君今不幸离人世，国有疑难可问谁？"像罗荣桓这样可以定大事、决疑难的同志不可多得，他的逝世是党和国家的重大损失，毛泽东也痛失了一位亲密战友。

这首诗情真意切，直抒胸臆，感情深厚，对比鲜明，衬托有力，反映了毛泽东与罗荣桓之间深厚的战友之情。1963 年 12 月，罗荣桓逝世后不久，毛泽东同《红旗》杂志编辑部的一位工作人员谈到罗荣桓时，念了一首三言韵语称赞罗荣桓："无私利，不专断，抓大事，敢用人，提得起，看得破，算得到，做得完，撇得开，放得下。"

这首三言韵语对罗荣桓的品格、作风、才干、襟怀、办事等多个方面给予了高度评价，言简意赅，通俗易懂。如果把它和《七律·吊罗荣桓同志》结合起来阅读，更能看出毛泽东对罗荣桓的感情之深、评价之高。

将星璀璨诗情浓

毛泽东的很多战友也是诗词高手，他们之间常有诗词交往。比如，他曾和陈毅通过书信探讨诗词创作技巧和艺术规律；他曾把《满江红·和郭沫若同志》的初稿抄赠周恩来；他和董必武之间曾有几次诗词唱和。毛泽东与战友之间也曾用对联表达战友之情。这里举两个例子：

长征途中，张国焘私欲膨胀，企图分裂红军。面对张国焘的威逼利诱，朱德毫不退让，他明确地表示："朱毛，朱毛，人家都把朱毛当作一个人，朱怎么能反对毛呢？你们可以把我劈成两半，但是割不断我与毛泽东的关系。"毛泽东得知此事后，深受感动，赠朱德对联一副："度量大如海，意志坚如钢。"1937 年 2 月，毛泽东为中国人民抗日军事政治大学第二期第二队学员题词，内容仍然是："要学习朱总司令：度量大如海，意志坚如钢。"毛泽东对朱德的评价，准确、恰当，真挚感人。

再如，长征路上，张国焘电告陈昌浩"彻底开展党内斗争"，企图分裂中国共产党，另立中央。在关系党生死存亡的千钧一发之际，叶剑英把电报传给了毛泽东，使毛泽东和党中央及时采取了措施和行动，挽救了红军，挽救了党。毛泽东高度赞扬叶剑英的机智、勇敢，并书赠叶剑英对联一副："诸葛一生惟谨慎，吕端大事不糊涂。"

　　毛泽东不仅为自己的战友写诗、赠诗，对为国家和民族作出重大贡献的人也毫不吝惜自己的笔墨。

　　比如，戴安澜。他1904年生，安徽无为人，字衍功，号海鸥，是黄埔军校第三期毕业生，曾参加过北伐战争。他是国民党抗日爱国将领，在长城古北口抗战、台儿庄大战、武汉大会战、昆仑关争夺战等重大战役中，屡立战功。1942年3月，他出师缅甸，孤军深入，英勇作战。他在给妻子的信中说："现在孤军奋战，决心全部牺牲，以报国家养育！为国家战死，事极光荣。"重创日寇后，他班师回国，途中遭日军伏击，身负重伤，于5月26日殉国。

　　1943年4月1日，国民政府在广西全州为戴安澜将军举行国葬。当时，国共双方领导人都送了挽联或挽幛。周恩来称他为"黄埔之英，民族之雄。"朱德和彭德怀在挽联中写道："将略冠军门，日寇几回遭重创；英魂羁缅境，国人无处不哀思。"毛泽东从延安拍去电报："海鸥将军千古"，并附了挽诗，表达了对戴安澜的高度赞扬、崇高敬意和深切哀悼：

五律 · 挽戴安澜将军

外侮需人御，将军赋采薇。

师称机械化，勇夺虎罴威。

浴血东瓜守，驱倭棠吉归。

沙场竟殒命，壮志也无违。

　　"外侮需人御"，首先揭示了日本侵华，民族危亡的历史背景。"将军赋采薇"，运用典故称颂戴安澜将军慷慨出征的英雄气概。"赋"指兵，古时是按田赋出兵，所以称为兵赋。"采薇"是《诗经·小雅》的篇目，是戍边将士们所唱的歌曲。薇是一种多年生草本植物，种子、茎、叶子均可食用，戍边的士兵采薇以食，而念归期之远。戴安澜受命于危难之际，却从容赴之，愈显出其大无畏精神。

"师称机械化，勇夺虎罴威"，戴安澜所率部队为机械化师，装备精良，将士勇猛，给日本侵略者以沉重打击，鼓舞了全国抗日军民的士气，诗句写得气韵生动，神采飞扬。

"浴血东瓜守，驱倭棠吉归。"东瓜、棠吉都是缅甸的地名。1942年3月18日，戴安澜率部在东瓜连续奋战12个昼夜，歼灭日军5000余人。1942年4月23日，棠吉告急，戴安澜部队奉命驰援，激战两昼夜，击退日军，收复棠吉。诗句描绘了戴安澜率领部队顽强抗敌的战斗历程。

"沙场竟殒命，壮志也无违"，对戴安澜将军以身殉国深表震惊和痛惜。戴安澜将军满怀报国壮志，为抗战而死，死得其所，重于泰山。1943年10月，美国政府以总统罗斯福的名义，给戴安澜颁授懋绩勋章，他成为反法西斯斗争中第一位获得国际勋章的中国人。1956年，中央人民政府内务部追认戴安澜为革命烈士。

毛泽东这首《五律·挽戴安澜将军》热情歌颂国民党抗日名将抗战救国的壮举，显示了共产党人的博大胸怀。面对国家危亡，中国共产党人坦荡无私，以民族大义为重，支持一切爱国力量抗日救亡的正义行动，坚决捍卫民族独立与尊严。

毛泽东诗词中的家国情怀

　　家国情怀是一个人对自己国家和人民所表现出来的深情大爱，是一种深层次的心灵感触和人生追求。"烽火连三月，家书抵万金"，是杜甫对家人的眷恋；"王师北定中原日，家祭无忘告乃翁"，是陆游对国家的期许；"山河破碎风飘絮，身世浮沉雨打萍"，是文天祥对国运的痛感。家国情怀世代流淌，绵延不绝，凝聚成具有强大向心力的民族精神。

韶山情：从"孩儿立志出乡关"到"别梦依稀咒逝川"

　　少年毛泽东为了追求人生梦想而走出韶山。青年毛泽东立下拯救民族危亡的远大志向，"书生意气，挥斥方遒。指点江山，激扬文字"，既有"问苍茫大地，谁主沉浮"的仰天长问，又有"到中流击水，浪遏飞舟"的浩然壮气。投身中国革命之后，不管是"倒海翻江卷巨澜"，还是"雄关漫道真如铁"，毛泽东东奔西走、南征北战，始终都矢志不移。这些诗词，都表现了毛泽东的家国情怀。他的家国情怀是 20 世纪最伟大最有代表性的精神符号之一，是近代以来中国改变积贫积弱，改变被奴役被剥削地位的时代最强音，是中国人民世代相传的精神财富。

　　毛宇居是毛泽东的堂兄，也当过他的私塾老师。1927 年 1 月，毛泽东考察湖南农民运动时回到韶山，毛宇居主持欢迎会，致辞说："毛君泽东，年少英雄，到处奔走，为国为民。今日到此，大家欢迎。"1941 年，毛宇居主持编撰《韶山毛氏四修族谱》。他在"毛泽东"条目下写了"闳中肆外，国尔忘家"8个字。新中国诞生后，毛宇居欣然写下《七律·颂导师》，赞颂毛泽东"一领青衫运远谋，手无寸铁敌王侯""一腔铁血关天下，国尔忘家志不移"。

　　韶山，湘中灵秀之地。相传舜帝南巡至此，见层峦叠翠，不觉心中大悦，遂命随从奏韶乐九成，引凤凰来仪。东汉文学家王粲《登楼赋》云："人情同于怀土兮，岂穷达而异心。"走出韶山的毛泽东曾发出"我自欲为江海客"的豪言壮语，然而他始终满怀对家乡山水的不尽依恋。

　　毛泽东在井湾里私塾就读时，无非是死记硬背《三字经》《百家姓》《论语》《孟子》等儒家经典。毛泽东渴望离开闭塞的韶山。

　　1909年，"过激派"李漱清回到韶山。在他的影响下，毛泽东读到了讨论富国强兵之道的《盛世危言》。特别是在阅读了小册子《论中国有被列强瓜分之危险》之后，少年毛泽东开始意识到中国正处于内忧外患之中。

　　1910年秋天，他前往湘乡县立东山高等小学堂就读。求学期间，毛泽东多次回到韶山，而走上革命道路后，他仅回过5次韶山。1921年春节期间，他回韶山为父母扫墓，说服全家人舍弃家业而外出革命。1925年2月，毛泽东携妻儿回到韶山，领导开展农民运动。1927年1月，毛泽东回韶山考察农民运动。临别时，他对乡亲们立下誓言：二三十年革命不成功，我毛润之就不回韶山了！

　　1959年6月25日，毛泽东终于回到了魂牵梦萦的韶山。他既没有贺知章"儿童相见不相识"的慨叹，更没有刘邦"威加海内兮归故乡"的张狂。他走村串户，接见了3000多名群众，双手几乎都被握红肿了。毛泽东抚今追昔，感慨万端，倾情写下了《七律·到韶山》："别梦依稀咒逝川，故园三十二年前。红旗卷起农奴戟，黑手高悬霸主鞭。为有牺牲多壮志，敢教日月换新天。喜看稻菽千重浪，遍地英雄下夕烟。"在历史长河中，32年不过是"弹指一挥间"，但在个人的生命中却是漫长的历程。1927年他立下的誓言已经实现，中国的革命已然成功，韶山也发生了翻天覆地的变化。

父母情：从"春风南岸留晖远"到"万端遗恨皆须补"

1959 年 6 月 26 日，回韶山第二天的一大早，毛泽东做的第一件事就是去给父母上坟。他把鲜花和松枝放在坟头上，恭恭敬敬地行了 3 个鞠躬礼，深情地说："前人辛苦，后人幸福。"后回到招待所，毛泽东对罗瑞卿说："我们共产党人是彻底的唯物主义者，不迷信什么鬼神。但生我者父母，教我者党、同志、老师、朋友，还得承认。"

在很多人看来，毛泽东与父亲之间充满矛盾与冲突。毛泽东对父亲的"自私、专制"的确心怀不满，但正是父亲的严厉，使他从小就能吃苦耐劳；而父亲供他读书，毛泽东更是难以忘怀。他在抄录《七绝·呈父亲》时，特意把原诗中"男儿立志出乡关"的"男儿"改成"孩儿"，表示对父亲的敬重；把"学不成名死不还"中的"死"改成"誓"，也是为顾及父亲的感受。毛泽东对父亲的敬爱表达得深沉而又含蓄。

毛泽东母亲文七妹宅心仁厚，温良谦和，对他影响至深。1919 年 10 月 5 日，母亲病逝，毛泽东闻讯立即赶回韶山冲。他跪守慈母灵前，含泪挥笔写下了他最长的一首诗《四言诗·祭母文》，尽情表达悲伤、思念、惆怅、悔恨、感恩之心。毛泽东在写给新民学会会员、老同学周世钊的信中说："这是人生一个痛苦之关。像吾等长日在外未能略尽奉养之力的人，尤其生发'欲报之德，昊天罔极'之痛！"

毛泽东写好《四言诗·祭母文》后，意犹未尽，又含泪写下两副挽联。其一为："春风南岸留晖远，秋雨韶山洒泪多。"其二为："疾革尚呼儿，无限关怀，万端遗恨皆须补；长生新学佛，不能住世，一掊慈容何处寻？"毛泽东对母亲的高尚品德念念不忘。他曾说：世界上共有 3 种人：损人利己的人，利己不损人的人，可以损己而利人的人。而他的母亲就是这最后一种人。痛失慈母后，毛泽东把对母亲的爱升华为对人民的爱、对民族的爱、对祖国的爱。作为中国人民的伟大儿子，他把无限的爱都献给了伟大的母亲——祖国。

夫妻情：从"堆来枕上愁何状"到"凭割断愁丝恨缕"

毛泽东的婚姻生活曲折坎坷，既有幸福，也有苦涩。他专门为杨开慧写过 3 首情深意长的诗词，分别是《虞美人·枕上》《贺新郎·别友》《蝶恋花·答李淑一》。

《虞美人·枕上》写于 1921 年。毛泽东和杨开慧 1920 年冬结婚后，毛泽东事务繁忙，东奔西走，夫妻聚少离多。夜深人静时，毛泽东不免会心潮翻滚、辗转反侧。"堆来枕上愁何状，江海翻波浪。"上阕以一"愁"字入手，极写思念之深切；"一钩残月向西流，对此不抛眼泪也无由。"下阕以一"泪"字收笔，甚言思念之苦涩。这首词是毛泽东诗词中唯一一首纯粹属于婉约格调的作品，写得真切自然。

1923 年年底，毛泽东接中央通知，由长沙到上海再转广州，准备参加国民党第一次全国代表大会。临行前，他饱含深情写下了《贺新郎·别友》。全词围绕一个"别"字来铺写，从话别、送别写到别后，脉络分明，既有儿女柔情，更有革命激情。"更那堪凄然相向，苦情重诉。眼角眉梢都似恨，热泪欲零还住。"夫妻分别，总是难舍难分，如泣如诉。"汽笛一声肠已断，从此天涯孤旅。"为了共同的革命事业，他们毅然从个人私情中挣脱出来，"重比翼，和云翥"全身心投入到革命斗争的洪流中去。

1927 年 8 月，秋收起义前，毛泽东回到长沙板仓与杨开慧话别，这一别竟成为诀别。1930 年 11 月 14 日，杨开慧英勇就义。毛泽东闻讯肝肠寸断，悲痛地写道："开慧之死，百身莫赎。"1957 年 5 月 11 日，毛泽东填词《蝶恋花·答李淑一》。"我失骄杨君失柳"，这是一首悼亡诗，追念杨开慧和柳直荀两位烈士。一个"失"字，表明了亲人的损失、爱情的损失、友谊的损失、革命的损失。"万里长空且为忠魂舞"，毛泽东把追思升华到了一个更高更广更宏伟的境界。"忽报人间曾伏虎，泪飞顿作倾盆雨。"这其中既有烈士忠魂因为反动派被彻底推翻而欢喜的热泪，也有仙人们为烈士飞洒的同情之泪和喜闻人间天翻地覆的庆贺之泪，还有人民群众欢呼获得解放的幸福之泪。

湖湘情：从"云开衡岳积阴止"到"万类霜天竞自由"

　　毛泽东是土生土长的湖南人。湖南素有"湖南人才半国中""中兴将相，什九湖湘""半部中国近代史由湘人写就""无湘不成军"等盛誉。一代旷世逸才杨度曾写下慷慨激昂的《湖南少年歌》，其中"若道中华国果亡，除非湖南人尽死"一句，道尽了湖南人的霸气与豪气。"春来我不先开口，哪个虫儿敢作声？"毛泽东自幼狂放不羁，这种性格是在湖湘文化的熏陶下逐渐形成，而后在艰难曲折的革命事业中磨砺起来的。

　　湖南南阻五岭，北极洞庭，又称"三湘四水"。山水相依、灵动多变的地域特征使湖湘文化韵味无穷，也给了诗人毛泽东文思泉涌、新颖别致的诗词创作灵感。毛泽东诗词中涉及湖南的作品就有十多首，既有生活阅历的真实写照，更有对湖湘风物的深情咏叹。毛泽东诗词中蕴含着丰富多彩的湖湘文化元素，从三湘人物到诗文典故，从山水神韵到民间传说，从哲学思维到日常用语，应有尽有。"云开衡岳积阴止，天马凤凰春树里""鲲鹏击浪从兹始，洞庭湘水涨连天""风起绿洲吹浪去，雨从青野上山来""洞庭波涌连天雪，长岛人歌动地诗"，毛泽东笔下钟灵毓秀的湖湘山水令人心驰神往。《沁园春·长沙》中："看万山红遍，层林尽染；漫江碧透，百舸争流。鹰击长空，鱼翔浅底，万类霜天竞自由。"这一湘江秋景堪称千古一绝。"我欲因之梦寥廓，芙蓉国里尽朝晖。"1961 年，毛泽东在致周世钊的信中情不自禁地说："你处在这样的环境中，岂不妙哉？"

　　毛泽东诗词中所表现出的心忧天下的爱国主义情操、激情澎湃的浪漫主义格调以及经世致用的现实主义情怀，都从不同角度折射出湖湘文化的精神风貌与价值追求。屈原、贾谊对湖湘文化有深远影响，"年少峥嵘屈贾才，山川奇气曾钟此"，毛泽东为其赋诗《七绝·屈原》《七绝·贾谊》《七律·咏贾谊》。"帝子乘风下翠微""斑竹一枝千滴泪"，《七律·答友人》把有关湘妃的神话入诗，使作品平添了悠远的文学色彩。毛泽东注释"才饮长沙水"时说："民谣：'常德德山山有德，长沙沙水水无沙。'"毛泽东解释《十六字令三首》时写道：

"民谣:'上有骷髅山,下有八宝山,离天三尺三。人过要低头,马过要下鞍。'"毛泽东诗词还充满了湖湘百姓的生活气息。

毛泽东诗词借鉴了楚辞浪漫主义的艺术想象和创作手法,气魄豪壮、激情洋溢;形象雄杰、意境高远;思绪飞腾、想象奇绝。毛泽东诗词中有不少典故、词语、句式源于屈原作品。比如,毛泽东诗词多处通过设问抒发胸中豪情,如"谁主沉浮""黄鹤知何去""此行何去""试看天下谁能敌",显然借鉴了屈原的《天问》,"皆假设问答以寄意耳"。毛泽东的"吴刚捧出桂花酒",与屈原的"奠桂酒兮椒浆"如出一辙;毛泽东的"红雨随心翻作浪""截断巫山云雨",与屈原"吾令凤鸟飞腾兮""令沅湘兮无波"异曲同工。

天下情:从"管却自家身与心"到"敢教日月换新天"

毛泽东曾努力追求"管却自家身与心,胸中日月常新美",试图独善其身,甚至想把当教书先生作为终生职业。然而,早在韶山时,他已经切身感受到了农民的艰辛:"韶山冲来冲连冲,十户人家九户穷;有女莫嫁韶山冲,红薯柴棍度一生。"走出韶山之后,他更是痛感中华民族的苦难深重。"东海有岛夷,北山尽仇怨",祖国备受欺凌;"地主重重压迫,农民个个同仇""遍地哀鸿满城血",民不聊生,阶级矛盾异常尖锐;"军阀重开战""洒向人间都是怨",军阀割据,四分五裂。面对积贫积弱的旧中国,毛泽东逐渐树立起要"改造中国与世界"的宏大抱负。

1915 年 5 月 7 日,袁世凯悍然接受丧权辱国的"二十一条",毛泽东愤然题诗言志。学生时代的毛泽东"粪土当年万户侯",充满着革命豪情与报国之志。"为有牺牲多壮志,敢教日月换新天",毛泽东义无反顾地投身到民族独立、人民解放、国家富强的革命洪流中去。

秋收起义失利后,毛泽东毅然开展武装割据,创建农村革命根据地。毛泽东开始领兵打仗,"炮声""开战""枪林""鏖战""弹洞"等用于描写战争战役战斗的字眼频繁出现。"十万工农下吉安""百万工农齐踊跃""唤起工农千百万"，革命力量由少到多。"天兵怒气冲霄汉""前头捉了张辉瓒""横扫千军如卷席"，革命武装由弱到强。"黄洋界上炮声隆""赣水那边红一角""百万雄师过大江"，战争规模由小到大。"一唱雄鸡天下白""天翻地覆慨而慷""萧瑟秋风今又是，换了人间"，毛泽东领导中国人民彻底改变了自己命运和国家面貌。

在"改造中国与世界"的伟大实践中，毛泽东从"山头鼓角相闻"的井冈山，"天高云淡"的六盘山，"横空出世"的昆仑山，到"一山飞峙大江边"的庐山，他的足迹遍布万水千山，视野变得更加开阔，胸襟变得更加广博。毛泽东从"忆往昔峥嵘岁月稠""阅尽人间春色""往事越千年"，到"子在川上曰：逝者如斯夫"，他的眼界纵贯古今，思绪变得更加悠远，思想变得更加厚重。"报道敌军宵遁""六月天兵征腐恶""宜将剩勇追穷寇"，战争年代，毛泽东不遗余力要推翻反动统治、改造社会。"一桥飞架南北，天堑变通途""天连五岭银锄落，地动三河铁臂摇"，和平时期，毛泽东千方百计推动建设高潮，改造自然。"太平世界，环球同此凉热""冷眼向洋看世界，热风吹雨洒江天""四海翻腾云水怒，五洲震荡风雷激。要扫除一切害人虫，全无敌"，毛泽东立足中国，放眼全球，不仅关注中国的前途，也关注世界的未来；不仅关心中国人民的疾苦，也关心世界人民的福祉。

毛泽东诗词中的民族血性

何谓血性？《现代汉语词典》将其解释为"刚强正直的气质"，《辞源》解释为"刚强正直的性格"。中华民族历经磨难，但百折不挠，流淌在民族血脉中的血性使其生生不息。这种澎湃激昂的民族血性，使中华儿女充满"天行健，君子以自强不息"的奋斗豪情，"天下兴亡，匹夫有责"的使命担当，"犯我中华者，虽远必诛"的战斗意志，"公而忘私，国而忘家"的无私奉献，"捐躯赴国难，视死忽如归"的牺牲精神。毛泽东诗词反映了中华民族救亡图存、励精图治的情感、实践和价值取向，洋溢着"为有牺牲多壮志，敢教日月换新天"的血性风骨，撼人心魄，催人奋进。

粪土当年万户侯

湖南人以"吃得苦、耐得烦、霸得蛮、不怕死、了得难"而闻名，这种"霸蛮"之气简直就是血性的同义语。杨度《湖南少年歌》中的"若道中华国果亡，除非湖南人尽死"一句，道尽了湖南人的血性和霸气。在湖湘文化的熏陶和感染之下，毛泽东自幼就倔强不羁、坚毅顽强、无所畏惧、敢作敢为。

早在韶山读私塾时，毛泽东读到一本关于帝国主义瓜分中国的小册子，"呜呼，中国其将亡矣！"这催生了他的政治觉悟，促使他"孩儿立志出乡关"。在湘乡县立东山高等小学堂，《世界英雄豪杰传》让他热血沸腾，他给自己取名"子任"，志在"以天下为己任"。在湖南第一师范，毛泽东血气方刚，洋溢着"书生意气"。他常对人说：丈夫要为天下奇，即读奇书，交奇友，创奇事，做个奇男子。他修学储能，"管却自家身与心，胸中日月常新美"。他主张"欲文明其精神，先自野蛮其体魄"，为强身健体，"到中流击水，浪遏飞舟"。他正气凛然，蔑视权贵，"名世于今五百年，诸公碌碌皆余子""粪土当年万户侯"。他激情澎湃，"指点江山，激扬文字"。

"东海有岛夷，北山尽仇怨"的民族忧患，使他"我怀郁如焚"。在《民众的大联合》一文中，毛泽东痛彻心扉地写道："国家坏到了极处，人类苦到了极处，社会黑暗到了极处。"毛泽东振臂一呼："天下者我们的天下。国家者我们的国家。社会者我们的社会。我们不说，谁说？我们不干，谁干？"他努力探寻救国真理，发出"问苍茫大地，谁主沉浮"的怅然诘问。

伴随着五四运动浪潮的洗礼，尤其是马克思主义的传播，毛泽东读到了《共产党宣言》《阶级斗争》《社会主义史》3本书，促使他在理论上和在某种程度的行动上，成为一个马克思主义者，并且从未动摇过。青年毛泽东也收获了爱情，有过"堆来枕上愁何状，江海翻波浪"的儿女情长，但他最终"凭割断愁丝恨缕。要似昆仑崩绝壁，又恰像台风扫寰宇"，舍小家、为大家，义无反顾地投身于风起云涌的革命事业。

霹雳一声暴动

《毛泽东选集》第一卷第一篇文章《中国社会各阶级的分析》第一句话开门见山："谁是我们的敌人？谁是我们的朋友？这个问题是革命的首要问题。"他深入社会，研究国情，对中国的深重苦难有着透彻的理解和把握。旧中国积贫积弱，中华民族到了最危险的时候。毛泽东以一个旧世界改造者和新世界创造者的革命者姿态，登上中国的政治舞台。他对中国革命最伟大的历史贡献，就是始终坚持把马克思列宁主义的普遍真理同中国革命的具体实际相结合，开创了一条适合中国国情的革命道路。

在改造中国与世界的最初实践中，毛泽东从事过工人运动、农民运动、学生运动和统战工作、宣传工作。但轰轰烈烈的大革命，因白色恐怖而付诸东流。面对血腥镇压，"中国共产党和中国人民并没有被吓倒，被征服，被杀绝。他们从地下爬起来，揩干净身上的血迹，掩埋好同伴的尸首，他们又继续战斗了"。毛泽东"把酒酹滔滔，心潮逐浪高"，他更清醒地认识到："革命不是请客吃饭，不是做文章，不是绘画绣花，不能那样雅致，那样从容不迫，文质彬彬，那样温良恭俭让。革命是暴动，是一个阶级推翻一个阶级的暴烈的行动。"毛泽东"霹雳一声暴动"，然后上井冈山，建立革命根据地，点燃武装夺取政权的星星之火，并迅速形成燎原之势。

1965年3月，他会见叙利亚客人时说："像我这样一个人，从前并不会打仗，甚至连想也没想到过要打仗，可是帝国主义的走狗强迫我拿起武器。"秋收起义之后，穿长衫、拿笔杆子的毛泽东戎马倥偬、南征北战，磨砺了"黄洋界上炮声隆"的血性，铸就了"不周山下红旗乱"的战魂，最终历练成为用枪杆子改写中国近代历史的军事统帅。他的诗词也告别了书生意气，充满革命战争的炮火硝烟。"旌旗""鼓角""壁垒""战地""行军""枪林""鏖战""弹洞""远征"等描写战斗、战役、战争的词汇，频繁地出现在他的军旅诗词当中。1965年，他重上井冈山时抚今追昔，由衷感慨："犹记当时烽火里，九死一生如昨。"

独有英雄驱虎豹

毛泽东的奋斗人生是近代中华民族苦难辉煌的一个缩影。遵义会议之前，他历经坎坷，《采桑子·重阳》《菩萨蛮·大柏地》《清平乐·会昌》是他逆境人生的感怀之作。他不坠青云之志，表达"踏遍青山人未老"的豪迈气度，舒展"寥廓江天万里霜"的豁达胸襟，讴歌"今朝更好看""风景这边独好"的锦绣河山。他一扫"自古逢秋悲寂寥"的低迷哀婉，盛赞"战地黄花分外香"的壮美秋景，这生动展示了毛泽东坚定执着、百折不挠的伟岸人格。

"收拾金瓯一片，分田分地真忙""遍地哀鸿满城血，无非一念救苍生"。中国共产党及其领导的人民军队是革命的队伍，完全是为着解放人民的，是彻底地为人民的利益工作的。从三湾改编开始，毛泽东为人民军队注入了"党指挥枪"的铁血军魂，使其能够战无不胜、攻无不克。面对"敌军围困万千重"的严峻形势，"六月天兵征腐恶""天兵怒气冲霄汉"，不断取得"前头捉了张辉瓒""横扫千军如卷席"的一个个胜利。面临"路隘林深苔滑""赣江风雪迷漫处""大渡桥横铁索寒"的恶劣环境，"红军不怕远征难，万水千山只等闲""雪里行军情更迫""大军纵横驰奔"。面对"强邻蔑德""人执笞绳，我为奴辱"的民族危亡，中国共产党人"万里崎岖，为国效命"，北上抗日，"亿兆一心，战则必胜。还我河山，卫我国权"。解放战争时期，毛泽东运筹帷幄，"朝雾弥琼宇，征马嘶北风""满宇频翘望，凯歌奏边城"。即便迎来了"钟山风雨起苍黄，百万雄师过大江。虎踞龙盘今胜昔，天翻地覆慨而慷"，毛泽东依旧保持谦虚谨慎，"宜将剩勇追穷寇，不可沽名学霸王"，誓将革命进行到底。

　　新中国成立后，毛泽东"欲与天公试比高"的血性依然不减当年。他热衷于挑战自然，到"大雨落幽燕，白浪滔天"的北戴河搏击海潮，到"风吹浪打"的万里长江迎风斗浪。为了迅速改变新中国一穷二白的落后面貌，他领导中国人民奋发图强。武汉的龟山蛇山隔江对峙，新中国成就了"一桥飞架南北，天堑变通途"。血吸虫导致"千村薜荔人遗矢，万户萧疏鬼唱歌"，毛泽东使"六亿神州尽舜尧"，高唱"纸船明烛照天烧"的"送瘟神"凯歌。面对国际霸权主义，毛泽东铁骨铮铮，始终保持着"不怕压，不怕迫。不怕刀，不怕戟。不怕鬼，不怕魅。不怕帝，不怕贼"的英雄本色。

毛泽东诗词中的人民立场

　　1947 年 10 月 18 日，毛泽东为陕西省佳县县委题词："站在最大多数劳动人民的一面"。"东方红，太阳升，中国出了个毛泽东，他为人民谋幸福……"佳县也是《东方红》歌曲的故乡。江山就是人民，人民就是江山。毛泽东一生与人民同呼吸、共命运，"人民"是他使用范围最广和使用频率最高的词汇。作为一个政治家，他始终坚定地站在人民立场上，全心全意为人民服务。作为一个诗人，他始终为人民书写，为人民抒情，为人民抒怀。人民立场既是毛泽东思想的理论基石，也是毛泽东诗词的情感基调。浓郁的人民性，是毛泽东诗词广为流传、感人肺腑、催人奋进的根本原因。

忧患人民疾苦：长夜难明赤县天

　　1893 年 12 月 26 日，毛泽东出生于湖南湘潭韶山冲。韶山闭塞贫穷，民谣唱道："韶山冲来冲连冲，十户人家九户穷；有女莫嫁韶山冲，红薯柴棍度一生"。1902 年上私塾后，他喜欢读《精忠传》《水浒传》《三国演义》等"杂书"，猛然发现其人物都是武将文官书生，从不见农民主人公。1910 年秋，毛泽东前往湘乡县立东山高等小学堂读书。

　　到长沙求学后，毛泽东对国家内忧外患的感触更加深切。毛泽东始终站在人民的立场去认识国情。"地主重重压迫，农民个个同仇"，农民苦不堪言，阶级矛盾异常尖锐。"风云突变，军阀重开战。洒向人间都是怨"，辛亥革命后，派系林立，军阀混战，导致民怨沸腾。社会黑暗，邪恶势力群魔乱舞，人民家破人亡。强烈的忧患意识，激发起炽热的救国情怀，青年毛泽东"指点江山，激扬文字"，义无反顾地走上了改造中国与世界的革命道路。

坚信人民伟力：试看天下谁能敌

1936 年，毛泽东在同埃德加·斯诺的谈话中说："我一旦接受了马克思主义是对历史的正确解释以后，我对马克思主义的信仰就没有动摇过。"毛泽东把马克思主义"对历史的正确解释"，发展成"人民，只有人民，才是创造世界历史的动力。""惜秦皇汉武，略输文采；唐宗宋祖，稍逊风骚。一代天骄，成吉思汗，只识弯弓射大雕。""五帝三皇神圣事，骗了无涯过客"，毛泽东推崇英雄，但反对英雄史观，更不承认帝王将相创造历史。"盗跖庄屫流誉后，更陈王奋起挥黄钺"，他把那些曾被诬为"匪""盗""逆"的奴隶起义、农民起义领袖推崇为"风流人物"。他认为："在中国封建社会里，只有这种农民的阶级斗争、农民的起义和农民的战争，才是历史发展的真正动力。""不周山下红旗乱"，毛泽东甚至一反传统，把"与颛顼争为帝"的共工升华为改造世界的革命英雄。

"军叫工农革命，旗号镰刀斧头。"毛泽东强调兵民是胜利之本，战争之伟力存在于民众之中。在毛泽东思想体系中，"人民"是历史性概念，但工人和农民作为人民的核心部分始终未变。工人阶级是革命的领导力量，而农民是最可靠的同盟军。"十万工农下吉安""百万工农齐踊跃""唤起工农千百万，同心干"。他放手发动群众，坚信人民群众一旦觉醒并汇入中国革命洪流，将成为牢不可破的钢铁长城。"早已森严壁垒，更加众志成城""枯木朽株齐努力""军民团结如一人，试看天下谁能敌"。他紧紧依靠人民，谱写了人民战争的精美华章。

谋求人民福祉：分田分地真忙

"遍地哀鸿满城血，无非一念救苍生"，旧中国民不聊生，哀鸿遍野，共产党人奋起抗争，就是为了要解救万民于水火。正如 1925 年 12 月毛泽东在《〈政治周报〉发刊理由》中所说："为什么要革命？为了使中华民族得到解放，为了实现人民的统治，为了使人民得到经济的幸福。"1944 年 9 月 8 日，毛泽东在《为人民服务》中强调："我们的共产党和共产党所领导的八路军、新四军，是革命的队伍。我们这个队伍完全是为着解放人民的，是彻底地为人民的利益工作的。"一切为了人民的切身利益，是中国共产党的价值追求，是毛泽东人民立场的根本归宿。

"收拾金瓯一片，分田分地真忙"，毛泽东进行武装斗争，建立农村根据地，开展土地革命，最终是为了让广大农民实现"耕者有其田"。血吸虫病曾经导致"千村薜荔人遗矢，万户萧疏鬼唱歌"，而在党的领导下，"六亿神州尽舜尧""天连五岭银锄落，地动三河铁臂摇"，彻底消灭了血吸虫。"分田分地"拔掉了广大农民的穷根，而"送瘟神"则保住了黎民百姓的命根。

毛泽东把"改造中国与世界"作为奋斗目标，把中国问题放到整个世界格局中去统筹谋划。他不仅关注中国的前途，也关注世界的未来；他不仅关心中国人民的疾苦，也关心世界人民的悲欢。

抒发人民情怀：万方乐奏有于阗

陆机《文赋》曰："诗缘情而绮靡。"白居易《与元九书》云："感人心者，莫先乎情。"《在延安文艺座谈会上的讲话》中，毛泽东有一句至理名言："世上决没有无缘无故的爱，也没有无缘无故的恨。"毛泽东爱憎分明，好恶情感具有鲜明的政治倾向性。毛泽东诗词所抒发的爱憎情感，始终同人民患难与共的心灵感应契合。正如《七律二首·送瘟神》的"小序"所言："读六月三十日《人民日报》，余江县消灭了血吸虫。浮想联翩，夜不能寐。微风拂煦，旭日临窗。遥望南天，欣然命笔。""欣然命笔"4个字，把人民领袖的为民情怀表现得淋漓尽致。

毛泽东以旧世界改造者的姿态登上中国的政治舞台，"粪土当年万户侯""六月天兵征腐恶""天兵怒气冲霄汉""四海翻腾云水怒，五洲震荡风雷激"。当革命遭遇挫折和失败，当人民前途未卜的时候，他也不免"心情苍凉，一时不知如何是好""心情又是郁闷的""心情是沉郁的"。当革命事业轰轰烈烈、所向披靡时，他会情不自禁，欢呼胜利，"报道敌军宵遁""齐声唤，前头捉了张辉瓒""天翻地覆慨而慷"。当"一唱雄鸡天下白"时，毛泽东热情讴歌"万方乐奏有于阗"，这个"乐"是毛泽东个人的，更是中国各族人民的。"忽报人间曾伏虎，泪飞顿作倾盆雨"，这是作者缅怀爱妻战友的思念之泪，更是普天下人民大众欢庆解放的幸福之泪。

毛泽东诗词里的新中国

　　毛泽东诗词是"为时而著""为事而作"的宏伟史诗，反映时代呼声，顺应时代潮流，描绘历史风云，纪录伟大实践。毛泽东诗词的主题和内容，可以新中国诞生为界来划分和把握。

一唱雄鸡天下白

　　中华民族饱经沧桑，近代中国更是苦难深重。民生多艰，水深火热。民族危亡激发了毛泽东的救国热情，他立志要"改造中国与世界"，毅然投身到争取国家独立、民族解放的伟大斗争实践中。《七律·人民解放军占领南京》堪称是"枪杆子里面出政权"的诗意总结，毛泽东纵情欢呼"天翻地覆慨而慷""人间正道是沧桑"。

　　中华人民共和国横空出世，开辟了中国历史的新纪元。1950 年 10 月 5 日晚，新中国第一个国庆节期间，毛泽东欣然填词《浣溪沙·和柳亚子先生》。从此，中国社会进入了各族人民团结一心、共同发展的新时代。1954 年夏天，毛泽东在北戴河搏击风浪时，遥想起曹操当年的文治武功，"往事越千年，魏武挥鞭，东临碣石有遗篇"，但内心却情不自禁地赞美新中国，"萧瑟秋风今又是，换了人间"。

地动三河铁臂摇

"中华儿女多奇志""六亿神州尽舜尧"。中国人民不仅勇于打破一个旧世界，而且善于建设一个新世界。毛泽东千方百计调动人民群众的积极性和创造性，努力改变一穷二白的落后面貌，把中国建设成一个繁荣昌盛的社会主义国家。毛泽东诗词也告别炮火硝烟，转向反映社会主义建设的伟大成就，热情讴歌人民群众战天斗地的精神风貌。

1956 年 6 月，毛泽东畅游长江，挥毫写下《水调歌头·游泳》。他十分欣赏中国大地呈现的"风樯动，龟蛇静，起宏图"的大好局面，高度赞扬"一桥飞架南北，天堑变通途"的建设成果。耐人寻味的是，毛泽东"改造中国与世界"的愿望是如此迫切，想象奇特地勾画了"更立西江石壁，截断巫山云雨，高峡出平湖"的发展前景。

新中国成立前，血吸虫病在我国南方地区长期横行肆虐，危害极其严重，是旧中国遗留的历史包袱之一。1958 年 6 月 30 日，《人民日报》发表特写《第一面红旗——记江西余江县根本消灭血吸虫的经过》。毛泽东读后，"浮想联翩，夜不能寐"，写下《七律二首·送瘟神》。第一首诗写瘟神猖獗，人民遭殃的悲惨景象。第二首诗反映新社会人民改天换地的壮举和驱逐瘟神的盛况。"天连五岭银锄落，地动三河铁臂摇"，毛泽东只用两句话就高度概括了社会主义建设的宏伟场面，已经当家作主的中国人民改天换地，洋溢着"力拔山兮气盖世"的拼搏精神和自力更生的进取意识。

1959 年 6 月 25 日，毛泽东回到魂牵梦萦的韶山冲。他深入田间，走访群众，请乡亲们吃饭，可残羹不剩的情景使他内心隐隐作痛。他百感交集，吟成《七律·到韶山》。"喜看稻菽千重浪"不是现实的场景体验，与其说是诗人的一种浪漫笔调，不如说是人民领袖对未来美好前景的一种热切期盼。

1965 年 5 月，毛泽东"千里来寻故地"，重上井冈山。他抚今追昔，为井冈山的巨变而欢欣鼓舞，接连写下《水调歌头·重上井冈山》和《念奴娇·井冈山》。当年的流血牺牲和不懈探索，已经换来了社会主义建设事业的蒸蒸日上。井冈山已经"旧貌变新颜""到处莺歌燕舞，更有潺潺流水，高路入云端""多了楼台亭阁""江山如画"。恰恰是这种巨变，使"千里来寻故地"的"寻"字显得更具回味余地，使"旧貌变新颜"的"变"字更具有称心如意的意味。

高天滚滚寒流急

树欲静而风不止。1950 年 6 月，开国大典才过去几个月，中国人民刚刚投身于医治战争创伤和恢复国民经济之际，我国东临的朝鲜半岛又燃起了战火。1950 年 10 月《浣溪沙·和柳亚子先生》"妙香山上战旗妍"的"战旗"，是捍卫国家主权和民族尊严的战旗，也是维护世界和平和人间正义的战旗。

第二次世界大战结束后，世界形势发生了新的变化。"小小寰球，有几个苍蝇碰壁"，国际社会出现了"大动荡、大分化、大改组"的局面：美苏争霸，西方势力敌视中国，中苏关系复杂变化；而亚非拉国家的民族解放运动势不可挡。面对"高天滚滚寒流急"的严峻挑战，毛泽东气定神闲，"冷眼向洋看世界""乱云飞渡仍从容""梅花欢喜漫天雪"。他蔑视各种国际反动势力，视其为"蚂蚁""蚍蜉""苍蝇""蓬间雀"。"独有英雄驱虎豹，更无豪杰怕熊罴"，他坚决反帝反霸反修，坚定支持各国人民的正义事业，"四海翻腾云水怒，五洲震荡风雷激。要扫除一切害人虫，全无敌"。

毛泽东深知，"夺取全国胜利，这只是万里长征走完了第一步。"毛泽东领导党和人民又踏上"赶考"的漫漫征程。毛泽东十分注重培养"不爱红装爱武装"的一代新人。"南京路上好八连"正是"赶考"路上涌现出来的一个英雄集体。1949 年 7 月，八连进驻上海南京路执勤。敌人曾预言：上海是个大染缸，共产党"红"着进来，将"黑"着出去。而八连始终不忘初心，牢记使命，一心为民，永不变色。1963 年 8 月 1 日，毛泽东为"好八连"赋诗《杂言诗·八连颂》，这是他唯一一次为一个部队单位写诗。"好八连，天下传。为什么？意志坚。为人民，几十年。""奇儿女，如松柏。上参天，傲霜雪。"这是对好八连的热情礼赞，是对党和军队的谆谆教导，也是对全国人民的殷切期望。"拒腐蚀，永不沾""军民团结如一人，试看天下谁能敌"成为八连精神的诗意表达，至今仍然闪耀着真理的光芒。

第四辑

智慧文化

毛泽东诗词与中国智慧

　　毛泽东诗词意境高远、思想丰富，充满雄心、意志和勇气，既是应对奋斗人生的心路历程，又是化解现实危机的韬略智库。作为诗词艺术的瑰宝，毛泽东诗词蕴含着他对于前人诗词歌赋的深刻理解，更蕴含着丰富而深邃的中国智慧。

哲思入境

　　智慧是一种由知识与智力、方法与技能、思维与观念、选择与评价等构成的综合能力。毛泽东诗词不仅沉淀了古代诗人遣词造句的语言技巧，更凝结了历代先贤广博深邃的思想智慧。比如，反映长征这一重大历史事件的诗词作品不计其数，很多作品洋洋洒洒，但《七律·长征》只有区区 56 个字，字字珠玑，高度浓缩，堪称典范。它不仅生动表达了毛泽东的浪漫情怀与磅礴气势，而且充分体现了长征的波澜壮阔与精神价值。《七律·长征》显示了中国文字表情达意的神奇曼妙，表现了毛泽东写诗填词的深厚功力，更体现出高瞻远瞩、审时度势、攻坚克难、绝处逢生的中国智慧。

　　埃德加·斯诺在《红星照耀中国》中写道：毛泽东是"把天真质朴的奇怪品质同锐利的机智和老练的世故结合了起来"。毛泽东真正做到了质朴与机智的完美结合，这似乎与中国哲人的大智若愚、大巧若拙的特点相吻合。在诗歌创作方面，毛泽东除了依托古典诗词的深厚底蕴外，还融入了许多他对中国传统哲学的思考，并能将其与现实经验相结合，从而确立了自己的社会理想、道德信念、人生哲学、思维方式、行为模式和性格特质。

美国人谢伟思在1971年的一篇文章中写道：在延安时，我常常向中国共产党的朋友们询问为什么毛泽东能够成为公认的领袖。得到的回答是"他目光远大"。毛泽东目光如炬，善于从时间和空间的宏观全局上审时度势，具有谋划大局、创造大局、驾驭大局的过人胆略。最能反映毛泽东大时空观的当数《沁园春·雪》了。毛泽东大笔写意，他眼中的空间场景是无垠的宇宙。千里冰封，万里雪飘，长城内外，大河上下，这是多么寥廓的世界！而他眼里的时间流转则是由秦皇汉武、唐宗宋祖这些英雄人物贯穿起来的，这又是何等雄奇的历史！

庄子入魂

毛泽东诗词给人的印象总是纵横捭阖、气势恢宏。不管是写自然景观、动物姿态，还是写社会实践，都充分表现出毛泽东的宏大气魄和阳刚之气，深刻揭示出事物和人物的内在本质，折射出美学和哲理的绚丽光芒。究其原因，不能不说到庄子对他的深刻影响。

要弄清庄子对毛泽东诗词的影响，分析毛泽东如何灵活运用庄子所创造的鲲鹏形象，就很能说明问题。《庄子·逍遥游》描写道："北冥有鱼，其名为鲲。鲲之大，不知其几千里也。化而为鸟，其名为鹏。鹏之背，不知其几千里也；怒而飞，其翼若垂天之云。"庄子说他读过一本名叫《齐谐》的志怪书籍，说鲲鹏从北往南飞，"水击三千里，抟扶摇而上者九万里"。庄子塑造鲲鹏的本意是，即使是这种横空出世、绝云气、负青天的神鸟，也要凭借空气的浮力才能高翔远举。

毛泽东诗词当中，多次出现鲲鹏意象：《七古·送纵宇一郎东行》"鲲鹏击浪从兹始"；《蝶恋花·从汀州向长沙》"万丈长缨要把鲲鹏缚"；《七律·吊罗荣桓同志》"斥鷃每闻欺大鸟，昆鸡长笑老鹰非"；《念奴娇·鸟儿问答》"鲲鹏展翅，九万里，翻动扶摇羊角"。

在"万丈长缨要把鲲鹏缚"中，"鲲鹏"意指恶魔，具体指国民党军队、以蒋介石为代表的反动派，属于贬义。其他诗句中的鲲鹏形象都是褒义，包括以天下为己任的青年才俊，搏击风浪的热血男儿，经邦济世的治国栋梁。毛泽东运用鲲鹏形象，似乎并不拘泥于庄子的原意，而是根据其形态风貌的主要特征，把它改造为志向远大、壮美俊伟的崇高形象，用以自喻或喻人。

作品中反复出现鲲鹏意象，用毛泽东熟读《庄子》或者善用典故来解释，似乎都过于简单肤浅。庄子是诗人哲学家，他以寓言讲哲学，把哲学带回到了它的本真状态，这是后世那些以艰深晦涩著称的哲学家们所望尘莫及的。在中国文学史上，庄子是浪漫主义的开创者，其文笔神气活现、光昌流丽、文采飞扬。

不仅毛泽东一生的浪漫文采得益于《庄子》甚多，而且他的个性、胸襟和气度，也深受庄子影响。一位现代革命领袖与一位古代富有浪漫情趣的哲学家，在想象与现实的二元空间里，在逍遥自适的寓言故事与残酷严峻的政治斗争的巧妙结合处，遥相呼应，相互契合。我们要想深刻把握毛泽东的人格意志和其诗词的审美境界，如果舍弃对鲲鹏意象的深切参验，将是无法实现的。

毛泽东不但续写了庄子精神，同时也营创了宏大无边、厚重渊浩的宇宙气象。从青年时期的"万类霜天竞自由"，到中年"安得倚天抽宝剑"，到老年"谈笑凯歌还"，鲲鹏这一俯视寰宇、雄飞万里、豪气冲天、壮怀激烈的精神文化具象，俨然就是毛泽东的人格化身。

鲲鹏不仅明确宣示了他持守坚定的宇宙观、自然观、自由观的意志信念，而且还强烈地表达了他关怀不辍的人生观、道德观和社会理想等价值信念。只有凌空展翅翱翔的鲲鹏，才有傲视万物的视野胸怀。正是具有鲲鹏的视野和胸怀，毛泽东笔下的景象才会变得如此雄浑、博大、壮烈。广阔无垠的浩瀚世界，任我驰骋；风云变幻的宇宙气象，助我搏击。"自信人生二百年，会当水击三千里"，说的是游泳体验，抒写了毛泽东迎风斗浪力主沉浮的壮志豪情和远大理想，显示了他潇洒豪放、豁达健朗的人生态度。毛泽东对未来理想的坚定信念和不竭热情，别具一格的思维方式和行为模式，只有在《庄子·逍遥游》中那些神奇变幻的文学形象中才能找到恰当的比托。鲲鹏由此成为他钟爱的形象，并熔铸了他的文化性格。这是毛泽东酷爱游泳的内生动力，也成为他文化自信的生动写照。

以史为鉴

毛泽东是政治家诗人，他迷恋中国传统文化，吸收中国智慧，显然不只为了塑造自己的人格精神或者形成独特的诗词风格，更是为了领兵打仗和治国理政。中国传统文化中充满"以史为鉴，可以知兴替；以人为鉴，可以明得失"的历史智慧。毛泽东可谓是源远流长的中国智慧的集大成者，其存乎于心和运用之妙堪称典范。

1949 年 1 月 1 日，蒋介石发表求和声明，李宗仁也企图划江而治，形成"南北朝"的局面。苏联政府担心解放军向江南进军会引起美国出兵，因而支持李宗仁南北分治。民主党派中也有一些人主张"和为贵"。中国古代兵法中也屡有"归师勿遏""穷寇勿追"的说法。毛泽东一反传统遗训，同时力排众议，坚决主张痛打落水狗，除恶务尽。4 月 20 日，南京政府拒绝了中国共产党提出的《国内和平协定》。4 月 21 日，毛泽东毅然决定发动渡江战役，命令中国人民解放军"奋勇前进，坚决、彻底、干净、全部地歼灭中国境内一切敢于抵抗的国民党反动派，解放全国人民，保卫中国领土主权的独立和完整"。

4 月 23 日，百万雄师以摧枯拉朽之势攻占南京。毛泽东挥毫写下《七律·人民解放军占领南京》。"宜将剩勇追穷寇，不可沽名学霸王"，是毛泽东从西楚霸王项羽败于刘邦的惨痛教训中生发出的胆识和智慧。有些学者解读"不可沽名学霸王"时，认为毛泽东是在吸取项羽鸿门不杀刘邦最终身败名裂的历史教训。而事实上，毛泽东坚持认为项羽真正惨痛的教训，在于对险恶之敌的放纵，划鸿沟东西分治，最终导致惨败。许多历史经验都说明，在关键性的历史时期，如果不能在已有胜利的基础上戒骄戒躁，坚持继续奋斗，就可能前功尽弃，甚至会走向全面覆亡。

　　毛泽东多次指出项羽的失败原因在于不懂政治，他说"项王非政治家"。虽然项羽曾经是叱咤风云的一员猛将，但却由弱而强，由强而弱，最后成为孤家寡人自刎乌江。毛泽东诗词中提到项羽，其意义不在于抒发情怀，也不在于表达对项羽的评价，而是关系到中华民族前途命运的一项重大决策。"宜将剩勇追穷寇，不可沽名学霸王"，思的是楚汉之争的历史教训，用的则是"将革命进行到底"的军国大计。中国智慧给了毛泽东以自信，从而使苦难深重的中华民族获得新生。

毛泽东诗词与中国故事

　　20世纪30年代以后，毛泽东把中国古典诗词推向了世界。毛泽东在吟咏唱和之间讲述中国故事，传播中国声音，阐明中国立场，不仅让外国人了解了他的诗人才华和情感世界，而且向国际社会宣传了中国革命和中国精神，塑造了新中国反对霸权、维护和平的大国形象。

冲破封锁，主动发声

　　20世纪30年代中期以前，有关中国共产党和红军的报道与传闻充斥着诬蔑和谎言。1936年6月，埃德加·斯诺冲破重重封锁，在陕北苏区进行了为期4个月的考察采访，将所见所闻汇编成书，中文名为《红星照耀中国》。毛泽东与斯诺进行了数十次彻夜长谈，破例对斯诺详细讲述了自己的成长经历，还把《七律·长征》抄赠给斯诺。《红星照耀中国》一问世便风靡全球，毛泽东通过谈话和诗作，向世界讲述了中国革命故事，开启了中国共产党"公共外交"的大门。

　　此后，外国记者纷至沓来。艾格尼斯·史沫特莱1937年访问延安，她的《中国战歌》一书记录了她领略到的毛泽东的诗词才华：他的诗具有古代诗家的风格，但诗中流露出他个人探索社会变革的一股清流。1946年8月，安娜·路易斯·斯特朗见了毛泽东之后，也认为"毛泽东是一位很有才华的诗人"。毛泽东豪迈地对她说："谁说我们这儿没有创造性的诗人？"他指着自己的鼻子，声音提高了一倍："这儿就有一个！"

诗无达诂，亲自作注

1957 年 1 月，《诗刊》杂志创刊号首次发表毛泽东《旧体诗词十八首》。同年 9 月、11 月，苏联真理出版社和苏联外国文出版局就出版发行了内容相同、装帧版式迥异的两种俄文版。北京外文局的英文刊物《中国文学》1958年第 3 期登载了毛泽东 18 首诗词的英译文。1958 年 9 月，外文出版社出版了《毛泽东诗词十九首》第一个英文单行本。1961 年 1 月，中央成立了由中宣部文艺处处长袁水拍任组长，乔冠华、钱钟书、叶君健等为成员的毛泽东诗词英译本定稿小组，但迟至 1976 年"五一"节《毛泽东诗词》（39 首）才正式出版。

毛泽东诗词毕竟是古典诗词，难免发生误读，正所谓"诗无达诂"。一般情况下，毛泽东是主张诗人不解诗的。1966 年，胡乔木主编的《毛主席诗词》注释本被毛泽东否定了，理由是："诗不宜注，古来注杜诗的很多，少有注得好的，不要注了。"然而，对社会上各式各样的注解，毛泽东也并非全不在意。尤其是外国人不易理解，比如，误将"黄洋界上炮声隆"翻译成"黄色海洋的边上，响起了隆隆炮声"，令人啼笑皆非。1963 年《毛主席诗词》（37 首）出版后，外国文书籍出版局立即组织翻译出版英译本。1964 年 1 月，毛泽东应英译者的请求，就自己诗词中的一些词句，一一作了口头解释，一共有 32 条，达 1900 多字。这是毛泽东解释自己作品条目最多、最详尽的一次，足见他十分重视对外传播。

国际交往，诗人气度

随着新中国的诞生和不断强大，毛泽东可以更从容、更洒脱地去展示他诗人的气质与才华，去展示中国文化的厚重与底蕴，去传播泱泱大国的故事与声音。

1949 年 12 月，毛泽东出访苏联。毛泽东与随行的翻译、苏联汉学家尼·费德林一路攀谈。在谈到写诗动机时，他对自己处在生死存亡的关头居然还有诗兴写诗感慨不已。但他谈得更多的还是中国文学，由《诗经》谈到屈原。毛泽东评价屈原说："他不仅是古代的天才歌手，而且是一名伟大的爱国者：无私无畏，勇敢高尚。他的形象保留在每个中国人的脑海里。无论在国内国外，屈原都是一个不朽的形象"。

1954 年 10 月，印度总理尼赫鲁访华，这是非社会主义国家政府首脑第一次来华访问。毛泽东与他进行了 3 次会谈。临别时，毛泽东吟诵了屈原的一句诗："悲莫悲兮生别离，乐莫乐兮新相知。"尼赫鲁赞赏说："主席刚才引用的两句诗，不仅适用于个人，而且也适用于国与国之间。"

1972 年 9 月，日本首相田中角荣首次访华。在欢迎宴会的致辞中，田中用日语"迷惑"一词来表述日本侵略中国，其中文含义是轻描淡写的"添了麻烦"。第二天会谈时，周恩来进行了严正交涉。9 月 27 日，毛泽东会见田中首相时说："年轻人坚持说'添了麻烦'这样的话不够分量。因为在中国，只有像出现不留意把水溅到妇女的裙子上，表示道歉时才用这个词。"毛泽东特意把《楚辞集注》赠送给他，因为在《楚辞·九辩》中有"慷慨绝兮不得，中瞀乱兮迷惑"，这是"迷惑"一词的源头。后来日方将表述改成："日本方面痛感日本过去由于战争给中国人民造成的重大损害的责任，表示深刻的反省。"

风起云涌，诗当武器

新中国成立前，毛泽东诗词在浓墨重彩地纪实国内革命战争的同时，也诗意地表达了抵御外侮的坚强决心和对全人类命运的深切关注。1915 年 5 月 7 日，袁世凯悍然接受日本提出的"二十一条"。毛泽东愤然题写《四言诗·〈明耻篇〉题志》。这年 5 月，毛泽东在《五古·挽易昌陶》中以"东海有岛夷，北山尽仇怨"痛斥帝国主义列强觊觎我国领土。1943 年 4 月 1 日，毛泽东写了《五律·挽戴安澜将军》，用"外侮需人御，将军赋采薇"盛赞抗战名将戴安澜。《念奴娇·昆仑》中"太平世界，环球同此凉热"一句，表达了共产党人追求天下大同、命运与共的宽阔胸怀。

　　新中国成立后，毛泽东诗词的主题也发生了重大变化，视野更加开阔，面向整个世界，成为抒发外交理想、表达外交立场、宣示外交政策的特殊文本。

毛泽东诗词与中国力量

　　毛泽东诗词具有永恒的魅力，凝结着无穷的中国力量，字里行间洋溢着浩然之气，既有惊心动魄的震撼力，又有扣人心弦的穿透力；既有催人奋进的感召力，又有朴实无华的亲和力。

　　毛泽东诗词形象地寄寓了中国共产党领导全国各族人民救亡图存和励精图治的价值取向与使命担当，凝结着无穷的中国力量。

真情的力量

　　毛泽东是内心情感极其丰富的一代伟人，诗词无疑是承载毛泽东情感的一个重要载体。毛泽东以天下为己任，他的情感不是一般文人借助风花雪月所传达的那种"小我"之情，而是为人民、为民族、为人类不懈奋斗的"大我"之情。这是毛泽东诗词具有经久不衰的感染力、影响力、震撼力的根本原因。

　　作为一个诗词巨擘，他的情感炽热真挚，儿女情长之中流溢出无限豪迈。毛泽东爱憎分明，对不同的人和事所流露的感情不一样，而同样的情感因素有可能出现在不同的诗词作品中。

　　感人心者，莫先乎情。毛泽东诗词中多处出现"泪"字，多见于他为杨开慧而写的诗句中，毛泽东深邃广博的情感世界由此可见一斑。《虞美人·枕上》中，爱而相思，相思而愁，因愁而泪，"对此不抛眼泪也无由"。《贺新郎·别友》中，感念夫妻分别，"眼角眉梢都似恨，热泪欲零还住"。《蝶恋花·答李淑一》中，欣闻革命成功喜极而泣，"泪飞顿作倾盆雨"。1961 年，毛泽东写了《七律·答友人》。1975 年，毛泽东对卢荻说："'斑竹一枝千滴泪，红霞万朵百重衣'，就是怀念杨开慧的。杨开慧就是霞姑嘛！"毛泽东多次慨叹"开慧之死，百身莫赎"。毛泽东性格刚毅，又柔情似水。他的感情是那么丰富执着，又是那么真切质朴，缠绵悱恻而又荡气回肠。

人民的力量

1927 年"霹雳一声暴动"，毛泽东登上井冈山，队伍只有区区数百人。而到 1949 年已壮大成"百万雄师过大江""横扫千军如卷席"。毛泽东之所以拥有无穷的智慧和力量，最根本的原因是他把人民看作是生存之基、力量之源和胜利之本。"中华儿女多奇志""六亿神州尽舜尧"，是毛泽东人民观的诗意表达。这就是为什么毛泽东在注释"俱往矣，数风流人物，还看今朝"时，明确说明"末三句，是指无产阶级"。毛泽东用如椽大笔塑造人民形象，热情讴歌他们的革命精神和光辉事业。

中国力量，归根到底是人民的力量，是中国各族人民大团结的力量。"军叫工农革命，旗号镰刀斧头"，毛泽东缔造人民军队，开展人民战争。毛泽东强调兵民是胜利之本，战争之伟力存在于民众之中，努力放手发动群众，使敌人陷于人民战争的汪洋大海之中，"十万工农下吉安""百万工农齐踊跃""唤起工农千百万""早已森严壁垒，更加众志成城""枯木朽株齐努力""军民团结如一人，试看天下谁能敌"。毛泽东坚信人民群众一旦觉醒并汇入中国革命的历史洪流，将成为坚不可摧的钢铁长城。

新中国成立后，毛泽东用诗词热情讴歌人民群众改天换地的精神风貌。他十分欣赏"风樯动，龟蛇静，起宏图"的发展局面；高度赞扬"一桥飞架南北，天堑变通途"的建设成果；努力调动"天连五岭银锄落，地动三河铁臂摇"的冲天干劲；充分肯定"不爱红装爱武装""拒腐蚀，永不沾"的一代新人。

正义的力量

在一生的革命事业中，毛泽东最得心应手的是指导战争。在长达 20 多年的战争生涯中，他直接和参与指挥战争的数量之多、规模之巨、胜利之大、经验之丰富、思想之深刻，在古今中外战争史上均属罕见。毛泽东精辟地指出："历史上的战争分为两类，一类是正义的，一类是非正义的。一切进步的战争都是正义的，一切阻碍进步的战争都是非正义的。"

"外侮需人御""军阀重开战""洒向人间都是怨""太平世界，环球同此凉热""遍地哀鸿满城血，无非一念救苍生"。毛泽东领导的是反侵略、反压迫、反剥削的人民战争。"六月天兵征腐恶""天兵怒气冲霄汉"。毛泽东心目中的"天"，是民心民意，是人民当家作主，"为有牺牲多壮志，敢教日月换新天"。毛泽东领导的"天兵"，不是神话传说中的天神之兵，而是谋求人民利益、维护民族尊严、捍卫国家主权、争取世界和平的正义之师、仁义之师。革命战争的本质和人民军队的性质决定了中国革命的光明前途。这是人民军队战无不胜、所向披靡的力量源泉，也是"马背诗人"毛泽东自信乐观、从容不迫的根本原因。

毛泽东的军旅诗词在毛泽东诗词当中具有举足轻重的地位，这些作品内容博大、辞章峻秀、笔力雄健、挥洒自如。而在其背后，则凝结着毛泽东对中国革命战争规律的深刻把握和灵活驾驭，使他能够在统率千军万马时拥有炉火纯青的战略思维和策略艺术。"黄洋界上炮声隆，报道敌军宵遁""收拾金瓯一片，分田分地真忙""万丈长缨要把鲲鹏缚""席卷江西直捣湘和鄂""齐声唤，前头捉了张辉瓒""枪林逼，飞将军自重霄入""钟山风雨起苍黄，百万雄师过大江"，人民军队是正义的化身，具有势不可当的无穷力量。"要向潇湘直进""直下龙岩上杭""直指武夷山下""不到长城非好汉""宜将剩勇追穷寇"，毛泽东诗词不仅从道义上对中国革命战争加以高度肯定，而且从审美角度赋予其庄严、伟大、刚强、悲壮的崇高美。

道路的力量

立志救国救民，是毛泽东一生奋斗的主线。1921 年，毛泽东把"改造中国与世界"作为新民学会的宗旨。但他也深知，必须找到实现宏伟志向的"大本大源"。在探索过程中，他最终选择了马克思主义，缔造了中国共产党，进行彻底的无产阶级革命。正如习近平总书记在纪念毛泽东同志诞辰 120 周年座谈会上的讲话中所说："在此后的革命生涯中，不管是'倒海翻江卷巨澜'，还是'雄关漫道真如铁'，毛泽东同志始终都矢志不移、执着追求。"

毛泽东诗词是中国革命艰辛历程的宏伟史诗，也是毛泽东探索救国救民真理心路历程的真实写照。习近平总书记曾经用 3 句诗描绘中国的沧桑巨变：中华民族的昨天可以说是"雄关漫道真如铁"，中华民族的今天正可谓"人间正道是沧桑"，中华民族的明天可以说是"长风破浪会有时"。习近平总书记所说的"人间正道"，指的是中国特色社会主义道路。我们也可以用毛泽东的 3 句诗，来勾勒中国革命道路探索的历史进程，揭示中国革命取得胜利的深层原因。第一句诗出自《沁园春·长沙》："问苍茫大地，谁主沉浮？"中国革命的路究竟应该怎么走？中国的命运应该由谁来主宰？那时的毛泽东仍在进行苦苦的思考与探索。第二句诗出自《菩萨蛮·黄鹤楼》："把酒酹滔滔，心潮逐浪高！"毛泽东后来对"心潮"批注时写道："心情苍凉，一时不知如何是好，这是那年的春季。夏季，八月七号，党的紧急会议，决定武装反抗，从此找到了出路。"面对大革命失败的危局，毛泽东毅然发动秋收起义，建立井冈山革命根据地，走工农武装割据的道路。第三句诗出自《七律·人民解放军占领南京》："人间正道是沧桑。"毛泽东对中国革命进行了既浪漫又贴切的诗化总结。

井冈山道路是一条人间正道，是中国革命的制胜法宝，闪耀着毛泽东思想的真理光辉。毛泽东对井冈山情有独钟，有着深厚绵长的"井冈情结"，创作了《西江月·井冈山》《水调歌头·重上井冈山》和《念奴娇·井冈山》。3 首词又都提到了"黄洋界":"黄洋界上炮声隆""过了黄洋界,险处不须看""黄洋界上,车子飞如跃"。这一现象在毛泽东诗词中绝无仅有。这就是中国共产党人的道路自信,它是推动中国革命和建设事业不断取得胜利的磅礴力量。

毛泽东诗词与中国气派

毛泽东诗词是 20 世纪最优秀的世界文化遗产之一，对构建中华民族的文化心理产生了巨大影响，其蔚为壮观的中国气派令无数人为之陶醉。毛泽东曾为新文化发展指明了方向，就是"新鲜活泼的、为中国老百姓所喜闻乐见的中国作风和中国气派"。

醇厚独特的民族风格

1940 年 1 月在《新民主主义论》中阐释新民主主义的文化时，毛泽东指出："它是我们这个民族的，带有我们民族的特性。""中国文化应有自己的形式，这就是民族形式。"毛泽东要求中国的文学艺术要符合中国人的世界观、价值观和审美观，体现中华民族的精神、情感、趣味和习惯。

毛泽东诗词古朴典雅、对仗工整、抑扬顿挫，是运用旧体诗词形式反映现实斗争和现代生活的光辉典范。正如毛泽东对作家梅白所说："旧体诗词源远流长，不仅像我们这样的老年人喜欢，而且像你们这样的中年人也喜欢。我冒叫一声，旧体诗词要发展，要改造，一万年也打不倒。因为这种东西最能反映中华民族和中国人民的特性和风尚，可以兴观群怨嘛！哀而不伤，温柔敦厚嘛！"

毛泽东诗词植根于中华优秀传统文化的深厚土壤，蕴含着丰富多彩的中国文化元素，从文化名人到历史典故，从民间故事到神话传说，从哲学思维到日常习俗，字里行间，俯拾皆是。毛泽东诗词中反复使用的意象，比如日月江河、风雪云雾、苍松腊梅、旌旗鼓角、炮声弹洞等，要么是历代文人骚客借以托物言志的传统物象，要么是现代作家用来描绘战争风云的常用素材。它们既是诗人审美创造的工具，也是读者寄寓情感意念的载体，有着广泛的认同性、易理解性和易交流性，具有不同于别国民族文化的独特魅力。在中国诗坛上，很少有人能像毛泽东那样深刻地表现我们这个东方文明古国的民族特色，并产生如此广泛深远的影响。

通俗易懂的鲜活语言

毛泽东文艺思想的核心是为广大人民群众服务，这是最具中国气派的创作原则和价值导向。毛泽东始终致力于使中国古典诗词大众化。毛泽东诗词深入浅出、明白晓畅、雅俗共赏。

毛泽东一向反对使用古奥偏典，故作艰深晦涩。他借用的典故都是广大人民群众颇为熟悉的，如秦皇汉武、唐宗宋祖、牛郎织女、吴刚嫦娥。毛泽东引用或化用的名人诗句，如"一枕黄粱再现""天若有情天亦老""一唱雄鸡天下白"等，即使不注明出处、不进行解释，也不会产生歧义。

毛泽东特别重视人民群众的生活语言，新鲜质朴、生动活泼。"宁化、清流、归化，路隘林深苔滑"是行军路线、道路状况的真实描绘。"敌军围困万千重，我自岿然不动"是对敌我双方态势的分析判断。"当年鏖战急，弹洞千村壁"是战争遗址今昔对比的客观纪实。这种语言，经得起行家里手咀嚼玩味，普通读者也一看就懂。"东方欲晓，莫道君行早"取自谚语"莫道君行早，更有早行人"。"惊回首，离天三尺三"来自湖南民谣"上有骷髅山，下有八面山，离天三尺三"。而"齐声唤，前头捉了张辉瓒""怎么得了，哎呀我要飞跃"等，则是日常口语直接入诗。《杂言诗·八连颂》通过"全军民，要自立"和8个"不怕"总结出"军民团结如一人，试看天下谁能敌"，堪称用群众语言写就的经典之作。

"两结合"的创作原则

现实主义和浪漫主义相结合，是毛泽东倡导的文艺创作原则。前者强调按照生活的本来面目进行再现，后者主张既表明对现实的态度又体现对未来的渴求。毛泽东诗词是"两结合"的光辉典范，既弘扬了中国古典诗歌现实主义和浪漫主义的优良传统，又继承和发展了马克思主义的文艺思想。

毛泽东诗词蕴含着充满激情的理性，炽热而深邃，呈现出鲜明的现实主义特征。毛泽东诗词史诗般地反映了特定时期的社会风貌，使读者能够全面客观地体察中国人民的疾苦与心声，剖析中国革命的形势与任务，重温 20 世纪中国历史的波澜壮阔与沧桑巨变，追溯毛泽东跌宕起伏的奋斗足迹和心路历程。毛泽东诗词洋溢着充满理性的激情，深沉而浓郁，具有强烈的浪漫主义色彩。毛泽东诗词想象独特、语言奔放、亦真亦幻、意味深长，在平淡中彰显神奇，在黑暗中预见光明，在困难中看到前途，在曲折中展现刚毅。正因为如此，毛泽东诗词读来使人荡气回肠，能够感染人、鼓舞人、激励人、塑造人。

毛泽东把充满激情的理性和充满理性的激情融合得出神入化，把现实主义和浪漫主义结合得浑然天成。每首作品都既是现实的又是浪漫的，只是不同作品各有侧重而已。以《七律·长征》为例，它是现实主义力作，也是浪漫主义精品。就纪实长征这一重大事件而言，它是现实主义的；从抒发红军不畏艰难困苦的英雄气概而言，它是浪漫主义的。每一句诗都概括了长征的某种特征，都再现了长征史诗的某个局部面貌，都赞扬了红军的钢铁意志和豪迈情感。真实的感受、磅礴的力量、澎湃的激情使《七律·长征》成为千古绝唱。

韵味无穷的审美意境

1965 年 7 月 21 日，毛泽东在《致陈毅》中写道，"诗要用形象思维，不能如散文那样直说"，"宋人多数不懂诗是要用形象思维的，一反唐人规律，所以味同嚼蜡"，"要作今诗，则要用形象思维方法。"毛泽东反复强调"诗要用形象思维"，要借助形象表情达意，力求情浓缩而含蓄，景生动而传神，言有尽而意无穷。

王国维《人间词话》中说："词以境界为上。有境界则自成高格，自有名句。""境界"也就是意境，是中国古典诗学的重要美学范畴。毛泽东诗词情景交融、意境高远。《沁园春·长沙》上阕把长沙秋景写得宏伟壮阔、绚丽多彩，与下阕指点江山的豪情壮志相匹配。《沁园春·雪》中的"山舞银蛇，原驰蜡象，欲与天公试比高"，毛泽东化静为动，赋予雪山雪原以生命活力和人格意志，雄浑气概跃然纸上。"红雨随心翻作浪，青山着意化为桥""赤橙黄绿青蓝紫，谁持彩练当空舞？"毛泽东移情入境，使意与境融为一体。

毛泽东在意境创造方面，既源于古人又高于古人。《采桑子·重阳》是咏秋之作。毛泽东一扫"自古逢秋悲寂寥"的悲秋情结，称颂战地黄花的馥郁芳香，讴歌革命战争的壮美崇高，赞美秋日风光的苍劲寥廓。毛泽东诗词魅力无限，不仅因为毛泽东功底深厚，更在于精神崇高，诚如清代沈德潜《说诗晬语》所说："有第一等襟抱，第一等学识，斯有第一等真诗。"

吐纳风云的豪放气势

豪放派气势磅礴、意境雄浑，婉约派婉转含蓄、缠绵悱恻。除《虞美人·枕上》纯粹属于婉约之外，毛泽东诗词明显偏重于豪放格调，包含寰宇、贯通古今，凸显出大国气象和伟人气度。

毛泽东的豪放笔法，恰如刘勰《文心雕龙》所说"思接千载""视通万里"。他描绘的事物总是境象阔大、宏伟壮观，而他笔下的时间纵贯古今、时空交错。《沁园春·雪》大笔写意，寥寥数语，就把幅员辽阔的大好河山尽收眼底；几个人物，就把源远流长的中国历史娓娓道来。

毛泽东胸襟博大，志存高远，把个人情感和人民悲欢相融合，将个人前途与国家命运相联系。毛泽东诗词中有指点江山的激扬，有秋收暴动的霹雳，有众志成城的炮声，有万里长征的凯歌，有残阳如血的壮烈，有横扫千军的畅快，有天翻地覆的慷慨。毛泽东诗词所反映的生活内容跌宕雄浑，所展现的精神世界浩瀚豁达，所抒发的主观情感热烈奔放，所承载的思想内涵博大精深，令人震撼、给人鼓舞。

毛泽东诗词与民族精神

2018 年 3 月 20 日，在十三届全国人大一次会议闭幕会上的讲话中，习近平总书记把中国人民在长期奋斗中培育、继承、发展起来的伟大民族精神定义为：伟大创造精神、伟大奋斗精神、伟大团结精神、伟大梦想精神。这一定义蕴含着对中国传统厚重底蕴的深刻思考，饱含着对中华民族悠久文明勃勃生机的崇高敬意，体现着对近代中国苦难辉煌的感同身受，充满着对未来中国光明前景的坚定自信。毛泽东诗词反映了中华民族的理性、情感、思维、行为和价值取向。解读毛泽东诗词所洋溢的伟大民族精神，能真切地感受到弘扬民族精神是中国共产党人的永恒追求。

伟大创造精神：铜铁炉中翻火焰

毛泽东诗词艺术呈现了中国传统文化的源远流长，不仅沉淀了历代诗人遣词造句的精湛技巧，凝结了历代先贤广博深邃的思想智慧，也体现了毛泽东非凡的创造力。毛泽东"才华信美多娇，看千古词人共折腰"，强调推陈出新。毛泽东诗词评史则对历史有新看法，论人则对人物有新见识，写物则对物象有新寓意，记事则对事情有新视角，既富有传统积淀又饱含时代精神，堪称是传统艺术现代化的光辉典范。《贺新郎·读史》纵论中国历史，充分体现了毛泽东的唯物史观，而"五帝三皇神圣事，骗了无涯过客"则是对英雄史观的大胆嘲讽和彻底批判。谈到《浪淘沙·北戴河》的创作缘由时，他说，"李煜写的《浪淘沙》都属于缠绵婉约一类，我就以这个词牌反其道行之，写了一首奔放豪迈的"。毛泽东的《卜算子·咏梅》绝无陆游那种孤寂冷漠、消极退缩的凄凉，充满骨力遒劲、伟岸飘逸的艺术神韵。《采桑子·重阳》一扫"自古逢秋悲寂寥"的悲秋情结，称颂战地黄花的馥郁芳香，赞美秋日风光的苍劲寥廓。

伟大奋斗精神：不到长城非好汉

曾经于1972年和1976年两度访华的美国原总统尼克松，在《领袖们》一书中这样写道："无论人们对毛有怎样的看法，谁也否认不了他是一位战斗到最后一息的战士。"毛泽东的一生是光辉的一生，也是战斗的一生。早在长沙求学期间，青年毛泽东就在日记中写下了《四言诗·奋斗》。他少年时代豪气冲天，青年时期踌躇满志，壮年时期执着豪迈，晚年时期壮心不已。"星星之火，可以燎原"，毛泽东对中国革命充满着必胜的信心。"要向潇湘直进""直下龙岩上杭""直指武夷山下""席卷江西直捣湘和鄂"，一个"直"字，使中国共产党人信念坚定、矢志不渝、百折不挠、义无反顾的奋斗精神跃然纸上。

"犹记当时烽火里，九死一生如昨。"毛泽东在为《忆秦娥·娄山关》作注时写道："万里长征，千回百折，顺利少于困难不知有多少倍。"中国革命艰苦卓绝，"敌军围困万千重""风云突变，军阀重开战""二十万军重入赣，风烟滚滚来天半"。毛泽东在长期的革命斗争实践中表现出坚韧不拔的乐观主义精神和不屈不挠的英雄主义气概。毛泽东南征北战、藐视敌人，"独有英雄驱虎豹，更无豪杰怕熊罴"，具有面对强敌"我自岿然不动"的从容气度，具有"百万雄师过大江""横扫千军如卷席""宜将剩勇追穷寇""要扫除一切害人虫，全无敌"的凛然气势。毛泽东傲视万物、不畏艰险，富有"雪里行军情更迫""更喜岷山千里雪""梅花欢喜漫天雪""万水千山只等闲"的顽强意志。毛泽东性格刚毅、愈挫愈勇，满怀"踏遍青山人未老""而今迈步从头越""战地黄花分外香""风物长宜放眼量"的伟岸人格与豁达胸襟。

伟大团结精神：百万工农齐踊跃

"谁是我们的敌人？谁是我们的朋友？这个问题是革命的首要问题。"团结朋友、打击敌人是毛泽东的基本方略，也是毛泽东诗词的一个重要主题。毛泽东写下《六言诗·给彭德怀同志》《七律·吊罗荣桓同志》以及"偏师借重黄公略"来赞扬共产党人和革命战友，还专门创作《五律·挽戴安澜将军》颂扬国民党抗日名将，表达中国共产党人团结抗战的民族大义。毛泽东不仅和陈毅、董必武、叶剑英等党内同志诗书传情，而且善于把诗词唱和作为团结民主人士的重要手段。当柳亚子出现思想情绪时，毛泽东以"牢骚太盛防肠断，风物长宜放眼量"进行善意规劝。老同学周世钊是民盟成员，毛泽东与他诗词唱和频繁，情谊甚笃，有如管鲍再世。

"地主重重压迫，农民个个同仇。"毛泽东深信"谁赢得农民，谁就会赢得中国"。毛泽东始终把以农民为主体的人民群众看作是真正的英雄，看作是生存之基、力量之源。"中华儿女多奇志""六亿神州尽舜尧"，这是毛泽东群众史观的诗意表达。毛泽东始终强调兵民是胜利之本，致力于动员和团结广大人民群众，建立起牢不可破的铜墙铁壁，"军叫工农革命，旗号镰刀斧头""十万工农下吉安""百万工农齐踊跃""唤起工农千百万，同心干""枯木朽株齐努力"。毛泽东坚信人民群众一旦觉醒并汇入中国革命的历史潮流，将凝聚成坚不可摧的磅礴力量，"早已森严壁垒，更加众志成城""军民团结如一人，试看天下谁能敌"。

伟大梦想精神：敢教日月换新天

毛泽东诗词两次提到"梦"："别梦依稀咒逝川，故园三十二年前""我欲因之梦寥廓，芙蓉国里尽朝晖"。前者是旧中国黑暗无边的噩梦，后者是讴歌新中国锦绣壮美的好梦。毛泽东终结了一个时代的噩梦，开启了一个时代的好梦。

近代以后，中国社会内忧外患，中华民族苦难深重，实现中华民族伟大复兴是近代以来中华民族最伟大的梦想。中国共产党一经成立，就把实现共产主义作为党的最高理想和最终目标，义无反顾肩负起实现中华民族伟大复兴的历史使命，团结带领人民进行了艰苦卓绝的斗争，谱写了气吞山河的壮丽史诗。

毛泽东把个人梦想全部汇入了实现中国梦的伟大实践中。1925年时，毛泽东"怅寥廓，问苍茫大地，谁主沉浮？"这是对人世间一切不公平事物的发问，表现出毛泽东对现实社会的强烈不满和对祖国命运的深深忧虑。到1935年时，毛泽东壮怀激烈，"欲与天公试比高"，他要与神圣不可侵犯的"天公"比试较量、分庭抗礼。毛泽东"敢教日月换新天"，决心推翻压在中国人民头上的三座大山。到1949年时，南京解放，新中国横空出世，毛泽东由衷慨叹："天翻地覆慨而慷""一唱雄鸡天下白"。

中华民族历来讲求"天下一家"，憧憬"大道之行，天下为公"的美好世界。毛泽东立志"改造中国与世界"，不仅关注中国的前途，也关注世界的未来。"太平世界，环球同此凉热。"毛泽东使民族精神增添了鲜明的国际意义，表达了彻底消灭帝国主义，实现世界大同的坚强决心。

毛泽东诗词与传统文化

广为流传的毛泽东诗词不过几十首，但思想深刻、意境高远、博大精深。究其原因，毛泽东诗词不仅高度浓缩了毛泽东的人生追求、伟大实践和深邃思想，而且也艺术地呈现了中国传统文化的源远流长、丰富多彩和勃勃生机。解读毛泽东诗词与传统文化的内在关系，不仅有助于领略毛泽东诗词的厚重底蕴，也有利于把握毛泽东的文化思想和文化贡献。

学习：绿杨树下养精神

毛泽东曾把自己的求学经历描述为"六年孔夫子，七年洋学堂"，但他从未间断对中国传统文化的学习与研究。他从 8 岁进私塾求学开始，孜孜不倦、废寝忘食地读书，始终与中国传统文化水乳交融。毛泽东一生题词无数，但写得最多的是"学习，学习，再学习"这 7 个字。无论是在戎马倥偬的革命战争年代，还是在政务繁忙的和平建设时期，他都以书为伴，博览群书，近乎痴迷。后来他居住的中南海丰泽园藏书达 9 万多册。在众多书籍中，他最偏爱文史古籍，从先秦到明清不同历史时期的不同史作，包括正史类、稗史类、演义类、文学类……几乎无所不读。一套线装本"二十四史"，他 24 年不离身边，反复研读。一部 300 多万字的《资治通鉴》，他竟看了 17 遍之多，堪称是博览古今的大学问家。

毛泽东对中国古典诗词更是情有独钟，涉猎的诗词作品遍及历朝历代。他既读各种总集、合集、选集、专集，也读各种诗话、词话、音韵、词律。从诗的内容看，叙事、感怀、抒情、写景、咏史、怀古的他都读。从诗体看，古乐府、律诗、绝句、词、曲、赋都一并涵盖，可谓是博览广收，兼采众家之长。正因为他对传统文化知之甚广，对古典诗词烂熟于心，在文章、报告、书信、谈话、题词中，为说明观点、论证事理、表达感情，他能够信手拈来、旁征博引、出口成章，处处彰显丰厚的传统文化底蕴和卓越的诗人才华。

继承：东临碣石有遗篇

中国古典诗词在中国传统文化中居于独特地位，是文化传承的重要手段，是流传最久远最普及的文学体裁。

毛泽东全面继承了古典诗词的民族风格与中国特色。他的诗词形式多样、种类繁多，既有五古七古、五律七律，还有七绝杂言诗。他更擅长填词，运用了20多种词牌形式，如沁园春、贺新郎、菩萨蛮、念奴娇、蝶恋花等。他深谙诗词写作规范，语言精当、对仗工整、结构严谨、韵味无穷。他经常巧妙引用、借用、化用古诗词中的名言佳句。在毛泽东诗词中，从文化名人、历史典故到民间故事、神话传说，上至天文，下至地理，中国传统文化元素几乎无处不在。

在思想内容方面，毛泽东诗词继承了古典诗词源于《尚书·尧典》"诗言志"的优良传统，在价值取向上吸收了儒家文化以"仁学"和民本思想为基础的经世致用的政治理念，始终突现一个伟大革命家救国救民的政治抱负和不懈追求。毛泽东诗词直抒胸臆，饱含"问苍茫大地，谁主沉浮"的忧患意识，充满"为有牺牲多壮志，敢教日月换新天"的革命精神，富有"雄关漫道真如铁，而今迈步从头越"的顽强意志，强调"收拾金瓯一片，分田分地真忙"的政治抱负，满怀"太平世界，环球同此凉热"的大同理想，推崇"自信人生二百年，会当水击三千里"的积极态度，秉持"丈夫何事足萦怀，要将宇宙看稊米"的豁达心态。

而在表现手法方面，毛泽东诗词更多地受到以道家理念为源头的讲意境、重气韵，强调个性自由和浪漫情趣等美学思想的深刻影响。毛泽东诗词继承了庄子、屈原、李白的浪漫主义艺术风格，文采飞扬、热情奔放、纵横捭阖，不管是写自然景观、写人文历史、还是写社会实践，都充分表现出宏大气魄和洒脱之气，深刻揭示出事物和人物的内在本质，折射出美学和哲理的绚丽光芒。

批判：倒海翻江卷巨澜

毛泽东强调："从孔夫子到孙中山，我们应当给以总结，承继这一份珍贵的遗产。"但是，他特别信奉孟子的说法，"尽信书，则不如无书"，从来不盲目迷信传统文化中的所有内容。早在少年时代读《三国演义》《水浒传》时，毛泽东发现这些书中讲的都是文官武将，一味地颂扬帝王将相，从来没有人去正面塑造处于社会底层的农民形象。毛泽东的批判性思维促使他开始认真反思究竟谁是国家和民族的真正主人这一重大历史命题，他最终成为中国封建传统文化那些消极因素的叛逆者。这一政治立场既展示出毛泽东诗词内容与传统文化相反相成的渊源关系，又表现出毛泽东反叛传统、超越传统的宏大气魄。

柳亚子曾盛赞毛泽东诗词是"推翻历史三千载，自铸雄奇瑰丽词"。《贺新郎·读史》纵论中国历史，是毛泽东唯物史观的诗意表达。"但记得斑斑点点，几行陈迹"，不免使人想起鲁迅《狂人日记》中的那句话："满本子都写着两个字，是'吃人'！""五帝三皇神圣事，骗了无涯过客"，是对英雄史观的大胆嘲讽和彻底批判。"盗跖庄蹻流誉后，更陈王奋起挥黄钺"，毛泽东充分肯定"奴隶""卑贱者"的历史地位，称赞他们是推动历史发展的"风流人物"。他在注释《沁园春·雪》"俱往矣，数风流人物，还看今朝"时，明确说明"末三句，是指无产阶级"。"十万工农下吉安""百万工农齐踊跃""唤起工农千百万"，毛泽东以史无前例的如椽大笔和盖世豪情塑造人民群众的群体形象，热情讴歌他们的革命精神和社会实践。

革新：战地黄花分外香

古人很早就提出了"穷则变，变则通，通则久""苟日新，日日新，又日新"。"推陈出新"是毛泽东 1942 年为延安评剧院所作的题词。他推崇古为今用，但认为这个"用"并不是简单照搬，不能替代自己的创造。毛泽东"才华信美多娇，看千古词人共折腰"，从内容到形式，从语言到意境，从题材到风格，对传统诗词进行了全方位的改革与创新，使其既富有革命性又充满艺术性，极具民族个性又饱含时代精神。正如郭沫若所说："主席的诗不能说是旧的，不能从形式上看新旧，而应从内容、思想、感情、语汇上来判断新旧。"毛泽东诗词评史则对历史有新看法，论人则对人物有新见识，写物则对物象有新寓意，记事则对事情有新视角，是传统艺术形式现代化的光辉典范。

毛泽东学古而不泥于古，立足传统又突破传统。历代咏梅诗作不计其数，毛泽东的《卜算子·咏梅》是"读陆游咏梅词，反其意而用之"的绝妙佳作。陆游词中的梅花在凄风苦雨中遗世独立、孤寂冷漠、消极退缩、凄凉愁苦。毛泽东则盛赞梅花"俏也不争春，只把春来报。待到山花烂漫时，她在丛中笑"。《采桑子·重阳》是咏秋之作，"不似春光。胜似春光"，毛泽东一扫"自古逢秋悲寂寥"的悲秋情结，称颂战地黄花的馥郁芳香，赞美秋日风光的苍劲寥廓。《孙子兵法》主张"穷寇勿追，"而在《七律·人民解放军占领南京》中，毛泽东为了中国人民的长治久安，反其意提出"宜将剩勇追穷寇，不可沽名学霸王"。

毛泽东对古典诗词革故鼎新，创作了具有鲜明时代特征和浓郁中国气派的不朽诗篇，形成了中国悠久诗史上风格绝殊的新形态的诗美。毛泽东的文化思想和艺术实践为中国新诗的发展指明了正确方向，同时对建设中国特色社会主义文化有着重要的借鉴价值和指导意义。

第五辑

本真情趣

毛泽东诗词中的帝王将相

毛泽东一生嗜书不倦，尤其爱读历史书籍，具有深沉的历史情怀。毛泽东读史书，总是以历史人物的传记为中心，对历史进行见解独到的品评。他评价历史人物，不因袭旧说，而是独具慧眼，抓住历史人物最本质、最突出的特征，发人之所未发，言人之所未言。毛泽东诗词思接千载，视通万里，中华文明上下五千年，从三皇五帝到历代将相，毛泽东每有所感，就有评说。这些评点，虽只区区三言两语，却折射了他的历史观，反映了他的是非观，也表现出"掌上千秋史"的豪情壮志。

五帝三皇骗过客

"二十四史"是中国古代二十四部正史的总称，记载了历代政治、经济、文化、科技等方面内容。这部卷帙浩繁的中国史籍，从 1952 年至 1976 年，毛泽东整整读了 24 年。他曾对北京大学中文系讲师芦荻说："正确的态度是用马克思主义的立场、观点和方法，分析它、批判它，把被颠倒的历史颠倒过来。"

《贺新郎·读史》是毛泽东终生读史心得的缩影，是用诗词写成的史学专论。"五帝三皇神圣事，骗了无涯过客"一句最具有颠覆性，是"'二十四史'大半都是假的"判断的诗意表达。传说中国上古有三皇五帝，具体说法不一。三皇有伏羲、神农、黄帝，五帝指黄帝、颛顼、帝喾、尧、舜。历代统治者，史书把他们说得神乎其神，读史者不知是诈，结果是"骗了无涯过客"。

毛泽东并非全盘否定"五帝三皇"的功绩。1937 年清明节，毛泽东写的四言诗《祭黄陵文》，对中华民族始祖轩辕黄帝给予高度评价："赫赫始祖，吾华肇造。胄衍祀绵，岳峨河浩。聪明睿知，光被遐荒。建此伟业，雄立东方。"之所以说"五帝三皇神圣事，骗了无涯过客"，因为史书基本上都是由封建新王朝臣子奉命修撰，"为尊者讳"，一味美化本朝统治者，同时符瑞、迷信文字又充斥其中。特别是史书多写帝王将相，而对人民群众的生产生活只字不提或一笔带过，甚至将农民反压迫斗争诬蔑为"匪""贼""逆"。这就不难理解《贺新郎·读史》要浓墨重彩写上"盗跖庄蹻流誉后，更陈王奋起挥黄钺"，盗跖、庄蹻、陈胜、吴广这些起义英雄才是真正的历史推动者。这一历史观最终演进成"六亿神州尽舜尧"的人民至上史观。

秦皇汉武逊风骚

《沁园春·雪》是毛泽东诗词的巅峰之作。"惜秦皇汉武，略输文采；唐宗宋祖，稍逊风骚。一代天骄，成吉思汗，只识弯弓射大雕。"以"惜"字起笔，对秦始皇、汉武帝、唐太宗、宋太祖和成吉思汗等封建统治者的代表人物进行评说。

就个体而言，毛泽东对他们褒奖有加。他多次肯定秦始皇的历史功绩："在中国历史上，真正做了点事的是秦始皇""中国过去的封建君主还没有第二个人超过他的"。他甚至说过："解决中国的问题，须马克思加秦始皇。"他在《七律·读〈封建论〉呈郭老》中写道："劝君少骂秦始皇，焚坑事业要商量。"毛泽东评价汉武帝刘彻："汉武帝雄才大略，开拓刘邦业绩，晚年自知奢侈、黩武、方术之弊，下了罪己诏，不失为鼎盛之世。"毛泽东对唐太宗的战争指挥艺术非常推崇："自古能军无出李世民之右者。"元太祖成吉思汗统一蒙古，东征西讨，毛泽东称其是"一代天骄"。

而在审视整个中国历史时，毛泽东认为他们虽有武功，但文治明显存在欠缺。毛泽东的"批判"，既洋溢诗情，也充满理性。这是对封建统治者代表人物的评判，不是对中国历史发展的全盘否定。而批判也只是着重一个侧面，况且"略输文采""稍逊风骚"和"只识弯弓射大雕"处在不同阶段，分寸掌握也有所区别，并未一概否定其历史作用。这些功业显赫的封建帝王尚且如此，其他人物也就更不足挂齿了。

不可沽名学霸王

"掌上千秋史，胸中百万兵。"在漫长的革命生涯中，毛泽东最得心应手的是指挥战争，而他的军旅诗词是纪实战争风云的精美华章，反映了他对革命战争规律的深刻把握和灵活驾驭。毛泽东的军旅诗词提到了两位历史人物，分别是汉代名将李广和西楚霸王项羽，一个是间接称赞，一个是直接批评，一褒一贬，用意迥然不同。

《渔家傲·反第二次大"围剿"》"飞将军自重霄入"中的"飞将军"，出自《史记·李将军列传》："广居右北平，匈奴闻之，号曰'汉之飞将军'，避之数岁，不敢入右北平。"匈奴把英勇善战的汉代名将李广称为"飞将军"，喻其矫健勇猛，行动神速。唐代诗人王昌龄的《出塞》写道："但使龙城飞将在，不教胡马度阴山。"毛泽东用"飞将军"来称赞屡建奇功的黄公略，这是对《蝶恋花·从汀州向长沙》"偏师借重黄公略"的生动诠释，也表明他对古代名将李广的高度认可。

而在"宜将剩勇追穷寇，不可沽名学霸王"中，项羽则起警示作用。项羽是一位少年即学兵法而又不肯竟学、初始威震天下而最终兵败自刎的悲剧人物。毛泽东对他有过首肯，1938年4月8日，他在抗日军政大学演讲中说："项羽是有名的英雄，他在没有办法的时候自杀，也比汪精卫、张国焘好得多。"但就总体而言，毛泽东对项羽持否定态度。读《史记·高祖本纪》时，毛泽东的批注一针见血："项王非政治家。"1949年，在国共和谈破裂之际，毛泽东摒弃古代兵法"穷寇勿追"之说，力戒项羽沽名钓誉之误，断然否定"划江而治"主张，毅然决定发起渡江战役，誓将革命进行到底。

东临碣石有遗篇

"推翻历史三千载，自铸雄奇瑰丽词。"这是柳亚子对毛泽东的由衷赞叹。毛泽东不仅彻底颠覆了以帝王将相为核心的错误史观，对一些具体人物，哪怕有千年定论，他也要还历史本来面目，极力为其"翻案"，曹操即是一例。

曹操是历史上罕见的政治家、军事家和诗人，建安十三年（208），官拜丞相；建安十八年（213）封魏公；建安二十一年（216），晋封魏王；其子曹丕称帝后，被追尊为魏武帝。曹操是历代颇具争议的人物，汉末名士许劭评价他为"治世之能臣，乱世之奸雄"，《三国演义》称其为"汉贼"，戏剧舞台上对曹操造型的奸相脸谱化。"挟天子以令诸侯""宁可我负天下人，不可天下人负我"，"旷世奸雄"似乎是铁定的既成事实。但毛泽东对曹操从不人云亦云，坚决反对歪曲曹操形象，"说曹操是白脸奸臣……那是封建正统观念制造的冤案，这个案要翻"。

在毛泽东看来，和"略输文采"的秦皇汉武、"稍逊风骚"的唐宗宋祖相比，曹操不仅有"统一北方，创立魏国，抑制豪强"的"武功"韬略，而且有开创风骨雄健的"建安文学"的卓越"文治"。在建安文学的诗作中，毛泽东尤其喜欢曹操的诗，圈点甚多。他多次说："曹操的文章、诗，极为本色，直抒胸臆，豁达通脱，应当学习。"1954 年，毛泽东在北戴河沙滩漫步时，深情吟诵曹操的《观沧海》。毛泽东的《浪淘沙·北戴河》触景生情，缅怀千古，不仅直接点明"魏武挥鞭，东临碣石有遗篇"，而且在情调与诗格上极具《观沧海》的神韵，"萧瑟秋风今又是"就是由《观沧海》"秋风萧瑟"点化而成。

毛泽东诗词中的咏雪情怀

毛泽东一生钟情漫天飞雪，毛泽东诗词中有多首咏雪之作。有时正面渲染，有时侧面烘托，有时大加赞扬，有时又极力贬抑。毛泽东诗词中的雪，有很多种寓意：雪花飘逸多姿，流动刚毅，总是那么潇洒，无所畏惧，俨然是毛泽东的胸襟；雪花晶莹剔透，洁白单纯，象征着完美人格，这恰恰是毛泽东的追求；雪花又纵情肆虐，严峻冷酷，象征着险恶环境，正好能激发毛泽东的昂扬斗志。

一、雪里行军情更迫

毛泽东的家乡湖南，飞雪并不多见。1918 年 8 月，毛泽东第一次到了北京。在北京期间，北国风光让他难以忘怀。1936 年，毛泽东在陕北的窑洞里和埃德加·斯诺谈话时，还深情地向斯诺祖露心迹：

> 在公园里，在故宫的庭院里，我却看到了北方的早春。北海上还结着坚冰的时候，我看到了洁白的梅花盛开。我看到杨柳倒垂在北海上，枝头悬挂着晶莹的冰柱，因而想起唐朝诗人岑参咏北海冬树挂珠的诗句："千树万树梨花开"。北京数不尽的树木激起了我的惊叹和赞美。

在这里，毛泽东是以审美眼光来欣赏雪景的。但是，毛泽东走上革命道路之后，尤其是领兵打仗之后，冬雪就不仅仅是一道风景了，还变成一种特殊的甚至是十分恶劣的环境。毛泽东一生戎马倥偬，自然是什么样的气候条件都遭遇过，但在毛泽东的军旅诗词中，反映最多的却是雪天。

古田会议召开之后，红四军于 1930 年 1 月由福建进入江西广昌地区。1月下旬，红四军第二纵队在毛泽东的率领下，从广昌进入宁都，在东绍与朱德率领的红四军主力会师。在攻占了宁都、乐安、永丰之后，组建了新的前委，并提出了"一年争取江西"的计划。为实现这一计划，红四军决定攻打吉安。在红四军从广昌向吉安推进的行军途中，天降大雪，毛泽东面对漫天风雪，浮想联翩，诗兴大发，写下了一首豪气冲天的《减字木兰花·广昌路上》：

> 漫天皆白，雪里行军情更迫。头上高山，风卷红旗过大关。
>
> 此行何去？赣江风雪迷漫处。命令昨颁，十万工农下吉安。

《减字木兰花·广昌路上》是一幅雄壮的雪里行军图。全词通篇 44 个字，写雪景的也只有两句共 8 个字，"漫天皆白"和"风雪迷漫"，真是大笔写意。漫天风雪中，红旗在飘扬，人马在飞腾。

"漫天皆白"，直截了当，境界广阔。"漫天"，形容风雪之大，寥廓天空，疾风卷雪，特别有空间感和立体感。"皆白"，显示茫茫大地，山川原野，银装素裹，不仅写出冰天雪地一片白的自然景象，同时也象征性地写出了白色政权四面包围的严峻形势。

"雪里行军情更迫"，"情更迫" 3 个字，意在笔先，力透纸背。恶劣环境吓不倒英雄红军，红军顶风冒雪，精神更加振奋，完成任务的心情更加急迫，前进的步伐更加坚定。

"此行何去？赣江风雪迷漫处"，一问一答，交代了红军的战略意向，但又没有具体指明。这样写不仅进一步渲染了气氛，而且给人以朦胧之感。而"命令昨颁，十万工农下吉安"，又让人从冰天雪地之中看到了革命队伍的强大阵势。

和广昌路上相比，红军在长征途中所遭遇的雪，要猛烈得多。但在《七律·长征》中，毛泽东对雪的描写却非常简约，只有一句话，7 个字，"更喜岷山千里雪"。岷山终年积雪，"千里雪"充分显示了岷山的高远严寒。岷山是长征途中最艰难的路段之一，岷山一过，就意味着长征取得了决定性的胜利。因而毛泽东登上千里冰雪的岷山，不但没有感到艰苦，反而感到更加精神抖擞。

二万五千里长征，千里迢迢，艰苦卓绝。区区"千里雪"3 个字，看似简单，却包含了无穷信息。长征过雪山历经千辛万苦，毛泽东一笔带过。但是"更喜岷山千里雪，三军过后尽开颜"中的"更喜"和"尽开颜"，不仅淋漓尽致地表达了毛泽东藐视艰难险阻的大无畏精神和乐观心态，也把红军取得长征胜利的激动心情生动形象地刻画出来了。从"红军不怕远征难"到"更喜岷山千里雪"，再一次诠释了毛泽东"与天奋斗，其乐无穷！与地奋斗，其乐无穷！与人奋斗，其乐无穷！"的斗争精神与勇于挑战的性格。

二、倚天抽剑截昆仑

昆仑山是我国最大的山脉之一，主峰在新疆和西藏交界之处，向西连接帕米尔高原，向东延伸到青海境内，分北、中、南三支扩展，东西长约 2500 公里，平均海拔 6000 米左右，有很多座雪峰。我国的许多名山都是它的支脉。

1935 年 9 月间，毛泽东率领北上抗日的红军越过昆仑山支脉岷山时，曾登高远眺昆仑山，他的革命豪情汹涌澎湃，以大气魄、大手笔写成了浪漫主义诗篇《念奴娇·昆仑》。

美国学者特里尔在他的《毛泽东传》中，特别引用了这首词，并对它的世界性意义进行了深刻揭示：

　　长征结束时，毛泽东甚至面对群山大发灵感，将它视作超出中国自身革命之外的世界和平象征……毛泽东是一位探险家，在一次又一次的战役中，在他的国家的广袤土地上，他看到了约在 20 多年前从书上得知的山峦庙宇……他把壮丽的山河视作生身之地，视作冶炼自己新的革命方式的熔炉。

毛泽东是一个彻底的唯物主义者，他对昆仑山的功过是非都进行了评论，既有现实主义的真实描写，有浪漫主义的极度夸张，还有象征主义的表现手法。毛泽东的胸怀不仅容纳了祖国河山，而且包括了整个世界，气魄之大，可谓穷尽八荒、涵盖寰宇，因而《念奴娇·昆仑》具有厚重的历史感、广博的思想性和雄奇的想象力。

三、雄视千古咏雪词

1935年10月，红军胜利到达陕北，完成了史无前例的二万五千里长征。为了推动全国人民武装抗日，党中央决定把陕北红军组成中国人民红军先锋军，渡过黄河东征，开赴抗日前线。1936年2月，毛泽东率领红军东征，到达陕西省清涧县高杰村附近的袁家沟。当时，整个西北高原冰雪覆盖，雄伟壮丽，而冰冻了的黄河更有一番独特景象。面对银装素裹的大好河山，回忆起中华民族灿烂悠久的文明史，毛泽东挥毫写下了光照千古的壮丽诗篇《沁园春·雪》。

《沁园春·雪》大气磅礴，兴会淋漓，脍炙人口。在所有毛泽东诗词作品中，要论写作技巧的炉火纯青，艺术成就的超凡脱俗，首推《沁园春·雪》。而要说到毛泽东诗词的影响力，首屈一指的仍然是《沁园春·雪》。它是毛泽东诗词的巅峰之作，是一座难以企及的不朽丰碑。换一句话说，假如毛泽东的其他所有诗词作品都没有留下，仅《沁园春·雪》这一首作品，就足以奠定他在中国诗坛不可撼动的地位。

四、飞雪迎春丛中笑

毛泽东终生爱雪，战争年代也罢，建设时期也罢，他对雪的爱一如既往。不过，新中国成立前与成立后，毛泽东笔下雪的意象有明显区别。它从战争的自然环境演变成了和平时期的政治环境；它从国内战争的风云变幻扩展成为国内国际政治斗争的舞台；它从诗人要立志征服、兴利除弊的自然对象跃升成为诗人冶人情操、催人奋进的人格追求。

新中国成立后，"雪"字第一次在毛泽东诗词中出现，是 1957 年 9 月写的《七绝·观潮》："千里波涛滚滚来，雪花飞向钓鱼台"；第二次出现是 1961 年创作的《七律·答友人》："洞庭波涌连天雪，长岛人歌动地诗"。但这两处提到的"雪花"和"连天雪"，都不是真正意义上的雪，而是对钱塘潮水以及洞庭湖波涛浪花的一种形象比喻，只能说明毛泽东对"雪"的一种偏好，谈不上有什么很深的思想寓意。

然而，当"雪"在 1961 年 12 月写的《卜算子·咏梅》中第三次出现时，便蕴涵深刻，不同凡响了。当时，以美国为首的西方国家一直对华实行经济封锁。而苏联又背信弃义，撕毁合同，停止援助，撤走专家。加上我国遭遇三年自然灾害，面临着前所未有的严峻考验。1961 年 12 月，毛泽东在广州筹备扩大的中央工作会议。闲暇时，他读了陆游的《卜算子·咏梅》，有感而发，创作了《卜算子·咏梅》：

> 读陆游咏梅词，反其意而用之。
>
> 风雨送春归，飞雪迎春到。已是悬崖百丈冰，犹有花枝俏。
> 俏也不争春，只把春来报。待到山花烂漫时，她在丛中笑。

陆游是南宋爱国诗人，他积极主张抵抗金人侵略，对南宋统治者苟安江南极为不满，爱国抱负无法施展，晚年退隐家乡。陆游一生喜爱梅花，同时也爱用梅花来自比。

卜算子·咏梅

> 驿外断桥边，寂寞开无主，已是黄昏独自愁，更著风和雨。
> 无意苦争春，一任群芳妒。零落成泥碾作尘，只有香如故。

陆游一生创作了150余首咏梅诗词，《卜算子·咏梅》是陆游的代表作。词的上阕写的是梅所处的恶劣环境：地点荒凉，处境冷寂，夜幕降临，再加上凄风苦雨。下阕转写梅的高尚操守：梅花无心争春斗艳，对百花的嫉妒也不以为意，即使最终被碾得粉碎，化作尘土，梅花的香气也依然如故。陆游的咏梅词表现出孤芳自赏、凄凉抑郁的格调，但毛泽东的咏梅词却"反其意而用之"，与陆游的格调截然不同。

毛泽东在《卜算子·咏梅》的上阕中，也描写了梅花所处的环境。"风雨送春归，飞雪迎春到"，暮春的风雨送走了春天，严冬的飞雪又把新春迎接回来。"已是悬崖百丈冰，犹有花枝俏"，梅花的生长环境极其险恶，但它却傲然挺立。

词的下阕托梅言志。"俏也不争春，只把春来报"，梅花虽然俊俏美好，但坦荡无私，甘心作为一个报春的使者，并不想抢占春光。"待到山花烂漫时，她在丛中笑"，一旦春回大地，山花烂漫，梅花心满意足，欣然淡出。

清代沈德潜说过："有第一等襟抱，第一等学识，斯有第一等真诗。"毛泽东的这首《卜算子·咏梅》既充满崇高意境与优美意象，又富有哲理光辉和战斗激情，在古今咏梅诗词中堪称典范。

毛泽东的《卜算子·咏梅》不是咏"雪"之作，"雪"字只出现了一次。从表面上看，"百丈冰"因"飞雪"而成，它们都是严寒的具体表现形式，是梅花严酷的生存环境，是梅花要抗争的对象，似乎应该加以否定。然而，毛泽东对"雪"的态度绝非如此简单，也不是用"好坏"或者"善恶"就能加以评判的。梅花本身凌寒而开，没有了严冬的雪，梅花就得不到生存的考验，也就磨炼不出傲霜斗雪的意志；没有了雪的清纯洁白，也难以显示梅花的高雅质朴。特别是当"飞雪"成为迎接春天的使者，"飞雪"就被赋予了一定的积极意义。

如果结合当时的政治背景来看，"百丈冰"显然是指国际上的反华势力及其疯狂叫嚣，而"飞雪迎春到"则预示着革命胜利的到来，其中包含有无产阶级和革命政党的战斗风貌。假如这一理解可以成立的话，那么"飞雪"与梅花就未必是敌对关系，而俨然成为战友关系。恰恰是这样一种意境和蕴涵，使毛泽东在一年后写的《七律·冬云》中，直截了当地发出了"梅花欢喜漫天雪"的礼赞。

从 1962 年 11 月起，赫鲁晓夫连续发表演说和文章，恶毒攻击中国共产党。在我国连年遭受自然灾害，经济工作出现失误，一度遇到困难的时候，赫鲁晓夫却乘人之危，继撕毁合同之后加紧逼债，企图置中国于死地。1962 年 12 月以后，中国共产党连续发表文章，严厉批驳了赫鲁晓夫之流的猖狂进攻。1962 年 12 月 26 日这天，是毛泽东 69 岁的生日，他创作了豪气冲天的《七律·冬云》：

> 雪压冬云白絮飞，万花纷谢一时稀。
> 高天滚滚寒流急，大地微微暖气吹。
> 独有英雄驱虎豹，更无豪杰怕熊罴。
> 梅花欢喜漫天雪，冻死苍蝇未足奇。

这首七律的特点是借景抒情言志。"雪压冬云白絮飞，万花纷谢一时稀"，起笔就切入正题：冬云密布，雪花纷飞，花枝稀少，形象地再现了当时国际斗争的严峻形势。

"高天滚滚寒流急，大地微微暖气吹"，猛烈的寒流滚滚袭来，天空充满阴冷肃杀之气，然而缕缕暖气却在大地吹拂，这是冬去春又来的征兆。诗人透过现象看本质，在困难中看到光明，表现了一个革命家敏锐的洞察力和高度的乐观主义精神。

"独有英雄驱虎豹，更无豪杰怕熊罴"，语势强烈，高亢有力，酣畅淋漓，是对英雄人物的热情礼赞。反动势力貌似强大，不过是纸老虎，在英雄豪杰面前，都必败无疑。

"梅花欢喜漫天雪，冻死苍蝇未足奇"，梅花不惧严寒，乐于挑战冰雪；而脆弱的苍蝇理所当然会被冻死，不足为奇。

　　"梅花欢喜漫天雪"，是毛泽东人格特征的真实写照。"雪"是险恶的环境，是严峻的挑战，是困难的局面，是激烈的战场，但对以梅花自比的毛泽东来说，任何艰难困苦，任何严峻挑战，都不过尔尔，无所畏惧。

　　在《七律·冬云》之后，毛泽东诗词中还出现了"雪"的意象。《贺新郎·读史》中有"一篇读罢头飞雪"；在《七律·洪都》中有"鬓雪飞来成废料"。这两处的"雪"是一种比喻手法，指的是白头发，尽管都使用了"飞"这个词，似乎有些动感，无非是表明人的衰老过程很快。有一点不可否认，晚年毛泽东咏雪的气势已经大不如前。

　　总而言之，正如毛泽东诗词博大精深、寓意深刻一样，毛泽东诗词中雪的意象也特别耐人寻味，具有鲜活的灵韵，多重的意蕴，可褒可贬的情态，从而体现出诗人毛泽东的博大胸襟、刚毅品格与丰富情趣。

毛泽东诗词中的游泳情怀

　　毛泽东一生酷爱游泳。他在韶山的池塘、水库游过泳，到湘江中流游过泳，在北戴河海浪中游过泳，在万里长江中游过泳。他甚至还打算去畅游印度的恒河与美国的密西西比河。他迎风搏浪，中流击水，胜似闲庭胜步。品读毛泽东的《沁园春·长沙》《浪淘沙·北戴河》《水调歌头·游泳》等词，不免使人想要置身"白浪滔天"的江河湖海，去体味伟人那"浪遏飞舟""极目楚天舒"的壮怀雅趣。

一、鲲鹏击浪从兹始

　　1918年4月，罗章龙打算去日本留学。毛泽东写了《七古·送纵宇一郎东行》为他饯行，其中有一句"鲲鹏击浪从兹始"。用这7个字来形容游泳对于毛泽东人生的特殊意义，也十分贴切。

　　李锐在追溯毛泽东从1902年到1906年读私塾时的情况时写道：毛泽东自幼喜欢游泳，老师外出时，小伙伴们就下池塘玩水。有次老师回馆看见了，让他们作对子代处罚，对不出来再打手板。出的是"濯足"，毛泽东应声即对以"修身"。对对子是作律诗作骈文的基本功。这是我们现在知道的诗人毛泽东最早表现出来的才气。

　　在长沙求学期间，毛泽东曾提出"欲文明其精神，先自野蛮其体魄"。

　　青年毛泽东非常注重体育锻炼，而他最喜欢的运动项目是游泳。为动员更多同学一起去游泳，毛泽东在学校张贴了一张启事，写得别出心裁。

1923 年毛泽东写的《贺新郎·别友》一词，有这样一句："要似昆仑崩绝壁，又恰像台风扫寰宇。"在毛泽东的手迹中，这句话有不同版本。毛泽东曾把这句话写成"我自欲为江海客，再不为昵昵儿女语"。"我自欲为江海客"，的确表达了毛泽东意欲纵横江海、搏击风浪的雄心壮志。

《沁园春·长沙》最后一句是"曾记否，到中流击水，浪遏飞舟"。当年的毛泽东，"恰同学少年，风华正茂"，这正是他们游泳活动的真实写照。1958 年 9 月，文物出版社刻印了线装大字本《毛主席诗词十九首》。1958 年 12 月 21 日，毛泽东在该书的书眉上对《沁园春·长沙》这首词批注道："击水：游泳。那时初学，盛夏水涨，几死者数。一群人终于坚持，直到隆冬，犹在江中。当时有一篇诗，都忘记了，只记得两句：'自信人生二百年，会当水击三千里。'"

二、北戴河迎潮搏浪

毛泽东从长沙师范毕业后，走上了革命道路，有关他游泳的故事几乎没有了。到达陕北后，黄土高原不比南方的水乡泽国，没有了中流击水的自然环境。尤其是戎马生涯，战事频频，毛泽东渐渐淡忘了游泳。

新中国成立后，毛泽东日理万机，国务繁忙，用于运动的时间就更少了。保健医生和工作人员都很担心他的健康状况。他们想了很多办法，比如动员他散步、跳舞、打乒乓球，但这些办法的效果都不明显，大家这才想到了游泳。

他们根本不知道毛泽东是一位游泳好手。为了动员毛泽东去游泳，保健医生费了不少口舌，拐弯抹角说明游泳的好处，甚至说到了生命起源于水，生命的最佳运动是游泳。这圈子兜得见效了，毛泽东说游泳可以去。于是在清华大学的室内游泳池，毛泽东进京后第一次下水游泳。一到水里游泳，毛泽东来了劲头。从此，毛泽东恢复了游泳兴致，而且一发不可收，入夏后一有空就到中南海游泳池去游泳。后来，毛泽东还把中南海游泳池作为接待客人的重要场所。游泳成了毛泽东特殊的运动和休息方式。

1954 年盛夏，毛泽东来到北戴河，一边工作，一边疗养。他经常到海边散步，时常大声吟诵曹操的《观沧海》。夜里工作疲劳后，他出门看海，有时也会低声吟诵这首诗。有一次，北戴河接连几天刮风下雨。雨刚停，毛泽东出去观看海潮。到了海边，天气骤然变化，乌云翻滚，狂风大作，浊浪排空，毛泽东突然来了兴致，说："下海去！"

卫士长李银桥等人一听就慌了，极力劝阻。可这似乎倒成了激将法。"风浪越大越好，这可以锻炼人的意志，增强一个人战胜困难的勇气。"毛泽东边说边径直向海边走去。警卫人员赶紧跟着他下了水。毛泽东一直往深海处游，海水潮起潮落，海浪一下子把他掀到峰顶，一下子又把他抛向谷底。十几个卫士和工作人员吓坏了，在海中拼命地保护着他。毛泽东却不慌不忙："不要慌，现在是涨潮，不会被拖到海里去，现在是考验你们的胆量呢！"在这次迎潮搏浪之后，毛泽东面对海景，抚今追昔，深有感慨地吟成了光辉词作：

浪淘沙·北戴河

大雨落幽燕，白浪滔天，秦皇岛外打鱼船。一片汪洋都不见，知向谁边？

往事越千年，魏武挥鞭，东临碣石有遗篇。萧瑟秋风今又是，换了人间。

这首词的创作，和毛泽东想填一首风格豪放的词有关。1954 年 7 月 23 日，毛泽东在北京给到北戴河度假的女儿李敏、李讷写信说："北戴河、秦皇岛、山海关一带是曹孟德（操）到过的地方。他不仅是政治家，也是诗人。他的碣石诗是有名的，妈妈那里有古诗选本，可请妈妈教你们读。"1954 年夏，在创作《浪淘沙·北戴河》前后，毛泽东和他的保健医生徐涛，谈论过曹操的《观沧海》和李煜的《浪淘沙》。他说，李煜的《浪淘沙》"用词、意境都很美，但是情调柔弱、伤感。婉约派的作品我不大喜欢。你看曹操的诗气魄雄伟，给人鼓舞。真男子气，是大手笔"。

毛泽东的《浪淘沙·北戴河》思接千载，视通万里，遒劲有力，意境雄阔，展示了毛泽东那前无古人的雄伟气魄和汪洋浩瀚的博大胸怀，比《观沧海》具有更鲜明的时代感、更深邃的历史感、更辽阔的宇宙感、更丰富的审美蕴涵。

三、春江浩荡暂徘徊

　　新中国成立后最初几年，毛泽东恢复了游泳兴趣。但这种兴趣是被别人"劝说"出来的，畅游北戴河以后，他的游泳热情日益高涨，别人再也无法"阻止"了。

　　1955 年初夏，毛泽东到广州视察工作。南方的夏天热得快，毛泽东经常游泳避暑。开始的时候，他是到游泳池里游泳。可时间一长，毛泽东终于耐不住性子，执意要到珠江去游泳。然而，警卫人员的劝阻，对毛泽东不起作用，结果是他游了珠江。

　　1955 年 6 月 20 日，毛泽东在湖南长沙考察。他提出要到湘江里去"拱一拱"，这是湖南方言，也就是游泳的意思。当时，因为连降暴雨，湘江水势湍急。罗瑞卿、汪东兴、周小舟等人极力劝阻。他的老同学周世钊时任湖南省教育厅副厅长兼湖南省立第一师范学校校长，他也来劝毛泽东。周世钊说："今日江水浑浊，似乎不适合游泳。"

　　毛泽东答道："水清水浊，不是决定适合不适合游泳的主要条件，你说的这一点可以不必考虑。"周世钊又说："湘江水涨，江面又宽又深，游泳也不方便。"毛泽东说："你不要说外行话！庄子不是说过吗：'水之积也不厚，则其负大舟也无力'。水越深，浮力越大，游泳起来当然越要便利些，你怎么反说不便呢？"毛泽东深知周世钊文史知识丰富，故引经据典，阐述江宽水深更适合游泳的道理。

　　毛泽东来到湘江边。当他看见橘子洲时，变得更加兴奋，决定在猴子石下水游泳。毛泽东和几名游泳健儿一起，坐上小木船，划到江心，便纵身跳入水中。毛泽东游了 1 个多小时，一直游到河西，在牌楼口北侧上岸。随后，毛泽东又兴致勃勃地攀登了岳麓山。

　　周世钊擅长诗词，与毛泽东有不少唱和之作。看毛泽东畅游湘江，健步登岳麓山，他心中感慨万千，欣然赋诗《七律·从毛主席登岳麓山至云麓宫》，其中写道："滚滚江声走白沙，飘飘旗影卷红霞。"毛泽东收到老同学的诗作，也心潮激荡，并作和诗《七律·和周世钊同志》，其中有一句："春江浩荡暂徘徊，又踏层峰望眼开。"

周世钊诗中的"滚滚江声走白沙"，是对湘江汹涌水情的一种描述，隐约之中，让人感觉到周世钊对毛泽东下水游泳的某种担心。而毛泽东和诗中的"春江浩荡暂徘徊"，则表现出毛泽东对滚滚江水的一种迷恋和向往，反映出他畅游湘江的喜悦心情和意犹未尽的些许遗憾。

四、万里长江横渡

1956 年 5 月，毛泽东再次到达广州。在此期间，他到越秀山游泳池游泳 7 次，下珠江游泳 12 次。然而他还是感觉很不过瘾，提出要到长江去游泳。

1956 年 5 月 30 日，毛泽东从广州飞到长沙，当天就去游了湘江。第二天上午 7 时许，毛泽东飞抵武汉。毛泽东一下舷梯，王任重就迎上去问："主席，是先到住地休息，还是先游水？"毛泽东兴致勃勃地一挥手说："游泳去！"

下水地点定在武昌的新亚码头。虽然是初次游长江，但毛泽东显得轻车熟路。他水性很好，游得十分轻松自如，时而奋臂侧游，搏击风浪；时而踩水前进，信步于万顷波涛之上；时而仰卧水面，双手放在脑后，头枕波峰；时而双手交叉放在胸前，顺流而下，悠然自得。他一边游泳，一边与周围的人谈笑风生。他一口气游了约 13 公里，历时 2 小时 4 分。这一年，毛泽东已经 63 岁。

1956 年 6 月 2 日，他第二次畅游长江。为了考察建设中的武汉长江大桥，他提议从汉阳鹦鹉洲附近下水，穿越桥墩，游到武昌八大家一带江面上船。这一次他游了 14 公里。

1956 年 6 月 3 日，毛泽东第三次畅游长江。由于是在造船厂的码头下水，有工人师傅认出了毛泽东，激动不已，欢呼雀跃，奔走相告，高呼"毛主席万岁"。因为行踪被发现，人越来越多，场面越来越大，他只游了 1 个小时。

毛泽东畅游长江，大大激发了他的豪情，不禁诗意迸发，写下了脍炙人口的《水调歌头·游泳》：

才饮长沙水，又食武昌鱼。万里长江横渡，极目楚天舒。不管风吹浪打，胜似闲庭信步，今日得宽馀。子在川上曰：逝者如斯夫！

风樯动，龟蛇静，起宏图。一桥飞架南北，天堑变通途。更立西江石壁，截断巫山云雨，高峡出平湖。神女应无恙，当惊世界殊。

毛泽东其他作品提到游泳时，往往是只言片语，而这首词以《游泳》为题，并且用豪迈的语言直接抒发畅游长江的环境、过程与体验，这在毛泽东诗词作品中绝无仅有，即便在中国历朝历代的古典诗词中，也实属罕见。

"才饮长沙水，又食武昌鱼。"表面上看，这是交代作者从长沙来到武汉的行程。但实际上，却说明作者要赶到武汉去游长江的急迫心情。

"万里长江横渡，极目楚天舒。"作者以雄健的笔势马上转入描写游泳。诗人横渡滚滚长江，浮游在江面上，放眼望去，天空格外广阔高远。这既反映了游泳的特定环境、空前壮举和豪情壮志，更呈现了一种旷达心灵。万里江天，上下映衬，横渡纵目，情景交融。越是写出寥廓江天，越是显示诗人放眼天堑的恢宏气度。

1956 年 12 月 4 日，毛泽东致信黄炎培，为"答先生历次赠诗的雅意"，随信附上了这首词。黄炎培老先生不会或者不了解游泳，对"极目楚天舒"提出疑问。1957 年 2 月 11 日，毛泽东又致信黄炎培，特意作了解释："游长江二小时飘三十多里才达彼岸，可见水流之急。都是仰游侧游，故用'极目楚天舒'为宜。"如果不是仰泳或侧游，绝对享受不到"极目楚天舒"的畅快美感，恐怕只能感觉到"鱼翔浅底"了。

"不管风吹浪打，胜似闲庭信步"，搏击风浪与闲庭信步，原本是两种截然不同的活动，诗人通过对比进一步抒写了畅游长江的美好感受。在毛泽东看来，与长江的激流风浪搏击比，在幽静的小院里散步要惬意得多。庭院空间狭窄，怎么能与大江大河相提并论？这充分展现出毛泽东不畏风险、喜欢挑战的性格。毛泽东在滚滚长江里迎风斗浪，却悠然自得，不慌不忙，从容淡定，应对自如。

"今日得宽馀"表达了畅游长江的总体感觉，用他自己的话说："一是不受任何限制，天高地阔，自由自在，其乐无穷；二是紧张的工作之余，转而全身心地投向大江大海，动了筋骨，舒了身心，全身得到了放松。"这种体会既是他长期斗争生涯的生动写照，也是他乐观坚定的人格意志的自然流露。

"子在川上曰：逝者如斯夫！"毛泽东置身于"不尽长江滚滚流"，不由得想起《论语·子罕》中的话："子在川上，曰：'逝者如斯夫！不舍昼夜。'"孔子的原意是说过去的时光，像滔滔河水一样不停地流逝。毛泽东却看到了浩浩荡荡的时代潮流滚滚向前，时不我待，必须只争朝夕，抢抓机遇。毛泽东才思敏捷，学识渊博，他从身边的流水想到了古代先贤的哲语，使游泳的感悟一下子显出历史的厚重，胸中洋溢着奋力拼搏的豪情和创造奇迹的乐观。

五、一游长江不可收

1957年11月17日晚，毛泽东在莫斯科大学大礼堂接见中国留学生时，他的讲话别开生面、轻松潇洒。毛泽东问台下："有没有湖北人？"台下有人回答："有。""我游过你们的长江。"台下笑了。"有没有湖南人？""有。""我游过你们的湘江。"毛泽东再问："有没有广东人？""有。""我游过你们的珠江。"台下掌声雷动，笑声不断。年过六旬的毛泽东游过珠江、湘江、长江，这让很多年轻人都望尘莫及。

1957年7月，毛泽东利用在青岛开会的闲暇时间，先后5次到青岛第二海水浴场游泳。1957年9月11日，毛泽东在浙江海宁观看钱塘潮水后，在钱塘江游泳。1958年1月，南宁会议期间，毛泽东到邕江冬泳。1959年，庐山会议期间，毛泽东多次到水电站大坝附近的将军河游泳。

但是，毛泽东最钟情的还是畅游长江。1956年至1966年10年间，毛泽东先后18次畅游长江。在毛泽东的影响之下，游泳运动在全国蔚然成风。1966年7月16日，武汉三镇长江两岸的大堤上，红旗招展，人山人海，场面相当壮观。武汉市第十一届横渡长江的比赛正在这里举行。毛泽东在王任重等人的陪同下，登上一艘快艇，出现在波涛翻滚的万里长江中，检阅了参加渡江比赛的游泳大军。

　　水中、岸上的人们见到毛泽东，顿时一片欢腾。由郭沫若陪同前来参观比赛的亚非作家协会代表，被这一盛况深深感动。这一天，73 岁高龄的毛泽东最后一次畅游了长江。1966 年 7 月 25 日，《人民日报》刊登了毛泽东畅游长江的实况报道和照片，并专门配发社论《跟着毛主席在大风大浪中前进》。

　　耐人寻味的是，毛泽东始终没有游过黄河。1948 年 3 月 23 日，毛泽东随中央机关在陕西省吴堡县川口乘船东渡黄河。木船行至河中，毛泽东凝望着波涛汹涌的黄河水，长叹一声："你们可以藐视一切，但是不能藐视黄河。藐视黄河就是藐视我们这个民族！"也只有在黄河面前，他没有用挑战者的神情和征服者的骄傲去面对。他一次也没有游过黄河。

　　毛泽东酷爱游泳的故事，还在不断地演绎着。1960 年年初，尼泊尔首相柯伊拉腊率代表团访华，在会谈中，毛泽东说："如你们有兴趣，夏天来，我同你们去长江游一回。如果请我的话，我也高兴去你们那里游一回。"柯伊拉腊欣然答道："如果我邀请的话，您能去吗？""要看形势，那要过印度，我也很想在恒河里游游泳。只要让我游，我一定去。"这是多么独特、别致的外交会谈！

　　1960 年 6 月 28 日，埃德加·斯诺再度访华。老朋友相见，无话不谈，话题转到了游泳。埃德加·斯诺对毛泽东说："记得在那时掀起了一场群众性的游泳运动，由于参加渡江游泳的人极为踊跃，以至于外界传言中国准备攻打台湾。"毛泽东回答说："那个报道也太夸张了嘛，我们也没落后到要用游泳的力量去解放台湾，外国的舆论也真是不可信。"

　　埃德加·斯诺又补充了一句："1936 年在保安的时候，你曾经告诉我渴望到美国一游，看看大峡谷和黄石公园。现在还有这个兴趣吗？""我仍希望在不太老之前，到密西西比河和波达麦河中畅游一番。但这是一厢情愿。我想你不反对，华盛顿就可能会反对。"毛泽东边说边做了个拒绝的手势。"如果他们同意呢？""如果那样的话，我可以在几天之内就去，完全像一个游泳者。我们不谈任何政治，只在密西西比河游泳，并且在河口游泳而已。"

　　毛泽东显得异常兴奋。人们实在无法想象，在那样一个冷战的时代，一个东方大国的领袖前往一个西方大国，不谈政治，专事游泳，这会是一种怎样的外交奇观？

　　1974 年 11 月、12 月，81 岁高龄的毛泽东先后 5 次到长沙游泳馆游泳，这是毛泽东最后与水的亲近，最后与水进行搏击。

　　孔子曰："智者乐水，仁者乐山。"毛泽东不仅是一个智者，更是一个勇者。水，给予他无限的灵感，更给予他无穷的力量，给予他一个征服者的自信与豪迈，给予他澎湃的热情与灵动的诗意。在他心中眼里，水是思想库，水是大课堂；水是亲伙伴，水是好对手；水是养生堂，水是竞技场，包含了太多的人生底蕴和象征意义。

毛泽东诗词中的兴观群怨

　　"兴观群怨"出自《论语·阳货》："子曰：'小子何莫学夫《诗》？《诗》，可以兴，可以观，可以群，可以怨。'""兴观群怨"是孔子对古典诗词社会功用的高度概括，历代诸多诗词理论家都传承了这一思想。毛泽东深受孔子诗词功用学说的影响，又兼有波澜壮阔的人生阅历和独领风骚的创作技艺，因而毛泽东诗词具有鲜明的中国特色，其所产生的"兴观群怨"的作用影响较大。

　　"兴"和比、赋一样，原本是古人总结的《诗经》表现手法。朱熹《诗集传》云："兴者，先言他物以引起所咏之词也。""兴"是"托事于物"，指诗词可以借助形象引起联想，使人受到启发。毛泽东在致陈毅的信中说："诗要用形象思维，不能如散文那样直说，所以比、兴两法是不能不用的。赋也可以用。"毛泽东是古典诗词大家，自然擅长运用兴法来增强作品的形象性和感染力。比如，《七律·人民解放军占领南京》以"钟山风雨起苍黄"，一语道破"天翻地覆慨而慷"的政治态势；《忆秦娥·娄山关》以"西风烈，长空雁叫霜晨月"，营造出苍凉沉郁的幽深意境和厚重氛围。

　　但是，孔子"兴观群怨"的"兴"，并不是指诗词创作手法，而是强调诗词能够感发人心、启发人、激励人的社会功用。其内涵更接近于《论语·泰伯》"子曰："兴于《诗》，立于礼，成于乐"中的"兴"。1958 年 6 月 30 日，《人民日报》刊登报道《第一面红旗——记江西余江县根本消灭血吸虫病的经过》。毛泽东欣然写下《七律二首·送瘟神》，他在后记中写道："我写了两首宣传诗，略等于近来的招贴画，聊为一臂之助。"毛泽东之所以要写诗为消灭血吸虫鼓劲助威，是因为他坚信诗可以"兴"，可以感染人，可以鼓舞人的意志。1947年3月，胡宗南的部队占领延安，人民解放军一支队伍被敌人围困数日，弹尽粮绝，正欲与敌人同归于尽。他们打开收音机，打算最后一次收听党中央的声音，正巧听到播音员情绪激昂地朗诵《清平乐·六盘山》。战士们顿时精神振奋，拼死突出重围。毛泽东诗词的神奇效果由此可见一斑。

"观"，指诗词可以观察生活，认识社会。毛泽东在谈到形象思维时说：要作今诗，则要用形象思维，反映阶级斗争和生产斗争。1959年9月13日，他致信胡乔木说《七律·到韶山》"通首写三十二年的历史"。正因为毛泽东以诗写史，毛泽东诗词堪称中国革命和建设艰辛历程的宏伟史诗，可谓是毛泽东奋斗足迹和心路历程的壮丽画卷。《沁园春·长沙》再现了毛泽东激情燃烧的青春岁月，《七律·长征》展现了万里长征的波澜壮阔。再比如，"地主重重压迫，农民个个同仇"揭示了中国革命的内在原因；"收拾金瓯一片，分田分地正忙"道出了土地革命的根本任务；"天若有情天亦老，人间正道是沧桑"指明了历史发展的必然规律；"牢骚太盛防肠断，风物长宜放眼量"昭示了心胸豁达的人生智慧。

"群"，指诗词可以交流思想，统一认识，促进和睦。"十万工农下吉安""百万工农齐踊跃""唤起工农千百万""军民团结如一人"，毛泽东诗词叙写了共产党人动员群众、组织群众的"群"史。在人际交往中，毛泽东以诗为纽带，以诗为载体，把"诗可以群"的功用发挥到了极致，留下了诸多令人感动、感叹、感佩的佳话。早在井冈山时期，毛泽东每有新诗，往往要抄赠给陈毅。他把《七律·长征》抄赠给埃德加·斯诺，把《水调歌头·游泳》的手迹赠送英国陆军元帅蒙哥马利。他的不少作品原本就是诗友之间交流的唱和之作，如《七律·和柳亚子先生》《蝶恋花·答李淑一》《七律·答友人》《七律·和郭沫若同志》《满江红·和郭沫若同志》。

"怨"，指诗词可以针砭时弊，表达不满，宣泄情绪。1964年8月18日，毛泽东在北戴河同哲学工作者谈话时曾经指出："司马迁对《诗经》品评很高，说诗三百篇皆古圣贤发愤之所为作也。'发愤之所为作'，心里没有气，他写诗？"毛泽东不少诗词表明他对旧中国"心里有气"，这促使他不遗余力地去

"改造中国与世界"。

　　毛泽东的诗词创作有 3 个高峰期，分别是井冈山斗争和中央苏区时期、长征时期、20 世纪 50 年代末至 60 年代中期。这 3 个阶段，要么他经历坎坷、心潮激荡；要么形势严峻、斗争激烈。正是这一切激发了他的表达欲望和创作激情，正好和"不平则鸣"的诗词创作规律与特点相吻合。

毛泽东诗词中的春夏秋冬

南朝钟嵘《诗品》云："若乃春风春鸟，秋月秋蝉，夏云暑雨，冬月祁寒，斯四候之感诸诗者也。"古往今来，叹春、咏夏、悲秋、悯冬的诗词不计其数，四季不同景观引发文人骚客万般感慨，揭示出人与自然之间的感应与互动。诗人毛泽东善于咏物抒情言志，对春夏秋冬不同景致情韵有诸多吟咏，与历代诗家既有同声相应，更有别样格调。

春：春风杨柳万千条

毛泽东标明写于春天的作品有 3 首，其中《贺新郎·读史》属咏史之作，与季节无关。《菩萨蛮·黄鹤楼》中"烟雨莽苍苍，龟蛇锁大江"，勾勒了 1927 年春"山雨欲来风满楼"的严峻形势，描绘内心难以平复的激荡心潮。《渔家傲·反第一次大"围剿"》中"万木霜天红烂漫""雾满龙冈千嶂暗"，正值冬春交替，但因第一次反"围剿"战果辉煌，并无冬日肃杀，却有温馨如春的暖意。毛泽东没有对春花春雨的细腻描写，但四季之中，带有"春"字的诗句最多。

《四言诗·祭母文》"养育深恩，春晖朝霭"中的"春晖"，源自孟郊"谁言寸草心，报得三春晖"。《五古·挽易昌陶》"琴绝最伤情，朱华春不荣"；《七古·送纵宇一郎东行》"云开衡岳积阴止，天马凤凰春树里"；《采桑子·重阳》"不似春光""胜似春光"；《七律·和周世钊同志》"春江浩荡暂徘徊"，这些"春"字寓意着春天万物复苏、大地回暖。《卜算子·咏梅》中"风雨送春归，飞雪迎春到""俏也不争春，只把春来报"，"春"既指轮回交替的季节，又寓指自然美景和人世繁华。而《念奴娇·昆仑》中"阅尽人间春色"以及《七律二首·送瘟神》中"春风杨柳万千条"，则完全超越了对自然的咏叹，赋予春天新的蕴涵、新的立意。"春色"是人类历史的沧桑巨变，"春风"是新中国万象更新的形象代言。

夏：热风吹雨洒江天

毛泽东标明写于夏天的作品有《渔家傲·反第二次大"围剿"》《菩萨蛮·大柏地》《清平乐·会昌》《浪淘沙·北戴河》4首。前3首作品侧重描绘中央苏区武装斗争的紧张与凝重，但"赣水苍茫闽山碧""雨后复斜阳，关山阵阵苍""踏遍青山人未老，风景这边独好"等诗句也表达了毛泽东对革命根据地壮美河山的一片深情。《浪淘沙·北戴河》中"大雨落幽燕，白浪滔天"，写出了北戴河夏天大雨倾盆，雨声如鼓、浪声如雷的恢宏气势。

《七律·登庐山》中"热风吹雨洒江天"，是夏天独有的气象。在《水调歌头·重上井冈山》《念奴娇·井冈山》中，毛泽东对夏日景象作了详尽描写，"到处莺歌燕舞，更有潺潺流水""参天万木，千百里"，真是"旧貌变新颜""江山如画"。《七律·和周世钊同志》中，"风起绿洲吹浪去，雨从青野上山来"。夏日风情如此婆娑多姿，诗人寄情山水，快慰欣然。1955年夏，毛泽东登临杭州附近山峦，接连写下《五律·看山》《七绝·莫干山》《七绝·五云山》，尽情领略"热来寻扇子，冷去对佳人""回首峰峦入莽苍""此中听得夜莺啼"的闲情雅趣。1956年夏，毛泽东写下《水调歌头·游泳》，肆意抒发"万里长江横渡，极目楚天舒。不管风吹浪打，胜似闲庭信步"的豪迈与从容。

秋：万类霜天竞自由

"睹落叶而悲伤，感秋风而凄怆"，绝大多数古代诗人将悲情愁绪与草木摇落、万物凋零的秋景联系在一起，尽管也有刘禹锡"我言秋日胜春朝"那样盛赞秋景的《秋词》，但悲秋无疑是中国古代文人吟秋作品的主基调。毛泽东对秋天情有独钟，有多首标明写于秋天的作品。《西江月·秋收起义》中"秋收时节暮云愁，霹雳一声暴动"，"暮云愁"并非个人愁苦，它是毛泽东发动秋收起义的诱因，也是意欲彻底改变的社会现实。《清平乐·六盘山》中的"天高云淡"，表达红军过了岷山之后"柳暗花明"的心境。《五律·喜闻捷报》中的"秋风度河上，大野入苍穹"，西北野战军连获大捷，秋风淡定，秋景壮美。《浪淘沙·北戴河》中"萧瑟秋风今又是，换了人间"，不见半点悲凉凄怆，只有新社会日新月异的豪迈与激越。

毛泽东诗词脱尽自古文人悲秋的窠臼，展现寥廓豪迈的艺术境界，彰显出超凡脱俗的人格魅力。《沁园春·长沙》是一篇游故地而观秋景、忆同窗而思往事、励斗志而抒豪情的壮美辞章。写秋景而不衰飒，忆往事而不惆怅，纵横捭阖，大气磅礴。特别是身处逆境时写的《采桑子·重阳》，有沉郁的思索，但绝无怨天尤人的牢骚与哀叹。"战地黄花分外香"，将诗的主题升华为对革命战争的礼赞。"一年一度秋风劲，不似春光。胜似春光，寥廓江天万里霜"，充满"让暴风雨来得更猛烈些吧"的战斗激情。

冬：梅花欢喜漫天雪

毛泽东戎马倥偬，历尽千辛万苦，但在诗词中反映最多的却是雪天。"满天皆白，雪里行军情更迫""此行何去？赣江风雪迷漫处"（《减字木兰花·广昌路上》）是一幅雄壮的雪里行军图，刻画出红军高昂的战斗激情以及冒雪行军的雄壮气势。长征途中红军所遭遇的雪更加威猛，但《七律·长征》中只有简约的一句话，"更喜岷山千里雪"。"更喜"二字把"红军不怕远征难"的大无畏精神表现得淋漓尽致。《念奴娇·昆仑》中，常年积雪的昆仑山"飞起玉龙三百万，搅得周天寒彻。夏日消溶，江河横溢，人或为鱼鳖"，毛泽东誓言剑劈昆仑，决心改造世界、造福人类，实现"太平世界，环球同此凉热"的崇高理想。《七律·冬云》折射了毛泽东对雪的复杂心态：一方面是"雪压冬云白絮飞，万花纷谢一时稀"，恶势力来势汹汹，形势严峻；另一方面是"梅花欢喜漫天雪，冻死苍蝇未足奇"，寓意共产党人坚贞不屈，风骨凛然，而反动派贪生怕死，不堪一击。

毛泽东读陆游《卜算子·咏梅》"反其意而用之"。陆游眼里的梅花消极退缩、凄凉愁苦。毛泽东的《卜算子·咏梅》盛赞梅花"俏也不争春，只把春来报。待到山花烂漫时，她在丛中笑"。一"俏"一"笑"令人耳目一新，"反"出了骨力遒劲、伟岸飘逸的艺术神韵。"飞雪"是迎春使者，是险恶环境，是严峻挑战，是困难局面，是搏击战场。

《沁园春·雪》是毛泽东的巅峰之作，被柳亚子称赞为"才华信美多娇，看千古词人共折腰"。千里坚冰封冻，万里雪花飘扬，山峰绵延像银蛇舞动，高原相接似白象飞奔。面对银装素裹的大好河山，回忆起中华民族灿烂悠久的文明史，毛泽东激情澎湃，视通万里，思接千载，从指点江山到评点人物，一气呵成。

毛泽东诗词中的花草树木

"人非草木，孰能无情？"言下之意是草木薄情寡义。可用这句话来审视诗词中的植物意象，显然是大谬不然。中国古典诗词中出现的植物数不胜数，诗人们喜欢用情态各异的花草树木形象，来表达不同的志向和理趣，抒发不同的心境和情怀。"桃花依旧笑春风"让有情人体验到浪漫的甜蜜；"天涯何处无芳草"使失恋者瞬间变得洒脱；"亭亭山上松，瑟瑟谷中风"映衬出傲然挺立的刚毅和坚强。诗人毛泽东善于托物言志，作品中也不乏对花草树木的生动描写，将其刻画得仪态万千、神情飞扬、蕴涵丰富，令人回味无穷。

战地黄花分外香

"一花一世界"，花为天地之灵物，花团锦簇使世界变得多姿多彩。毛泽东诗词有不少诗句提到"花"，有泛指，有特指，有比喻，或抒发雅兴闲情，或表明赏心悦目，或借此怀德明志。"落花时节读华章"，指花朵零落的暮春季节读到柳亚子的诗作，"落花时节"出自杜甫《江南逢李龟年》"正是江南好风景，落花时节又逢君"。"吴刚捧出桂花酒"，指借吴刚用沁人心脾的桂花酿成的美酒盛情款待烈士英灵。"雪花飞向钓鱼台"，喻指浪涛叠加的钱塘潮壮观景色。"万花纷谢一时稀"，用鲜花纷纷凋谢来象征严峻的国际局势。"桃花岭上风""桃花源里可耕田"中，"桃花岭""桃花源"都是地名，寓意江山如画、引人入胜。1966 年 6 月"正是神都有事时"，他"又来南国踏芳枝"，并非为赏花踏青，写下《七律·有所思》表达忧思。

而最能体现毛泽东诗词风骨和神韵的，当属对于菊花和梅花的吟咏。"战地黄花分外香"中的"黄花"是指菊花，描写菊花的古诗不计其数，但将其和战争、战场联系在一起的为数不多。唐代岑参"遥怜故园菊，应傍战场开"表达思乡愁苦；清代陈维崧"好花须映好楼台，休傍秦关蜀栈战场开"表达厌战情绪；而唐末农民战争领袖黄巢"待到秋来九月八，我花开后百花杀"则又杀气太盛。毛泽东笔下的菊花在战地上绽放，饱经丹心热血哺育，更加馥郁芬芳。这是对革命战争的礼赞，流露出崇高的革命乐观主义精神。毛泽东对梅花更是情有独钟，一生恋梅、惜梅、品梅、咏梅。他的《卜算子·咏梅》，一扫陆游那种报国无门、凄凉悲切、孤高自傲的消极颓唐之气，洋溢着不畏艰险、奋发有为、乐观豁达、甘于奉献的积极人生态度。《七律·冬云》中的"梅花欢喜漫天雪"，梅花和雪既是对手，又是伙伴，相生相克，相辅相成。

记得当年草上飞

草蔓生于大地之上，无论是青翠鲜亮还是枯黄衰败，无论是在坡地原野还是林间路边，它都是极为常见的植物。但成为诗词意象之后，草的寓意就因人而异了。毛泽东没有专门咏草的诗词，但作品中多次出现草的意象，表达了丰富的感情和意蕴。《五古·挽易昌陶》是为悼亡同窗好友而作，"城隈草萋萋，涔泪侵双题"中"萋萋"与"凄凄""戚戚"同音，给人一种冷清凄惨之感。城南隈的春草长得再茂盛，已经物是人非，再也不能和易君携手同游，此情此景不禁令人潸然泪下。《五律·挽戴安澜将军》为祭奠抗日名将而作，"外侮需人御，将军赋采薇"称颂戴安澜将军慷慨出征、勇赴国难的英雄气概。"赋"指歌赋。"薇"是一种多年生草本植物，结荚果，中有种子五六粒，可食。"采薇"是《诗经·小雅》的篇目，是戍边的士兵们所唱的歌曲，内容是说士兵采薇以食，而念归期之远。这里的意思是戴安澜将军率兵远征之前，曾用战歌激励队伍士气。《七律二首·送瘟神》的第一首描写旧中国血吸虫病肆虐，农村萧条、人民悲惨的境况。"千村薜荔人遗矢，万户萧疏鬼唱歌"中的"薜荔"

是一种蔓生野草。"千村薜荔"，如同刘禹锡《乌衣巷》"朱雀桥边野草花，乌衣巷口夕阳斜"，杂草丛生，繁华不再，给人以荒凉之感，寄寓了人世沧桑的无限感慨。

屈原反复以"香草"来象征忠贞和高洁，他开创了中国诗歌中以"香草"比喻美德的传统。据考证《离骚》中出现的香草有 28 种，《九歌》有 22 种。毛泽东专门为他写了《七绝·屈原》，诗中"艾萧太盛椒兰少"剖析屈原所处的政治环境是奸佞当道、贤人遭贬，指出了屈原忧伤悲愤、投江自尽的根源。"艾萧"即艾蒿，臭草，比喻奸佞小人，取自《离骚》"何昔日之芳草兮，今直为此萧艾也？""椒兰"指申椒和兰草，皆为芳香植物，比喻贤德之士，取自《离骚》"览椒兰其若兹兮，又况揭车与江离"。《七律·吊罗荣桓同志》"记得当年草上飞"，典出宋人陶谷《五代乱离记》，说唐末农民起义领袖黄巢兵败后于洛阳落发为僧，并绘像题诗："记得当年草上飞，铁衣著尽著僧衣。天津桥上无人识，独倚栏干看落晖。"毛泽东用古诗成句来缅怀罗荣桓的光辉事迹。"草上飞"极其传神地突出了红军游击战争机动灵活、忽东忽西、出没无常的特点。《七律·洪都》"年年后浪推前浪，江草江花处处鲜"，反映了晚年毛泽东"烈士暮年，壮心不已"，热切期盼着伟大祖国欣欣向荣、前程锦绣。

暮色苍茫看劲松

毛泽东也未曾为树木专门赋诗，但作品中提到的具体树种很多，其含义有的是约定俗成，有的则独具匠心。"埋骨何须桑梓地"中，"桑""梓"是两种树，演变为故乡的代名词，这与他离开韶山外出求学的心境十分契合。"蚂蚁缘槐夸大国，蚍蜉撼树谈何易"中，"蚂蚁缘槐"典出唐代李公佐《南柯太守传》，毛泽东用来表示对敌人的蔑视。"蚍蜉撼树"语出韩愈《调张籍》"蚍蜉撼大树，可笑不自量"，"大树"指李白、杜甫的诗文，毛泽东用来泛指正义的力量或事业。《卜算子·咏梅》《七律·冬云》中称赞的"梅"，既是花又是树，只是人们更习惯于将其视为花，似乎忘了它还是一种树。

　　毛泽东倾注感情最多的树是"杨柳"，承载着他的心路历程和政治抱负。"独坐池塘如虎踞，绿荫树下养精神"中，"杨树"指青蛙所处的自然环境。"我失骄杨君失柳，杨柳轻直上重霄九"中，"杨""柳"语意双关，乍看是指杨树、柳树，实则是指杨开慧、柳直荀二位烈士。"春风杨柳万千条"中，"杨柳"已由普通树木升华为新中国日新月异的繁荣景象。而毛泽东最为推崇的树是松柏，这显然是受到《论语·子罕》"岁寒，然后知松柏之后凋也"的深刻影响。"暮色苍茫看劲松""奇儿女，如松柏""青松怒向苍天发"，其中"劲松""松柏""青松"都是坚定执着的中国共产党人和革命者的人格化身。

　　毛泽东提到树时，有时没有点明树种，属于泛泛而指。"天马凤凰春树里""路隘林深苔滑""飞凤亭边树"，"树""林"都是指树木茂盛的自然环境。"索句渝州叶正黄"，用树叶变黄表示秋天。"枯木朽株齐努力"，用"枯木朽株"指代支持革命的"草根"阶层，寓意人民战争得道多助。"人生无处不青山""踏遍青山人未老""绿水青山枉自多""青山着意化为桥"，用"青山"来写树，因为有青山必有绿树。"战士指看南粤，更加郁郁葱葱""江山如此多娇""江山如画"，这些诗句都未写树，可分明又有树的存在。而"看万山红遍，层林尽染""万木霜天红烂漫""参天万木，千百里"，既见树木，更见森林，既有个体，更有群体，充分体现出毛泽东的宏观视野和豪放个性。

毛泽东诗词中的喜怒哀乐

陆机《文赋》曰："诗缘情而绮靡。"白居易《与元九书》云："感人心者，莫先乎情。"诗词之美，美在深情。元好问《摸鱼儿·雁丘词》中"问世间情为何物"一句，迷倒了无数人，也难住了无数人。毛泽东一生读诗、解诗、论诗、赋诗，个中必有一个"情"字，深邃、丰富、厚重。毛泽东诗词究竟抒发了一些怎样的感情？人们习惯于用"喜怒哀乐"来泛指各种不同情感，这4个字虽然难以涵盖毛泽东的全部诗情，但如果能把毛泽东诗词所表达的喜怒哀乐解析清楚，能使复杂问题简单化，模糊问题清晰化，对把握毛泽东诗词的总体风貌将大有裨益。

喜：喜看稻菽千重浪

毛泽东诗词中有5处出现了"喜"字，其含义不尽相同。《五律·喜闻捷报》以"喜"入题，是1947年"中秋步运河上，闻西北野战军收复蟠龙作"。蟠龙既克，标志着将介石的"重点进攻"彻底破产，是西北战局乃至全国战局的一个重要转折点。"满宇频翘望，凯歌奏边城。"颇似杜甫《闻官军收河南河北》"剑外忽传收蓟北，初闻涕泪满衣裳"，喜悦溢于言表。《浣溪沙·和柳亚子先生》中"最喜诗人高唱至"的"喜"，和《五律·喜闻捷报》的"喜"大同小异。1950年11月，传来志愿军在妙香山战役的捷报，又收到柳亚子的诗作，毛泽东自然是满心欢喜。《七律·长征》"更喜岷山千里雪"和《七律·冬云》"梅花欢喜漫天雪"两个"喜"字，既彰显偏爱态度，体现一生钟爱漫天飞雪的浓郁情结；又蕴含昂扬斗志，显示藐视困难、直面挑战的坚毅性格，进而才有"雪里行军情更迫"的豪迈，"红军不怕远征难"的勇猛。《七律·到韶山》"喜看稻菽千重浪"中的"喜"字，含有多种意味。1959 年 6 月，毛泽东回到韶山，他请乡亲们吃饭，残羹不剩的情景使他隐隐作痛。"民以食为天"，当时农村形势堪忧，"喜看稻菽千重浪"，是一种想要迅速改变落后现状的强烈愿望，更是一种对未来美好前景的热切期盼。

怒：天兵怒气冲霄汉

毛泽东诗词中有 3 处出现了"怒"字，情感十分强烈。《渔家傲·反第一次大"围剿"》"万木霜天红烂漫，天兵怒气冲霄汉"，一个"怒"字力透纸背。"东海有岛夷，北山尽仇怨"，旧中国任人宰割，西方列强横行肆虐。"名世于今五百年，诸公碌碌皆馀子"语出《孟子·公孙丑下》："五百年必有王者兴，其间必有名世者"，而现实社会的当权者碌碌无能，毛泽东说："粪土当年万户侯"。"地主重重压迫，农民个个同仇"，阶级矛盾水火不容。哪里有压迫，哪里就有反抗，"秋收时节暮云愁，霹雳一声暴动""军叫工农革命，旗号镰刀斧头"，人民军队横空出世。毛泽东将革命武装称为代表公道、正义的"天兵"，国民党反动派却诬称为"匪"，一再兴兵"围剿"，于是便有了"六月天兵征腐恶""天兵怒气冲霄汉"。正是这股冲天"怒气"，最终爆发出"席卷江西直捣湘和鄂""横扫千军如卷席""百万雄师过大江"的磅礴力量。

《满江红·和郭沫若同志》"四海翻腾云水怒，五洲震荡风雷激"中，"怒"字带有国际主义色彩。毛泽东以天下为己任，追求"太平世界，环球同此凉热"的大同理想。第二次世界大战结束后，"小小寰球，有几个苍蝇碰壁"，国际社会出现"大动荡、大分化、大改组"。面对"已是悬崖百丈冰""高天滚滚寒流急"的严峻局势，毛泽东"冷眼向洋看世界""乱云飞渡仍从容"。他坚决反帝反霸，坚定支持世界各国争取民族解放的正义事业。世界人民的革命斗争像四海的怒涛滚滚翻腾，像五洲的风雷震荡大地，已成为不可抗拒的历史潮流。《七律·有所思》"青松怒向苍天发，败叶纷随碧水驰"中的"怒"，反映了晚年毛泽东决心要像"乱云飞渡仍从容"的劲松那样爱憎分明、斗志昂扬，谱写新的奋斗诗篇。

哀：壮志未酬事堪哀

毛泽东诗词中有 5 处出现了"哀"字，并非都是指内心的悲痛与凄楚。1915 年，毛泽东写了《五古·挽易昌陶》，痛悼因病夭亡的同窗挚友，"愁杀芳年友，悲叹有余哀"。毛泽东以秋雁春水回顾往日与亡友肝胆相照的友谊，直抒对亡友的哀悼之情，诗情沉痛悲哀，却并不让人感到悲痛欲绝，而是洋溢着一股阳刚之气和报国豪情。《七律·忆重庆谈判》"遍地哀鸿满城血，无非一念救苍生"中，"哀鸿"本义指哀鸣的大雁，比喻到处是呻吟呼号、流离失所的灾民。为了解救黎民百姓，共产党人浴血奋战、前赴后继，"为有牺牲多壮志，敢教日月换新天。"《七律·和周世钊同志》"尊前谈笑人依旧，域外鸡虫事可哀"一句，指 1955 年毛泽东与老同学周世钊相聚时，谈起早年学友萧子升之事。萧子升曾与毛泽东交往甚厚，终因志向不同而分道扬镳。此处的"哀"并无悲切，充其量只是一声慨叹而已。

贾谊是西汉的政论家、文学家，一生坎坷。他做汉文帝之子梁怀王的太傅时，梁怀王不慎坠马而亡，贾谊因过于自责而忧伤致死，年仅 33 岁。毛泽东一生都很欣赏贾谊的才华，为他写了两首诗。《七绝·贾谊》"梁王堕马寻常事，何用哀伤付一生"，《七律·咏贾谊》"少年倜傥廊庙才，壮志未酬事堪哀"，两个"哀"的主体和含义不同。前者指贾谊近乎迂腐的哀愁和抑郁；后者指毛泽东对贾谊怀才不遇、英年早逝的深切同情和惋惜。

乐：万方乐奏有于阗

"乐"字仅在《浣溪沙·和柳亚子先生》"一唱雄鸡天下白，万方乐奏有于阗"中出现了一次。这首诗写于新中国第一个国庆节期间，毛泽东表达欢乐可谓是惜墨如金。"乐奏"就是"奏乐"，是音乐的"乐"。在中国传统文化中，音乐的"乐"和快乐的"乐"是相通的，正如《礼记》所云："夫乐者，乐也，人情之所不能免也。乐必发于声音，形于动静，人之道也。"这一"乐"字来之不易，是毛泽东立志"改变中国与世界"所追求的目标，结束旧时代，"换了人间"。这个"乐"是毛泽东个体的，更是全体人民大众的。"于阗"本义是指新疆文工团排演的一出大型歌舞剧，诗人选取了很有特色的新疆少数民族，寓意则是中国人民站起来之后，全国各民族实现了大团结，长城内外纵情高歌，大江南北一片欢腾。

需要特别强调的是，毛泽东是诗词大家、语言大师，表达丰富情感绝不拘泥于直接应用"喜怒哀乐"4个字。仅以抒发"乐"为例，表达方式异彩纷呈，达到了司空图《二十四诗品》所称颂的"不著一字，尽得风流"的极高境界。"收拾金瓯一片，分田分地真忙"描绘了打土豪、分田地的热闹场面，欢欣鼓舞的翻身农民形象呼之欲出；"齐声唤，前头捉了张辉瓒"将口语入诗，欢庆胜利的场面跃然纸上；"有人泣，为营步步嗟何及"用蒋介石哭泣失败的惨状，反衬红军庆功的欢乐；"更喜岷山千里雪，三军过后尽开颜"将红军长征苦尽甘来的畅快尽情释放；"忽报人间曾伏虎，泪飞顿作倾盆雨"用革命成功告慰先烈英灵，这是伤心之泪，更是快乐之泪，悲中喜和喜中悲相互交织。

毛泽东诗词中的古往今来

1963 年 12 月，由毛泽东亲自编定的《毛主席诗词》出版，山东大学教授高亨填词《水调歌头》予以点评，"掌上千秋史"一句高度凝练了这本诗集的历史蕴涵。毛泽东诗词纵览天下风云，俯瞰历史兴衰，感受时光飞逝，把握时代潮流，反映了毛泽东的历史观和人生观，浸透着历史智慧，洋溢着壮志豪情。

纵览：一从大地起风雷

毛泽东在抚今追昔、抒发感慨时，虽是寥寥数语，却包含无穷历史意蕴。"名世于今五百年，诸公碌碌皆馀子。"著名人物出现至今已有 500 年，当今权贵却平庸无能，被他视为"粪土当年万户侯"。"唤起工农千百万，同心干，不周山下红旗乱"，在反"围剿"的炮火硝烟中，他想起洪荒时代共工头触不周山的神话。"九嶷山上白云飞，帝子乘风下翠微"，他在品味自然风物时，遥想起娥皇女英痛悼舜帝投江而成湘妃的远古传说。"往事越千年"，畅游北戴河时，他与曹操进行心灵对话。"阅尽人间春色""千秋功罪，谁人曾与评说"，面对巍巍昆仑，他回溯风云诡谲的社会发展史。"一从大地起风雷，便有精生白骨堆"，评论绍剧《孙悟空三打白骨精》，他联想到正邪交锋的漫长历史。

毛泽东在"湘江北去""茫茫九派流中国"的似水流年中回望历史。他在"黄鹤知何去，剩有游人处""天生一个仙人洞"的自然演化中把握历史。他在"饮茶粤海未能忘""索句渝州叶正黄"的季节更替中感触历史。《贺新郎·读史》区区 115 个字，纵论中国历史，风骨雄健。红军长征波澜壮阔，《七律·长征》仅用 56 个字，写就了一篇气吞山河的英雄史诗。毛泽东叙述历史的春秋笔法，恰如刘勰《文心雕龙》所说"思接千载"，把历史长河写得律动跳跃、灵动传神，凸显出大国气派和伟人气度。

评点：有多少风流人物

"滚滚长江东逝水，浪花淘尽英雄。"《沁园春·雪》以"惜"字为统领，列举秦始皇、汉武帝、唐太宗、宋太祖和成吉思汗，他们只有武功，却不善文治。毛泽东曾因"百代多行秦政法"而"劝君少骂秦始皇"，但他坚信"俱往矣，数风流人物，还看今朝"，封建帝王终归是过眼云烟。

以人为镜，可以明得失。人民解放军占领南京后，毛泽东一反古代兵书"穷寇勿追"之说，反思项羽兵败自刎的沉痛教训，号召"宜将剩勇追穷寇，不可沽名学霸王"，誓将革命进行到底。"艾萧太盛椒兰少，一跃冲向万里涛"，毛泽东对遭谗去职、愤然投江的屈原充满敬仰。"孤鸿铩羽悲鸣镝，万马齐喑叫一声"，他对敢于直谏的"中唐俊伟"刘大加赞赏。"贾生才调世无伦""少年倜傥廊庙才"，毛泽东既肯定贾谊"胸罗文章兵百万，胆照华国树千台"的经国伟略，又对他"梁王堕马寻常事，何用哀伤付一生"的迂腐至极而深感惋惜。

柳亚子曾赞扬毛泽东"推翻历史三千载，自铸雄奇瑰丽词"。毛泽东评价古人，从不人云亦云，多有独到创见，闪耀着历史唯物主义的理性光辉。"魏武挥鞭，东临碣石有遗篇"，曹操一直被贬为"旷世奸雄"，毛泽东却认为他"这个人很了不起"，"曹操的诗，气魄雄伟，慷慨悲凉，是真男子，大手笔"，极力主张为他翻案。"五帝三皇神圣事，骗了无涯过客"，他推翻定论，重评历史，颂扬"盗跖庄蹻流誉后，更陈王奋起挥黄钺"，认为起义英雄是创造历史的真正"风流人物"。

对比：天翻地覆慨而慷

近代中国，中华民族苦难深重。毛泽东胸怀改造中国与世界的宏大抱负，"为有牺牲多壮志，敢教日月换新天"。他始终以理想中的"新天"为参照，去审视历史，去解读现实，去评判世界，并由此而引发或褒或贬的情感态度。

"当年鏖战急，弹洞前村壁。装点此关山，今朝更好看。"革命战争的洗礼，使根据地的河山变得更加壮美。"虎踞龙盘今胜昔，天翻地覆慨而慷""天若有情天亦老，人间正道是沧桑"，南京解放预示着中国革命胜利在望。"一唱雄鸡天下白，万方乐奏有于阗，诗人兴会更无前""颜齐王各命前，多年矛盾廓无边，而今一扫纪新元""萧瑟秋风今又是，换了人间"，新中国的横空出世，使中国人民从此站立起来了，"忽报人间曾伏虎，泪飞顿作倾盆雨"。

"江山如画，古代曾云海绿。"斗转星移，历史在前进，中国在发展，"年年后浪推前浪，江草江花处处鲜"。"绿水青山枉自多，华佗无奈小虫何！千村薜荔人遗矢，万户萧疏鬼唱歌。"血吸虫病曾经横行肆虐，毛泽东感情抑郁，语气哽咽。"红雨随心翻作浪，青山着意化为桥"，中国人民在党的领导下，战天斗地，驱逐瘟神。"一桥飞架南北，天堑变通途""更立西江石壁，截断巫山云雨，高峡出平湖""喜看稻菽千重浪，遍地英雄下夕烟"，社会主义建设事业如火如荼。"我欲因之梦寥廓，芙蓉国里尽朝晖"，毛泽东为此欢欣鼓舞，而"神女应无恙"也势必"当惊世界殊"。他"重上井冈山。千里来寻故地"，喜看"旧貌变新颜""人间变了，似天渊翻覆"，毛泽东"犹记当时烽火里，九死一生如昨"，感慨万千，诗思泉涌。

毛泽东重视社会的变迁，也关注人的成长变化。"昨天文小姐，今日武将军"，毛泽东对作家丁玲奔赴前线、体验战斗生活高度赞赏。"中华儿女多奇志，不爱红装爱武装"，毛泽东为一代新人在成长而深感欣慰。霓虹灯下的哨兵"为人民，几十年。拒腐蚀，永不沾"，他欣然写下《杂言诗·八连颂》。

惜时：人生易老天难老

毛泽东诗词是中国革命和建设历程的壮丽画卷，是他的人生足迹和心路历程的生动写照。毛泽东一生都在研读历史、评说历史、借鉴历史，他也在用奋斗人生体验历史、感悟历史、改写历史、创造历史。他的每首作品，都有鲜明的时间印迹。"携来百侣曾游，忆往昔峥嵘岁月稠""曾记否，到中流击水""当年鏖战急""东方欲晓，莫道君行早""风雨送春归，飞雪迎春到""久有凌云志""又来南国踏芳枝"，毛泽东对人生岁月的感知细腻精到，呈现出一种激越、坚毅、豪迈、务实的人格精神。

"子在川上曰：逝者如斯夫！"历史在时间长河中流淌。"别梦依稀咒逝川"，一个"咒"字，道出了毛泽东对时光飞逝的极度敏感。"三十一年还旧国""卅年仍到赫曦台""故园三十二年前""三十八年过去，弹指一挥间""弹指三十八年"，他时常有岁月如梭之感。毛泽东有过"莫叹韶华容易逝""踏遍青山人未老"的慷慨激昂，但时间无涯，人生有涯，也不免使他形成"人生易老天难老"的生命意识。"多少事，从来急；天地转，光阴迫。一万年太久，只争朝夕"，毛泽东从未因人生短暂而消极悲观，挑战性格促使他不断升腾起时不我待的紧迫感，表现出强烈的"及时"意念。"雪里行军情更迫""直指武夷山下""席卷江西直捣湘和鄂""快马加鞭未下鞍""跃上葱茏四百旋""黄洋界上，车子飞如跃""飞上南天奇岳"，这些诗句把毛泽东时不我待的迫切心理表现得淋漓尽致。他有"敌军围困万千重，我自岿然不动""乱云飞渡仍从容"的战略定力，但在具体行动上又异常迅速果敢、雷厉风行。

"永诀从今始""今朝霜重东门路""今日向何方""今日长缨在手""萧瑟秋风今又是""今日得宽馀""今日欢呼孙大圣""君今不幸离人世"，毛泽东特别注重对"今"的把握，使"今"成为毛泽东诗词中的高频词之一。"鲲鹏击浪从兹始""挥手从兹去""而今迈步从头越""而今我谓昆仑"，只有抓住现在，才能拥有未来，必须以"只争朝夕"的精神，去从事伟大的斗争与实践。毛泽东这样激励自己，也这样激励后人。

毛泽东诗词中的阴晴圆缺

"海上生明月，天涯共此时。"古今一月，情怀万种，月亮是古代诗歌中最常见的意象之一。咏月寄情是中国文人绵延不绝的表达方式和文化传统，历代文人骚客留下了无数佳词丽句，形成了一种具有浓郁民族特色的文化现象。诗人毛泽东也不例外，多次吟咏月亮，既有传承更有新意，抒发了人所共有的离愁别绪和万般情思，更寄寓了不同凡响的精神寄托和人生追求。

照横塘半天残月

《琵琶行》有吟："醉不成欢惨将别，别时茫茫江浸月。"人们都渴望圆满，现实却是"人有悲欢离合，月有阴晴圆缺"，因而"残月"总令人感到冷清孤寂、凄楚悲愁。如王昌龄《青楼怨》："肠断关山不解说，依依残月下帘钩。"

毛泽东有两句词，表达了这种心绪。第一句出自1921年写的《虞美人·枕上》："一钩残月向西流，对此不抛眼泪也无由。"夜深人静时，"堆来枕上愁何状，江海翻波浪"，为革命四处奔波的毛泽东思念杨开慧，彻夜难眠。"夜长天色总难明，寂寞披衣起坐数寒星"，寂寞难耐，翘望星空，星星凄然，形单影只，正如李煜《捣练子令》所云："无奈夜长人不寐，数声和月到帘栊。"黎明时分，残月西去，相思之苦化作热泪喷薄宣泄而出。

第二句出自1923年写的《贺新郎·别友》："今朝霜重东门路，照横塘半天残月，凄清如许。"1923年年底，毛泽东由长沙前往上海再转广州，准备参加国民党一大。"更那堪凄然相向，苦情重诉。眼角眉梢都似恨，热泪欲零还住"，离别之际，依依不舍，恰如柳永《雨霖铃·寒蝉凄切》中"执手相看泪眼，竟无语凝噎"。"东门路"，指当时长沙东门小吴门外通往火车站的道路。古诗中常用东门泛指送别之地，如汉乐府诗《东门行》："出东门，不顾归。""横塘"，指长沙小吴门外的清水塘。古诗中"横塘"多指妇女居住的地方，也常指送别之地。范成大《横塘》诗中就有"年年送客横塘路，细雨垂杨系画船"之句。

唐代殷文圭《八月十五夜》诗云："万里无云镜九州，最团圆夜是中秋。"毛泽东《五律·喜闻捷报》中"佳令随人至，明月傍云生"一句，所表达的正是这种情愫。这首诗写于 1947 年中秋，"中秋步运河上，闻西北野战军收复蟠龙作"。诗人渴望亲人团聚，但战火导致"故里鸿音绝，妻儿信未通"。毛泽东关切"小家"的相聚，更追求"大家"的团圆。"满宇频翘望，凯歌奏边城"，他翘首以盼革命战争凯歌高奏，正是为了彻底改变《浣溪沙·和柳亚子先生》中所说的"人民五亿不团圆"的社会现实。

寂寞嫦娥舒广袖

毛泽东为杨开慧写过 3 首词作，即《虞美人·枕上》《贺新郎·别友》《蝶恋花·答李淑一》。3 首作品都以月寄情，前两首含有月亮意象，但《蝶恋花·答李淑一》通篇没有提到月亮，构思精妙，达到了司空图《二十四诗品·含蓄》所说的"不著一字，尽得风流"的境界。这不免使人想起"深山藏古寺"和"十里蛙声出清泉"的画坛珍闻。

《蝶恋花·答李淑一》悼念杨开慧和柳直荀两位烈士。"杨柳"二字一语双关，堪称天造地设，既指杨、柳两位烈士，又指洁白的杨花柳絮。一个"失"字表明了亲人损失，爱情损失，友谊损失，革命损失，饱含着怀念和痛悼深情。一个"骄"字，寓意"女子革命而丧其元，焉得不骄"的高度赞美。两位烈士灵魂升上"重霄九"抵达月宫，毛泽东没有描绘月亮的具体场面，而是写"吴刚捧出桂花酒""寂寞嫦娥舒广袖，万里长空且为忠魂舞"。一个"捧"字，道尽吴刚的尊重和敬仰；一个"舒"字，尽现嫦娥的欣喜与畅快。人间传来革命胜利的捷报，"泪飞顿作倾盆雨"。一个"飞"字，惟妙惟肖地写出喜极而泣的酣畅淋漓。这既是烈士死得其所的欣慰之泪，又是对烈士的同情之泪和对人间巨变的庆贺之泪，也是人民群众欢呼解放的幸福之泪。纵观全词，天上与人间交织，现实与想象混成，悼念与赞颂融合。悼念没有悲哀情绪，赞颂则不落俗套，表现了烈士忠魂与日月同辉的深刻主题，情真意切，意境幽远。

胸中日月常新美

旧中国内忧外患，积贫积弱，这不断激发毛泽东要改造中国与世界的爱国热情和使命意识。"为有牺牲多壮志，敢教日月换新天"，这个"日月"是客观的，指"长夜难明赤县天，百年魔怪舞翩跹，人民五亿不团圆"的黑暗现实。

以天下为己任的毛泽东，非常注重自我修身。1902年，毛泽东进入南岸私塾读学。一天，他偷偷下南岸池塘玩水，塾师邹春培发现后，责令其对对子，出上联曰："濯足。"9岁的毛泽东从容应答："修身。"在长沙求学期间，毛泽东的人生格言是：立奇志，交奇友，读奇书，创奇事，做个奇男子。1918年4月，罗章龙准备去日本留学。临行前，新民学会会员在长沙北门外的平浪宫为其饯行，毛泽东以"二十八画生"笔名赠诗话别。

《七古·送纵宇一郎东行》中"管却自家身与心，胸中日月常新美"一句，既是对友人的叮嘱，也是给自己的自励。"管却自家身与心"，强调严于律己，颇似《孟子·告子章句下》所云："天将降大任于斯人也，必先苦其心志，劳其筋骨，饿其体肤，空乏其身，行拂乱其所为。""胸中日月常新美"，典出《礼记·大学》："汤之盘铭曰：'苟日新，日日新，又日新。'"黄庭坚《答友求学书》亦云："古人之学问高明，胸中如日月。""胸中日月常新美"中的"日月"，是主观的，是要"吾日三省吾身"，内心光明磊落，胸襟浩然坦荡，纯净清新美好。

1915年9月，毛泽东致信萧子升，"吾人立言，当以身心之修养、学问之研求为主"。毛泽东读书不倦，但反对"闭门求学""欲从天下国家万事万物而学之"，还"游学"各地读社会"无字之书"。他主张"文明其精神，野蛮其体魄"，热衷体操、登山、游泳等运动。"指点江山，激扬文字，粪土当年万户侯。曾记否，到中流击水，浪遏飞舟？"成为青年毛泽东修身储能实践的真实写照，也为他日后成为中国共产党人伟岸人格与崇高品质的光辉典范奠定了厚实基础。

长空雁叫霜晨月

1935 年 1 月遵义会议召开，毛泽东东山再起。之后，红军继续长征，计划于宜宾和泸州之间渡过长江，由于国民党重兵阻截，被迫折返，攻打娄山关，再占遵义。《忆秦娥·娄山关》是攻克娄山关之后写的。按常理，诗中可以尽情挥洒"人生得意须尽欢""今日痛饮庆功酒"的舒快心情。但这首词的格调和大革命失败之后写的《菩萨蛮·黄鹤楼》一样苍凉沉郁，充满忧患。个人境遇改变以及娄山关战斗取胜，并不足以迅速扭转红军危局，"西风烈，长空雁叫霜晨月"写得低沉凝重。西风凛冽，清晨的月光照着大地严霜，天空传来大雁鸣叫。"霜晨"已见晨曦，但"晨月"朦胧。"霜晨月"既是对战事时间的交代，亦可解读为"黎明前的黑暗"，这恰恰是毛泽东忧患与沉郁的深层原因。

"世上无难事，只要肯登攀。"毛泽东信仰坚定，信念执着，满怀"可上九天揽月，可下五洋捉鳖"的"凌云志"。《孙子兵法·军形篇》有曰："善攻者动于九天之上。"李白《宣州谢朓楼饯别校书叔云》诗云："俱怀逸兴壮思飞，欲上青天揽明月。"毛泽东性格刚毅，愈挫愈勇，洋溢着"雄关漫道真如铁，而今迈步从头越"的英雄气概，胸怀着"苍山如海，残阳如血"的慷慨悲歌，充满着"犹记当时烽火里，九死一生如昨"的牺牲精神，引领中国革命攻坚克难，不断从胜利走向胜利。

毛泽东诗词中的风云雨雪

"八月秋高风怒号""白云千载空悠悠""清明时节雨纷纷""有梅无雪不精神"，古典诗词对气象景观的描绘异彩纷呈，反映出人们对自然的观察认知、生活体验和情感态度。毛泽东诗词涉及风、云、雨、雪等意象的句子也不胜枚举，这些意象既是自然物象的表现，又是时代风云的象征，体现了毛泽东对人生的细致体悟，对时势的敏锐洞察，对社会的深刻把握，对事业的执着追求。这些诗句或直抒胸臆，或深沉含蓄，或赞赏有加，或极力贬抑，生动形象地抒发了毛泽东的政治理念、奋斗精神和英雄情怀。

一年一度秋风劲

风，是流动着的空气，难以捉摸，正如清代诗人江湜《彦冲画柳燕》所写："柳枝西出叶向东，此非画柳实画风。风无本质不上笔，巧借柳枝相形容。"毛泽东把风刻画得风姿绰约，风味十足。"风卷红旗过大关"，寒风翻卷红旗，跨越雄关险隘，神采飞扬。"风烟滚滚来天半"，敌人部队大举进攻，甚嚣尘上，面目狰狞。"钟山风雨起苍黄"，渡江战役狂飙突进，摧枯拉朽。"风起绿洲吹浪去"，毛泽东在岳麓山上极目远眺，和风吹起橘子洲上的层层绿浪，直向远方滚去，有模有样。"帝子乘风下翠微"，清风让美丽仙女从青翠微茫的九嶷山峰峦飘然而下，实实在在。

风，有春夏秋冬的四时风。"春风杨柳万千条"是春风拂面；"热风吹雨洒江天"是夏风阵阵；"一年一度秋风劲""秋风度河上"是秋风袭来；"风展红旗如画"是冬风凛冽。风，也有东西南北的四向风。毛泽东诗词没有直接写东风和南风，但多处提到了西风和北风，如"西风烈""红旗漫卷西风""西风漫卷孤城""正西风落叶下长安""征马嘶北风"。强劲秋风和猛烈西风充满挑战，也更能磨砺意志。最典型的是"要似昆仑崩绝壁，又恰像台风扫寰宇"，初稿曾为"我自欲为江海客，更不为昵昵儿女语"，修改之后更能凸显毛泽东为革命事业而"凭割断愁丝恨缕"，绝不沉湎于儿女情长的英雄本色。风不会独往独来，如"赣江风雪迷漫处""风雨送春归"。而"风""雷"组合最多，如"一从大地起风雷""五洲震荡风雷激""风雷动，旌旗奋""风雷磅礴""一阵风雷惊世界"，风助雷霆万钧，雷促风生水起，这是自然造化的合力推动，更是社会运动的迅猛发展。

白云山头云欲立

　　云，形形色色，姿态万千。毛泽东诗词中"云"的意象具有丰富的意蕴与情致。"云开衡岳积阴止"，连日来的阴云寒气一朝消散，岳麓山青峰绿树豁然开朗。"云横九派浮黄鹤"，毛泽东登临庐山，向西远眺长江，恰如李白诗句"碧水浩浩云茫茫"，而武汉三镇展翅欲飞。"五云山上五云飞"，西湖五云山五色彩云萦绕山顶。"九嶷山上白云飞"，汉武帝刘彻《秋风辞》中有"秋风起兮白云飞"，后人常以"白云"比喻思念家乡亲人。九嶷山是湖南名山，早在延安时期，毛泽东就不无惋惜地说过："我是湖南人，却没有去过九嶷山。""彩云长在有新天"，彩云象征吉祥如意，表达了毛泽东对现实生活的美好祝愿。

　　云，虚虚实实，变幻无穷。"千载长天起大云"，寥廓天空乌云密布，喻指历代宦官专权把朝野搞得乌烟瘴气。"采采余孤景，日落衡云西"，好友易昌陶病亡，如同太阳在岳麓山的云层之中陨落。"秋收时节暮云愁"，收获季节却暮云愁苦，象征广大农民饱受压迫。"风云突变，军阀重开战"，国内政局发生急剧变化。"天高云淡"，六盘山顶秋高气爽，晴空万里，预示红军长征胜利在望。1962 年生日那天，毛泽东有感于国际局势动荡复杂，专门赋诗《七律·冬云》。"雪压冬云白絮飞"，浓云之上还有大雪压顶，更凸显隆冬的严寒森冷，形势严峻。

王勃《滕王阁序》中有"穷且益坚，不坠青云之志"，云可用来抒发远大之志。"重比翼，和云翥"，毛泽东意欲和杨开慧比翼双飞，直上云霄共同奋斗。"白云山头云欲立"，白云山顶的云朵愤然而起，凌空挺立，表明革命根据地军民同仇敌忾，斗志昂扬。"四海翻腾云水怒"，云、水可以互相转化，此处指怒潮，全世界被压迫民族的抗争汹涌澎湃，势不可当。"久有凌云志"，毛泽东始终信念坚定，壮志凌云。

红雨随心翻作浪

雨从天而降，常给不同人以不同感受。黄庭坚有诗谓："三雨全清六合尘，诗翁喜雨句凌云。"杨万里亦有："诗人长怨没诗才，天遣斜风细雨来。"毛泽东也从雨中获得不少灵感与情思。"雨后复斜阳，关山阵阵苍"，夏日阵雨之后，斜阳又出天宇，关山草木苍翠欲滴，营造出一片崭新天地，真乃"风景这边独好"。"雨从青野上山来"，夏雨骤降，雨从碧绿的原野直飞向岳麓山顶，颇有几分情趣。"大雨落幽燕，白浪滔天"，滂沱大雨倾泻而下，北戴河巨浪翻滚，似有要淹没苍天之势。"红雨随心翻作浪"，春雨随着心意翻作波浪，这与杜甫《春夜喜雨》"好雨知时节，当春乃发生"有异曲同工之妙。

"人禀七情，应物斯感，感物吟志，莫非自然。""凭阑静听潇潇雨"，化用岳飞《满江红·怒发冲冠》"凭阑处潇潇雨歇"，其意颇似东林书院名联"风声雨声读书声声声入耳，家事国事天下事事事关心"。文天祥《过零丁洋》写道："山河破碎风飘絮，身世浮沉雨打萍。"祖国山河像风吹柳絮飘散得七零八落，个人生涯如同雨打浮萍折腾得动荡不安，"雨"象征着苦难。"烟雨莽苍苍"则意味着时局险恶，淫雨霏霏，如烟似雾，使天地间一片迷茫，充分表露出毛泽东"大革命失败前夕，心情苍凉，一时不知如何是好"。"泪飞顿作倾盆雨"，革命成功的捷报迅即传来，喜悦、自豪、欣慰之感油然而生，心潮翻滚，泪飞如雨，倾泻而下。这泪雨承载了太多情感，正如周恩来所说："'泪飞顿作倾盆雨'，是嫦娥之泪？吴刚之泪？还是作者之泪？是普天下革命人民洒下的倾盆热泪。"

更喜岷山千里雪

毛泽东南征北战，经历过各种气候条件，但他的军旅诗词写得最多的是雪和雪天。"漫天皆白，雪里行军情更迫""此行何去？赣江风雪迷漫处"，寥廓天空，疾风卷雪，"情更迫"3个字力透纸背，恶劣环境挡不住英雄红军，顶风冒雪行进的心情更加急切，这是一幅威武雄壮的雪里行军图。"更喜岷山千里雪"，"更喜"二字，把藐视艰难险阻的大无畏精神和乐观心态淋漓尽致地表达了出来。

《念奴娇·昆仑》描写了"横空出世"的昆仑山高寒多雪的壮丽景色。"飞起玉龙三百万"，绵延起伏的雪峰像千百万玉龙在飞舞。"夏日消溶，江河横溢，人或为鱼鳖"，使他深深担忧起人类的命运，意欲"倚天抽宝剑"将其"裁为三截"，进而实现"太平世界，环球同此凉热"的宏大抱负。《沁园春·雪》是毛泽东诗词的巅峰之作，"千里冰封，万里雪飘""山舞银蛇，原驰蜡象"，银装素裹的"北国风光"激发起毛泽东"欲与天公试比高"的壮志豪情。"江山如此多娇，引无数英雄竞折腰"，毛泽东思接千载，对古代英雄人物进行评论，最后吟出"俱往矣，数风流人物，还看今朝"的千古绝唱。

新中国成立后，毛泽东咏雪的热情一如既往。"雪花飞向钓鱼台""洞庭波涌连天雪"，是对钱塘潮水以及洞庭湖波涛浪花的一种形象比喻。《卜算子·咏梅》不是咏雪之作，但"飞雪迎春到"一句便道出了雪作为春天使者的风姿与神韵。"雪压冬云白絮飞"，用漫天飞雪反映当时国际斗争异常尖锐。"梅花欢喜漫天雪"，这"雪"是严酷的环境，是严峻的挑战，是激烈的鏖战，对以梅花自比的毛泽东来说，不啻于激发昂扬斗志的助推器，无异于"让暴风雨来得更猛烈些吧！"此后，毛泽东诗词中雪的意象气势有所减弱，如"一篇读罢头飞雪""鬓雪飞来成废料"，指的都是白头发，虽有"飞"的动感，无非表明衰老过程之快，"悲"有余，"壮"不足。但就总体而言，他笔下的雪灵韵十足，意境高远，令人回味无穷。

毛泽东诗词中的江河湖海

　　毛泽东出生于山水相依的韶山冲，就连他的名字都充满着水的润泽。"仁者乐山，智者乐水"，毛泽东是仁者，也是智者。毛泽东迷恋山岭峰峦，也钟情江河湖海。水赋予他跃动的灵感和才思、澎湃的激情和斗志、敏锐的诗情和智慧。对毛泽东而言，水是历史馆，水是风物志；水是思想库，水是教科书；水是比武台，水是运动场，包含了深邃的人生感悟、悠长的历史积淀和厚重的文化底蕴。毛泽东吟咏的江河湖海气韵生动，或湍急、或流深、或汹涌、或壮阔，要么纪实叙事，要么写景抒情，要么明志喻理。这些作品气势恢宏，想象丰富，思想深刻，意境高远。

观沧海：子曰逝者如斯夫

　　《论语·子罕》中有：子在川上，曰："逝者如斯夫！不舍昼夜。"李白有"逝川与流光，飘忽不相待"的感触，苏轼有"大江东去，浪淘尽，千古风流人物"的感慨，辛弃疾有"千古兴亡多少事？悠悠，不尽长江滚滚流"的长叹。毛泽东在体察流水中研读历史、体验历史、创造历史。他将孔子哲语直接入诗，"子在川上曰：逝者如斯夫"。他痛恨血吸虫病长期肆虐，"牛郎欲问瘟神事，一样悲欢逐逝波"。他回到韶山，"别梦依稀咒逝川，故园三十二年前"。他重上井冈山，"江山如画，古代曾云海绿"，这是对锦绣河山的赞美，也是对岁月悠悠的咏叹。"青山遮不住，毕竟东流去。"毛泽东在江河湖海中回溯历史长河，把握时代潮流，成就千秋伟业。

在《祭黄帝陵文》中，毛泽东以"胄衍祀绵，岳峨河浩"颂扬中华民族繁衍生息、绵延不绝，中华大地五岳巍峨，长江黄河奔腾浩荡。毛泽东在橘子洲头独立寒秋，凝视"湘江北去"，思索"问苍茫大地，谁主沉浮？"的天问。他在"茫茫九派流中国"的武汉长江边，化解大革命失败后"一时不知如何是好"的苍凉心境。"红旗跃过汀江，直下龙岩上杭""赣江风雪迷漫处""赣水那边红一角""赣水苍茫闽山碧"，毛泽东在赣南闽西的广大农村地区"唤起工农千百万"，点燃武装割据的星星之火。"金沙水拍云崖暖，大渡桥横铁索寒"，他用兵如神，创造"红军不怕远征难"的人间奇迹。面对"千里冰封""大河上下，顿失滔滔"的静穆黄河，他不断集聚中华民族在沉默中爆发的磅礴力量。他决胜千里，指挥"百万雄师过大江""宜将剩勇追穷寇"，取得人民战争"天翻地覆慨而慷"的辉煌战果。"饮茶粤海未能忘""莫道昆明池水浅，观鱼胜过富春江"，毛泽东进京"赶考"，运筹帷幄，亲手缔造新中国。毛泽东伫立"一片汪洋都不见"的北戴河沙滩，"往事越千年"，感怀"魏武挥鞭，东临碣石有遗篇"的历史云烟。毛泽东俯瞰汨罗江，叹惋爱国诗人屈原"艾萧太盛椒兰少，一跃冲向万里涛"的千古遗恨，同情青年才俊贾谊"高节终竟受疑猜""空白汨罗步尘埃"的人生悲剧。他登上"一山飞峙大江边"的庐山，"冷眼向洋看世界"。他环顾"小小寰球"，纵览"四海翻腾云水怒，五洲震荡风雷激"的世界潮流。

抒情怀：我自欲为江海客

《贺新郎·别友》一词中的"要似昆仑崩绝壁，又恰像台风扫寰宇"一句，曾有一件手迹写为"我自欲为江海客，再不为昵昵儿女语"。谢灵运《自叙》："本自江海人，忠义感君子。"苏轼《送曹辅赴闽漕》诗："我亦江海人，市朝非所安。"毛泽东以江海客自喻，水情思缠绵，水情趣盎然，水情感难忘。"堆来枕上愁何状？江海翻波浪"，用心潮翻滚表达思念爱妻之深切。"沧海横流安足虑，世事纷纭从君理"，社会动荡不足为虑，人世纷扰总能化解，显示出胸有成竹的自信与从容。"五岭逶迤腾细浪""山，倒海翻江卷巨澜"，分明是在写山形，落笔却成了咏水势，意料之外，情理之中。深受水文化滋养的毛泽东，有大江奔腾的性格，有大海浩瀚的胸襟，有狂涛巨澜的激越。

毛泽东在《讲堂录》中写道："马迁览潇湘，泛西湖，历昆仑，周览名山大川，而其襟怀乃益广。"他自幼就不满于"只喝井里水，永远养不长"的闭塞，"独坐池塘如虎踞"，渴求个性自由。他通过观察、鉴赏、领略水的柔性、神奇与曼妙，不断丰富自己的视野、阅历和涵养。他惊羡"洞庭湘水涨连天"的磅礴，欣赏"漫江碧透"的清澈，推崇"寥廓江天万里霜"的旷达，迷恋"风起绿洲吹浪去"的野趣，沉醉"浪下三吴起白烟"的浩渺，向往"热风吹雨洒江天"的生机，憧憬"江草江花处处鲜"的繁荣。在观赏钱塘潮时，毛泽东从"千里波涛滚滚来，雪花飞向钓鱼台"的奇观中，联想起"铁马从容杀敌回"的雄师劲旅，令人拍案叫绝。

展宏图：地动三河铁臂摇

《老子》中讲："上善若水。"古往今来，江河给中华民族带来巨大福祉，但也造成了无穷无尽的灾难。毛泽东深谙治水与兴国安邦的关系，早在 1934 年 1 月，他就在《我们的经济政策》一文中明确提出了"水利是农业的命脉"的著名论断。毛泽东诗词涉及改造自然的诗句，其具体内容都落在治水上。比如，血吸虫病致使"绿水青山枉自多""天连五岭银锄落，地动三河铁臂摇"，人们"送瘟神"的举措之一就是开挖新渠，填平淤塞旧沟，彻底改善水源环境。

1948 年 3 月 23 日，毛泽东率中央机关从陕西省吴堡县川口东渡黄河，面对汹涌波涛，他一字一板地说："你们可以藐视一切，但是不能藐视黄河。藐视黄河，就是藐视我们这个民族。"为了使黄河安澜，对黄河心存敬畏的毛泽东始终致力于"要把黄河的事情办好"。品读《念奴娇·昆仑》时，人们大多惊叹于"安得倚天抽宝剑，把汝裁为三截"的神奇想象和"太平世界，环球同此凉热"的宏大抱负，却时常忽视了"夏日消溶，江河横溢，人或为鱼鳖"的现实关切，而这恰恰是激起毛泽东意欲重整河山的直接诱因。

新中国诞生伊始，毛泽东就把治理长江等大江大河纳入议事日程。他曾多次实地考察长江水情，并亲自参与三峡工程的规划、设计与论证。1956 年，毛泽东畅游长江时，对"一桥飞架南北，天堑变通途"表示欣慰之余，提出了"更立西江石壁，截断巫山云雨，高峡出平湖"的宏伟蓝图。2003 年，三峡工程首批机组正式并网发电！

强体魄：会当水击三千里

毛泽东自幼便在韶山的南岸塘中游水嬉戏，游泳成了他一生的业余爱好。毛泽东在《体育之研究》中提出："文明其精神，野蛮其体魄。"《沁园春·长沙》"曾记否，到中流击水，浪遏飞舟"，是毛泽东酷爱游泳的生动写照。他后来回忆说："当时我写的诗有两句还记得：'自信人生二百年，会当水击三千里。'"

1954 年盛夏，毛泽东直面"大雨落幽燕，白浪滔天"，毅然下海迎潮搏浪，吟成《浪淘沙·北戴河》。1955 年 6 月 20 日，尽管雨季水涨、江水混浊，他依然到湘江游泳，体验"春江浩荡暂徘徊"的喜悦。1956 年 5 月底 6 月初，毛泽东畅游长江，抒发"万里长江横渡，极目楚天舒。不管风吹浪打，胜似闲庭信步"的畅快与惬意。1956 年至 1966 年间，他一共 18 次畅游长江。

1957 年 7 月，毛泽东在青岛期间先后 5 次下海游泳。1957 年 9 月 11 日，毛泽东观看"钱塘秋涛"后，在钱塘江游泳。1958 年 1 月，南宁会议期间，他到邕江冬泳。1959 年，庐山会议期间，毛泽东在庐山电站大坝的将军河游泳。1960 年年初，毛泽东会见尼泊尔首相柯伊拉腊，说想去游恒河。1960 年 6 月，毛泽东对老友埃德加·斯诺说，期盼去密西西比河游泳。1974 年年底在长沙，81 岁的毛泽东还 5 次到游泳馆游泳。这是他与水最后的亲近与搏击。

毛泽东诗词中的山岭峰峦

古往今来，没有哪一位诗人像毛泽东那样熟悉山、喜爱山、赞美山，具有如此浓郁的大山情结。山在毛泽东诗词中几乎无处不在，大的、小的、高的、低的、虚的、实的、有名的、无名的，令人目不暇接，既是吟咏对象，也是灵感源泉。在毛泽东的感性世界和审美视野中，山总是千姿百态、神采飞扬，或瑰伟雄奇，或突兀险峻，或苍翠迤逦，蕴含着壮阔的时代风云、奇绝的自然风貌和鲜明的社会情态。山，锤炼了他的钢铁意志和坚韧性格，记录了他的奋斗足迹和心路历程，凝练了他的宏伟志向和博大胸襟，寄寓了他的感悟遐思和闲情雅趣。毛泽东钟情于山，又超越于山，山的深沉厚重、豪迈坚挺和博大精深与他的诗词浑然一体，启人深思、动人心魄。

以山记史：踏遍青山人未老

1910 年秋天，毛泽东从韶山走向外面的世界。从此，毛泽东踏遍千山，足迹天下。他在岳麓山下"指点江山，激扬文字，粪土当年万户侯"；他在"烟雨莽苍苍"的龟山、蛇山下苦苦沉思大革命失败后的革命前途；他在井冈山、武夷山一带"唤起工农千百万"，点燃武装割据的星星之火；他在龙岗、白云山、闽山一带"横扫千军如卷席"，一次次粉碎反动军队的大肆"围剿"；他在会昌山忧虑因第五次反"围剿"失利而危在旦夕的红军命运；他率领红军翻越五岭、娄山、苍山、乌蒙山、岷山、六盘山、昆仑山等崇山峻岭，不断摆脱敌人的围追堵截。待到毛泽东一声号令，"钟山风雨起苍黄，百万雄师过大江"，中国人民终于推翻三座大山，迎来"天翻地覆慨而慷""一唱雄鸡天下白"。

新中国成立后，他凭吊碣石山，抒发"萧瑟秋风今又是，换了人间"的慨叹；面对"风樯动，龟蛇静"，他谋划"更立西江石壁，截断巫山云雨，高峡出平湖"的"宏图"；他遥望南天，高唱"天连五岭银锄落，地动三河铁臂摇"的"送瘟神"颂歌；他到韶山，憧憬"喜看稻菽千重浪，遍地英雄下夕烟"的光明前景；他登庐山，"冷眼向洋看世界""乱云飞渡仍从容"；他神游九嶷山，赞赏"芙蓉国里尽朝晖"的美好现实；他重上井冈山，为"旧貌变新颜"而欢欣鼓舞。

毛泽东诗词是具有历史性的完整系列，正如他自己所说"作为史料，是可以的"。一座座大山，贯穿起来就是毛泽东上下求索的奋斗人生史、跌宕起伏的中国革命史、日新月异的社会发展史。《西江月·井冈山》《水调歌头·重上井冈山》《念奴娇·井冈山》3首词作，俨然就是毛泽东大山情结的一个缩影，因为井冈山是革命的山，战斗的山，英雄的山，胜利的山。而频繁出现的"山＋红旗"意象，如"山下旌旗在望""山下山下，风展红旗如画""不周山下红旗乱""六盘山上高峰，红旗漫卷西风"，最能体现毛泽东诗人政治家、政治家诗人的本色。这个意象是毛泽东长期革命生涯的生动写照，因为他的辉煌人生是从山里起步的，具有中国特色的革命道路是在山里寻求到并不断走向成功的。

以山言志：刺破青天锷未残

毛泽东既刚强又威猛，他的"山大王"气概首先表现为不惧艰险、无坚不摧的大无畏精神。毛泽东坦言："万里长征，千回百折，顺利少于困难不知有多少倍。"然而，"红军不怕远征难，万水千山只等闲""山高路远坑深，大军纵横驰奔"。纵然"路隘林深苔滑"，革命队伍依然"直指武夷山下"。"头上高山，风卷红旗过大关""不到长城非好汉"。别说娄山关"一夫当关，万夫莫开"，"雄关漫道真如铁，而今迈步从头越"。"离天三尺三"的山再高，英勇红军"快马加鞭未下鞍"，毅然把高山踩在脚下。而"五岭逶迤腾细浪，乌蒙磅礴走泥丸"，好一个"细浪""泥丸"，红军的征服者形象瞬间跃然纸上。

山，是毛泽东不断跨越、攻坚克难的对象，又是他意欲改造、造福桑梓的对象，毛泽东的"山大王"气概，也表现为愚公移山、扭转乾坤的改造者气魄。"飞起玉龙三百万，搅得周天寒彻"的昆仑山，"夏日消溶，江河横溢，人或为鱼鳖"，毛泽东顺势诘问："千秋功罪，谁人曾与评说？"毛泽东关注昆仑山，实质上是心系中华民族和全人类的共同命运。"不要这高，不要这多雪"一句，充分表现出主宰沉浮的伟力和自信。"安得倚天抽宝剑，把汝裁为三截？"诗人用最为雄奇豪壮的诗句表达了"太平世界，环球同此凉热"的崇高理想，塑造了一个立足中华、放眼世界、胸怀天下，比昆仑山更加伟岸的光辉形象。

山，在毛泽东心目中，既是客体又是主体，具有坦荡无私、敢作敢为的崇高品质，毛泽东的"山大王"气概，还表现为山即是我、我即是山的人格形象，彰显他对人生、社会的深邃思考以及肩负历史责任的使命担当。毛泽东刻画的山，是自然的人化，也是人化的自然。为了救国救民，毛泽东"凭割断愁思恨缕""要似昆仑崩绝壁"，义无反顾舍小家为大家，"从此天涯孤旅"。山高耸入云，"刺破青天锷未残"，正如林则徐联语所云，"壁立千仞，无欲则刚"；山顶天立地、一柱擎天，"天欲堕，赖以拄其间"，这是对中国共产党人无私无畏、力挽狂澜精神品格的生动诠释。"山舞银蛇，原驰蜡象，欲与天公试比高"，这是最凸显毛泽东伟人气度的千古绝唱，是中华民族激越奔放、奋发有为、蓬勃向上斗争精神的诗意礼赞。

以山写意：无限风光在险峰

山的形貌变幻莫测，婀娜多姿。即便是同一座山，也会因方位、视角、时节、气候、心境等不同而仪态万千。清代刘熙载《艺概》云："昔人词咏古咏物，隐然只是咏怀。"毛泽东既是叱咤风云的革命家，也是情感丰富的浪漫诗人，笔墨所到，不仅有翻山越岭的金戈铁马，有重整河山的铁臂银锄，也有兴致勃勃的登山观景，有怡然自得的抒情写意。特别是 20 世纪 50 年代所写的《七绝·五云山》《五律·看山》《七绝·莫干山》等，尽情展示了毛泽东"性本爱丘山"的文人气质。

毛泽东笔下的山遍布大江南北。从北国的"山舞银蛇"，到南方的"万山红遍"；从东南的"赣水苍茫闽山碧"，到西南的"乌蒙磅礴"；从西部"飞起玉龙三百万"的昆仑山，到东部"远接群峰近拂堤"的五云山，再到中部的"龟蛇锁大江"，一应俱全。

毛泽东描绘的山活灵活现。"山，倒海翻江卷巨澜。奔腾急，万马战犹酣"，想象奇绝。昆仑山"横空出世"，令人目眩神摇。"山舞银蛇，原驰蜡象"，设喻精妙令人拍案叫绝。毛泽东两次提到武汉的龟山与蛇山，韵味迥然有别。大革命失败时，"烟雨莽苍苍，龟蛇锁大江"，动中有静，表露出"心情苍凉"；和平时期，"风樯动，龟蛇静，起宏图"，静中有动，它们"阅尽人间春色"。"一山飞峙大江边"，庐山从天外"飞"来，既富生气，又颇神奇。

毛泽东吟咏的山因时而异。春山是"云开衡岳积阴止，天马凤凰春树里"；夏山是"雨后复斜阳，关山阵阵苍"；秋山是"看万山红遍，层林尽染"；冬山为"更喜岷山千里雪"。晨山是"长空雁叫霜晨月"，暮山是"苍山如海，残阳如血"。晴天的山是"天高云淡"，雨天的山是"雨从青野上山来"，雾天的山是"雾满龙冈千嶂暗"。

毛泽东才思敏捷，诗艺绝伦，"无山不入诗，入诗成绝唱"，山巍峨，景寥廓，意深远，营造出"江山如此多娇""江山如画"的绝美诗境。他钟情的山有高有低，但更陶醉于"跃上葱茏四百旋"的审美体验，因为他深信"世上无难事，只要肯登攀"，深谙"无限风光在险峰"。

毛泽东诗词中的本真情趣

毛泽东诗词的艺术成就举世公认，赞誉之声不绝于耳。其中，郭沫若的赞语"经纶外，诗词余事，泰山北斗"最为精当。但人们侧重解读其"经纶"，即宏大抱负、深邃思想和崇高品质，却忽视了写诗填词毕竟只是经邦济世之外的"余事"。毛泽东政暇赋诗，展示了"器大声宏，志高意远"的领袖风采，也体现出他以诗论事的才艺，以诗解压的洒脱，以诗抒怀的本真，以诗自娱的情趣和以诗会友的儒雅。解读毛泽东的诗词"余事"，不仅能摆脱无限拔高的窠臼，真正回归诗词的本质，也能使毛泽东的伟人形象更加真实、更加可亲可近。

举重若轻主沉浮

在"改造中国与世界"的历史洪流中，毛泽东始终以旧世界改造者和新世界创造者的姿态挺立潮头。毛泽东诗词见证了诸多重要历史事件，涉及不少社会现实问题，但它终究不是原原本本的历史纪实，更不是立说立言的政论文章。正如毛泽东在致陈毅的信中所说，"诗要用形象思维，不能如散文那样直说"。诗人毛泽东把思想家的深邃智慧、政治家的高瞻远瞩、理论家的严谨缜密、军事家的胆识机敏，凝练于一个个构思精妙的意象，浓缩于一句句回味无穷的诗行，使纷繁的历史诗意盎然，使严肃的主题生动可感，既给人以思想启迪，又给人以审美愉悦。

以《菩萨蛮·黄鹤楼》为例。这首词涉及中国革命道路探索这一重大题材，毛泽东仅用三言两语就刻画得入木三分。"茫茫九派流中国，沉沉一线穿南北。烟雨莽苍苍，龟蛇锁大江。""茫茫""沉沉""苍苍"3个重叠词反映现实困扰和思想迷茫，"锁"字道尽局势险恶和心绪愤懑。毛泽东在《论联合政府》中写道："中国共产党和中国人民并没有被吓倒，被征服，被杀绝。他们从地下爬起来，揩干净身上的血迹，掩埋好同伴的尸首，他们又继续战斗了。""把酒酹滔滔，心潮逐浪高"一句文浅意深，特别是"酹"字，既是对革命英烈的祭奠，又是对前仆后继的宣誓。这一诗句和那段名言异曲同工，不失革命家的本色，又凸现大诗人的才思。

南征北战马背吟

1949年12月，在赴苏联访问的火车上，毛泽东与苏联汉学家费德林谈论起诗词创作："现在连我自己也搞不明白，当一个人处于极度考验、身心交瘁之时，当他不知道自己还能活几个小时，甚至几分钟的时候，居然还有诗兴来表达这样严峻的现实。恐怕谁也无法解释这种现象……当时处在生死存亡的关头，我倒写了几首歪诗，尽管写得不好，却是一片真诚的。现在条件好了，生活安定了，反倒一行也写不出来。"费德林问："一行都写不出来？真的吗？"毛泽东说："现在改写'文件'体了，什么决议啦，宣言啦，声明啦……只有政治口号没有诗意。大概这也是脱胎换骨、从新做人的一种表现吧。"这段对话显示毛泽东越是环境险恶，越是诗兴勃发；同时也说明写诗填词和治国理政是两码事，思维特征、心理状态和表达方式存在明显区别。

"犹记当时烽火里，九死一生如昨。"1963年11月2日，毛泽东在会见法国前总理富尔时，又谈到写诗："这是以前的事了。我的确曾经写诗，那时我过着戎马生活，骑在马背上有了时间，就可以思索，推敲诗的押韵。马背上的生活，真有意思。有时我回想那些日子，还觉得留恋。"富尔问："主席是否还写诗？"毛泽东说："写得很少，因为一些政治问题把诗意都赶到九霄云外去了。"军旅诗词不是敌情分析，不是作战命令，不是总结报告，马背吟诗的毛泽东显得悠然自在。他用马背上的颠簸缓解繁忙军务的紧张，在战斗的间隙寻求灵感营造诗境，描绘战地风光的秀美壮丽，抒发克敌制胜的舒心畅快，咏叹人民战争的波澜壮阔。

移情山水寻常事

"踏遍青山人未老""我自欲为江海客"。毛泽东对名山大川心驰神往，正如他在《讲堂录》中所说："游之为益大矣哉！登祝融之峰，一览众山小；泛黄勃之海，启瞬江湖失；马迁览潇湘，泛西湖，历昆仑，周览名山大川，而其襟怀乃益广。"在长达半个多世纪的奋斗人生中，无论是前期的戎马生涯，还是后期的政务考察，毛泽东有着丰富而独特的游历经历，称他为"漫游家"并不为过。

"登山则情满于山，观海则意溢于海。"毛泽东吟咏山水的作品很多，人们看重其历史背景和政治寓意，往往淡化了毛泽东爱山乐水的情趣本身。比如，人们赏析《水调歌头·游泳》时，从"一桥飞架南北，天堑变通途"看到社会主义建设事业蒸蒸日上，通过"更立西江石壁，截断巫山云雨，高峡出平湖"看到毛泽东改造山河的伟大构想，而"万里长江横渡，极目楚天舒。不管风吹浪打，胜似闲庭信步，今日得宽馀"，这种游泳体验带给毛泽东的轻松闲适与惬意畅快，并未受到足够重视，这显然有违毛泽东以"游泳"为题专门赋诗的本意。

辛弃疾有一名句："我见青山多妩媚，料青山见我应如是。"20 世纪 50 年代，毛泽东曾多次到杭州，工作之余，也会寄情山水，在怡然自得中经营他的诗词"余事"。他曾写过几首纯粹的山水诗，如《七绝·五云山》《七绝·莫干山》《五律·看山》《七绝·观潮》。毛泽东陶醉于山光水色，这些作品不以思想深刻见长，只是尽情舒展明朗、舒畅、愉悦的心境。"五云山上五云飞，远接群峰近拂堤。若问杭州何处好，此中听得野莺啼"，近似于一个观光客的自问自答。"翻身复进七人房，回首峰峦入莽苍。四十八盘才走过，风驰又已到钱塘"，颇像游客的行程记录。"千里波涛滚滚来，雪花飞向钓鱼台。人山纷赞阵容阔，铁马从容杀敌回"，偏向于钱塘观潮的现场感受和主观想象。这样的诗作，让人们真切领略到了毛泽东诗词深沉、深刻之外的清新自然、闲适飘逸。

论情论礼论诗谊

读诗、赋诗、解诗、论诗，是毛泽东的情趣爱好，也是他的人际交往方式。以诗为纽带，以诗为载体，毛泽东与诗友们共唱心曲。而毛泽东的诗交也耐人寻味，呈现出诗词"余事"的鲜明特色。毛泽东与党内同志除工作关系外，不拘礼节，很少表现出亲热。他偶尔写过《六言诗·给彭德怀同志》《七律·吊罗荣桓同志》，但很少把战友、同事写入作品。他曾把《满江红·和郭沫若同志》书赠周恩来，把《水调歌头·重上井冈山》《念奴娇·鸟儿问答》抄赠邓颖超，但他与高层领导诗词交往不多。他曾致信元帅诗人陈毅讨论诗词创作，两人诗心相通，这可算是一个特例。

毛泽东写过《七律·和柳亚子先生》《七律·和郭沫若同志》《七律·答友人》等唱和之作，他的诗友多为文化名流、党外人士以及同窗老友。毛泽东和他们之间常有诗书往来，相互唱和，切磋诗艺。毛泽东对他们敬重有加，书信称谓也很亲密，如称柳亚子为"亚子先生吾兄道席"或"亚子先生"，称黄炎培为"任之先生"，称同学周世钊为"元兄"或"东园兄"。收到诗友的诗作，毛泽东总是满心欢喜，复信中时常出现"诗及大示诵悉""各信并大作均收敬悉""信及诗收读，甚快"之类的措辞。而毛泽东把诗作寄给诗友时，态度十分诚恳，总有"乞为斧正""录呈审正""奉和一律，尚祈指政"这样的谦辞。

诗交属于私交，毛泽东论情论礼。毛泽东与柳亚子诗交最深、唱和最多，但他毕竟是旧文人，难免有些自负。1949年3月28日，他题了一首满腹牢骚的《感事呈毛主席》。毛泽东高度重视，写了《七律·和柳亚子先生》，畅叙"饮茶粤海""索句渝州"和"还旧国"的情谊，又以"牢骚太盛防肠断，风物长宜放眼量"坦诚委婉地批评了柳亚子，希望他为建设新中国献计献策。毛泽东对待诗友发"牢骚"，既表现了诗人的含蓄婉转，又展示了政治家的宽容大度。

后记
—
读你千遍也不厌倦

　　从 20 世纪 50 年代毛泽东诗词陆续发表至今，已有半个多世纪。随着毛泽东诗词的不断传播与普及，毛泽东诗词的无穷魅力感染了无数读者，激励了一代又一代中国人的成长。一提起毛泽东诗词，很多中老年人仍然抑制不住激荡心潮，脱口背诵出不少毛泽东诗词作品。

　　1976 年元旦《人民日报》发表《水调歌头·重上井冈山》《念奴娇·鸟儿问答》时，我还是小学四年级的学生，对作品内容懵懵懂懂，却开始接触并日渐喜欢上了毛泽东诗词。当年，我无论如何也没有想到，40 岁之后，我会和毛泽东诗词、和井冈山有如此深厚的情缘，它们成为我工作、生活和情感密不可分的组成部分和重要主题。

　　2004 年 9 月，我从江西省委党校调入中国井冈山干部学院工作，上了井冈山。2005 年 8 月，一个偶然的契机，我给江西团省委的一期培训班学员讲授了一堂毛泽东诗词鉴赏课，居然受到了学员的欢迎，这给了我很大的激励。从那个时候开始，我开始研读毛泽东诗词，陆续给不同班次、不同层次、不同类型的学员讲授毛泽东诗词专题课。经过不断努力，解读毛泽东诗词也成为学院党性教育的一门特色课程。

　　学院坐落在井冈山，远离大中城市，有好山好水的生态环境，也有偏僻山区难以避免的冷清寂寞，而毛泽东诗词陪伴我一路走来。书架上关于毛泽东诗词的书越积越多，枕边书全是有关毛泽东及其诗词的读物，就连每天在微信朋友圈分享的帖子也主要是毛泽东诗词的相关内容。品读毛泽东诗词，解读毛泽东，让我的闲暇变得忙碌而充实，让我的心境变得平和而宁静，让我的生活变得积极而精彩。这其中寄寓着我对毛泽东诗词手不释卷、常读常新的不变初心，也蕴含着我不断致力于传播毛泽东诗词正能量的使命担当。

教学需要把我的关注点引向毛泽东诗词，而干部教育培训也给了我得天独厚的平台，来自学员的积极评价和热情帮助，又促使我的毛泽东诗词研究工作不断走向深入。2009年，中国工人出版社原社长李庆堂来井冈山干部学院培训时，鼓励我写一本书，于是便有了我的第一本毛泽东诗词专著《毛泽东诗传》。2013年出版后，几次重印，几度脱销。2020年9月，该书更名为《品读诗人毛泽东》再版，读者反映很好。

2013年4月，新闻出版总署邀请我去北京给中央和国家机关每月一讲"强素质·作表率"读书活动的讲坛作一次讲座，正好下半年我要去国家行政学院参加培训，于是欣然答应。2013年是毛泽东同志诞辰120周年，各种主题活动很多。11月30日，我在北京为"强素质·作表率"读书活动讲坛主讲了《从诗词感悟毛泽东的伟岸人格》。讲坛活动结束之后不久，人民网邀请我于12月2日作了一期在线直播节目，话题是《读不尽的毛泽东诗词》。这是我第一次上网与网民直接交流，感觉新鲜，也有些紧张。

此后，我和人民网的合作日益密切，陆续在人民网推出了若干视频专题，如《向毛泽东学读书》《从毛泽东诗词感悟长征》《如何把握诗人毛泽东的文化自信》《诗人毛泽东文化自信的底蕴和底色》。我在其他报刊发表的毛泽东诗词研究心得，也不断在人民网转发。2017年5月，时任人民网总裁牛一兵到井冈山干部学院来培训，他提出在人民网为我开辟一个专栏。在主流网站能有一席之地，这是我求之不得的好事。2017年11月8日，人民网理论频道学习版块专家专栏——"汪建新专栏"正式上线。先前在人民网发表的我那些零星的、散乱的文章，得以汇集，我的研究成果终于有了一个集中展示的平台。

"汪建新专栏"的开设，是一个机会，也是一个动力。它就像我亲手种下的一棵小树苗，我努力呵护它，比任何人都更加关注它，盼着它苗壮成长。这种想法促使我不停地动笔，写出更多的毛泽东诗词学习心得，可谓是乐此不疲。在这一过程中，我持续地领略品味毛泽东诗词的无穷乐趣，也不断地体验分享这种乐趣的满心喜悦。

就作品数量而言，毛泽东诗词并不算多，充其量也就 100 首上下，但它内涵丰富、思想深刻、意境高远、博大精深。毛泽东诗词既是中国革命和建设的历史画卷，又是毛泽东奋斗人生和心路历程的真实写照，达到了革命的政治内容和完美的艺术形式的高度统一，形成了雄浑、豪放、壮丽、优美的艺术风格。正如诗人臧克家所说：毛泽东诗词是个永远说不尽的话题。

1963 年 12 月，人民文学出版社出版了由毛泽东亲自审定的《毛主席诗词》。山东大学教授高亨喜读之余，填词《水调歌头》，概括了毛泽东诗词的主要内容和艺术魅力：

> 掌上千秋史，胸中百万兵。眼底六洲风雨，笔下有雷声。唤醒蛰龙飞起，扫灭魔焰魅火，挥剑斩长鲸。春满人间世，日照大旗红。
> 抒慷慨，写鏖战，记长征。天章云锦，织出革命之豪情。细检诗坛李杜，词苑苏辛佳什，未有此奇雄。携卷登山唱，流韵壮东风。

毛泽东诗词反映了特定时期中华民族的理性、情感、思维、行为和价值取向，已经转化为赋有价值形式的文化符号，汇入中华民族的精神长河。毛泽东诗词字里行间洋溢着浩然之气，既有惊心动魄的震撼力，又有扣人心弦的穿透力；既有催人奋进的感召力，又有朴实无华的亲和力。毛泽东诗词凝结着无穷的中国力量。这种力量包括真情的力量、人民的力量、正义的力量、真理的力量、道路的力量。

研究毛泽东诗词的人很多，专著和论文不计其数，各有各的方法，各有各的视角，各有各的感悟。因为从事干部教育工作，这就注定了我和其他学者有所不同。我很少进行纯文学、纯艺术的解读，而是更多地把毛泽东诗词纳入党性教育的话语体系，试图将其当成解读毛泽东、解读中国共产党、解读中国革命、解读历史主题与时代价值的独特文本。我侧重于剖析毛泽东作为政治家诗人、诗人政治家的抱负与追求、思想与实践、人格与个性，努力加深对毛泽东的奋斗足迹和情感体验的感悟，加深对中国革命的探索过程和前进道路的把握，加深对中国共产党的价值取向与使命担当的认识。我最大的感触就是常读常新、常悟常新。

我衷心地感谢人民网，从领导到编辑，都给予了"汪建新专栏"很大的关心、支持和帮助，使文稿能够尽快得到审核、完善和发表，使文章能够及时和网友见面。和其他专家的专栏相比，令人欣慰的是，"汪建新专栏"一直保持活力，内容更新最为频繁。"汪建新专栏"开设至今，里面汇集的文章已有30多万字，已经初具规模。

《常读常新的毛泽东诗词》是人民网"汪建新专栏"中的文章汇编，有的是人民网首发的，大多是其他报刊发表后由人民网转载的。所有文章都和毛泽东诗词相关联，其他主题的文章一概没有选入，不同时间发表但明显重复的文章也没有选入。有视频专题讲座的讲稿，有系列文章的集成；有对毛泽东诗词的总体评价，有对单部作品的深入解析；有毛泽东诗词创作的珍闻轶事，有我本人学习毛泽东诗词的心路历程。这些文章是在数年间陆陆续续写的，没有统一的体例，也没有严密的框架，而阐述的观点和所选的材料难免存在重复。汇编时，没有按照发表的时间先后顺序，而是根据内容进行分组，这种归类未必合理，只是为了便于阅读。考虑到文风的统一，对部分视频专题的文字稿进行了修改，删除了一些礼节性用语；对部分文章的标题也进行了调整，全部去掉了副标题。

诗无达诂，毛泽东诗词是开放的，见仁见智。我对毛泽东诗词的理解是否达到了"常读常新""常悟常新"，未必准确，难有定论。但有一点不容置疑，我一直是用"心"在品读、在感悟、在分享。但愿这本《常读常新的毛泽东诗词》能让更多的读者有所启发，有所认同。果能如此，我也就心满意足了。

汪建新

2021 年 7 月 28 日于井冈山